危机识别与干预·心理学应用技术丛书

心理访谈·助心飞翔篇

范海鹰 著

中国人民公安大学出版社
·北 京·

图书在版编目（CIP）数据

心理访谈·助心飞翔篇/范海鹰著.—北京：中国人民公安大学出版社，2017.4
ISBN 978-7-5653-2460-4

Ⅰ.①心… Ⅱ.①范… Ⅲ.①大学生—心理健康—健康教育 Ⅳ.①G444

中国版本图书馆 CIP 数据核字（2016）第 317313 号

心理访谈·助心飞翔篇

范海鹰 著

出版发行：中国人民公安大学出版社
地　　址：北京市西城区木樨地南里
邮政编码：100038
经　　销：新华书店
印　　刷：**涿州市新华印刷有限公司**

版　　次：2017 年 4 月第 1 版
印　　次：2019 年 7 月第 2 次
印　　张：15.75
开　　本：787 毫米×1092 毫米　1/16
字　　数：318 千字

书　　号：ISBN 978-7-5653-2460-4
定　　价：55.00 元

网　　址：www.cppsup.com.cn　www.porclub.com.cn
电子邮箱：zbs@cppsup.com　zbs@cppsu.edu.cn

营销中心电话：010-83903254
读者服务部电话（门市）：010-83903257
警官读者俱乐部电话（网购、邮购）：010-83903253
法律图书分社电话：010-83905745

前　言

鼓舞和唤醒，是教育的艺术，更是教育的目标。

引领大学生心理健康成长，应当是教育的首要关注点。

心理成长，其意义由心理和成长的内涵决定。心理的内涵包括认知、情绪与情感、意志等心理过程以及人格（人格倾向、人格心理特征）等心理现象；成长，一般指摆脱稚嫩，走向成熟的过程；心理成长，指的是人们在面对社会适应、人生发展课题时，从缺乏经验到意识清晰的一种领悟、觉醒的心理变化过程。人的一生，从少年、青年、中年到老年，必然会面临许多重大的人生发展课题，从一个时期过渡到另一个时期，必须完成一些心理成长的学习或训练任务。心理健康成长，有助于人们达成健康心理和良好的社会适应；反之，则会形成心理困扰、心理疾病甚至心理危机，导致社会适应不良甚至极端行为或犯罪行为的发生。这也是心理成长的意义所在。

2009 年秋季学期，开设旨在帮助大学生心理成长的课程《心理访谈与健康成长》。该课程聚焦大学生心理成长的重要课题，分自我发展、情绪管理、情感培育、直面人生 4 个板块，以心理成长、认识自我、告别依赖、思考学业、择业准备、管理情绪、直面嫉妒、结交朋友、珍惜室友、爱的思索、再视父母、化解压力、应对挫折、珍爱生命、走向未来为主题，分 15 个专题，每个专题内容包括：成长引导、案例导入、理论概要、自我探索、心声分享，以期通过介绍心理成长的理论依据、典型应用案例评析的方式，启发学生从自我心理成长探索切入，学习心理成长的应用方法，达到学以致用的教学目标。

至今，《心理访谈与健康成长》课程已累计开课13个学期，课程班学生达1400余人。同学们带着从不同角度对心理成长的渴求进入课程班学习。通过课程学习，不少人尝试从心理成长的视角，用调整认知、认识情绪、培育意志、培育人格的策略和方法，来分析自己的心理成长问题及改进策略，获得了不同程度的心理成长感悟。学生们敞开心扉，自我探索，汇聚了数百万字的自我成长分析报告及课程感悟。这是学生们经过课程学习，尝试运用心理学技术排解过往心理困扰，防范潜在心理危机的成长报告，颇具启迪成长的价值。

构建社会支持系统、有效应对压力与挫折，是大学生直面人生、走向未来需要具备的重要的心理能力。

《心理访谈·助心飞翔篇》汇聚了大学生心理成长的情感培育、直面人生两个板块的相关专题：结交朋友、珍惜室友、爱的思索、再视父母、化解压力、应对挫折、珍爱生命、走向未来。引领学生从认识父母之恩、朋友之情、室友之缘、爱情之意切入，学习构建以亲情、友情、爱情为核心的强有力的社会支持系统；从解析压力、挫折的产生机制着眼，引导学生建立积极化解压力、应对挫折的策略和方法；以认识生命的意义为导向，启发学生培育积极的生命观、生存观和生活观。在《心理访谈·引领成长篇》引导学生培养良好的自我发展意识和情绪调控能力的基础上，帮助学生建立追逐人生梦想的助推器和弹力阀，使他们感恩父母，珍惜友情，培育爱情，乐观豁达，友善助人，积极奋进，敢于担当，乐于奉献，在追逐心之梦想的旅途上健康快乐地前行。

本书体例，以心理成长主题作为专题，借成长引导、案例导入、理论概要、自我探索进行心理成长引导，佐以心声分享，见证学生们历经学习、尝试自我心理成长探索分析、感悟心理成长的心路历程。

附录所载的社会实践、启迪心灵、历经课程、感悟成长，报告了学生们在经历课程的课堂学习以及其社会实践后的感悟。

拟将《心理访谈·引领成长篇》和《心理访谈·助心飞翔篇》作为《危机识别与干预·心理学应用技术丛书》的基础篇，意在重视健康心理培育，有效防范心理危机。

本书内容是我多年来引导学生心理成长的教学内容及教学成果的汇聚，可供关注心理成长的人们自学参考。

此书编撰选取了历年《心理访谈与健康成长》课程班部分同学的自我成长分析报告及课程心得作为基本素材；学生薛颖红、张常钰、杜雨蒙、卢怡璇、钟晓雅、刘姣姣、何楚婷、陶然不同程度地参与了素材整理和文字校对工作，在此一并致谢！

上海政法学院
范海鹰
2016 年 12 月 18 日

目　录

引言　敞开心扉　拥抱健康

敞开心扉，拥抱健康：

中央电视台《心理访谈》节目的片头语说道：“让生活失去色彩的，不是伤痛，而是内心世界的困惑；让脸上失去笑容的，不是磨难，而是禁闭心灵的缄默。没有谁的心灵，永远一尘不染；战胜自我，拥抱健康。沟通，消除隔膜；交流，敞开心扉；真诚，融化壁垒；心理访谈，健康人生，从心开始。”

感悟：节目中以个案出现的心理压力、心理困境、心理危机为切入点，探讨出现问题的原因和应对的方法；告诫并启迪人们：痛苦人生，从心理异常开始；心理危机，可以毁灭人生；健康人生，从心理健康开始；心理健康，可以快乐人生！

希冀：通过本书心理成长专题的学习，读者能够借助心理访谈的技术，达成心理健康成长，拥抱健康快乐的人生！

专题1　结交朋友　培育情感

成长引导

引导主题：结交朋友　培育情感

引导内容：人际交往的心理困扰、人际沟通的策略方法

引导环节：

- 案例导入：朋友恩仇录
- 理论概要：知识点解析
- 自我探索：我的人际策略与改进
- 心声分享：感悟交友

引导目的：了解人际交往的一般原则；学习人际交往的策略和方法。

案例导入：朋友恩仇录

【案情概要】《朋友恩仇录》

这是一个在阿拉伯国家流传很广的寓言故事。

有两个朋友在沙漠中旅行，因为路途不顺，这两个人经常发生争吵。在一次大吵之后，一个人还打了另一个人一记耳光。被打的人觉得受到了侮辱，他一言不发，而是在沙地上写下："今天我的好朋友打了我一巴掌。"因为这一巴掌，他们不再像以前那样争吵，而是继续相伴同行。

终于有一天他们走出了沙漠，来到了一片沃野，到处是青山绿水，于是他们决定停留几天。被打的那位在蹚过小河时滑倒，掉进水中差点淹死，幸好被朋友救上来。被救后，他拿了一把小刀在石头上刻了一句话："今天我的好朋友救了我一命。"

他的朋友好奇地问："为什么我打了你以后你要写在沙子上，而现在却要刻在石头上呢?"

刻字的这位笑笑，回答说："当被一个朋友伤害时要写在沙子上，风会负责抹去它；相反，如果得到了朋友的救助，就应该把它刻在石头上，在那里任何风雨都不能将它抹灭。"

【评析要点】朋友间经历过拳脚相加、相濡以沫，智者选择将相濡以沫刻骨铭心，庸人则会对拳脚相加耿耿于怀。你会选择何者？

理论概要：知识点解析

1.1 结交朋友的意义

“只有最聪明的生物才具备结交朋友的条件，而人类正是其中的佼佼者。”英国牛津大学进化心理学家罗宾·邓巴如是说。拥有三五知心朋友，对身心健康乃至工作、事业、家庭都有好的影响；缺乏朋友则会让你感觉与世隔绝，紧张不安，容易遭受疾病的侵扰。

1.1.1 朋友的寓意

1.1.1.1 朋友的含义

朋友，是指在特定条件下由双方都认可的认知模式联系在一起的不分年龄、性别、地域、种族、社会角色和宗教信仰的相互尊重、相互分享美好事物、可以在对方需要的时候自觉给予力所能及的帮助的人及其持久的关系，其最高境界是知己。

通俗的说法是，朋友就是感情很好，有共同语言而经常交流，双方有时间就相约在一起聚一聚，除情人或亲属之外彼此有交情的人。

朋，双月。月是阴，阴与阴的关系就是物以类聚。不管性格、爱好如何，同学、战友、同事都是朋友，互相帮助、互相支持，如老友、邻友、棋友。

1.1.1.2 朋友的类型

有人根据朋友的不同内涵将其区分为不同的称谓：石友（指情谊坚贞的朋友）、死友（指交情深笃、至死不相负的朋友）、挚友（指交情深厚的朋友）、素友（指真诚纯朴的朋友）、损友（指不为自己着想的朋友；也比喻关系圈里亲密度好到一定程度的喜欢胡闹、爱搞怪的朋友）、诤友（指坦诚相见、直言相劝的朋友）、益友（指于己有帮助的朋友）、盟友（指为特定目的结盟联合的朋友）、网友（指在互联网上结识的朋友）、文友（指进行文学交流的朋友）、密友（指亲密的朋友）、基友（指同性恋，而在网络中常用基友来称呼好友，广义上可用于指好兄弟、哥们儿、竞技游戏上的队友或网友等，有暧昧以及拉近关系的意味）、闺友（指闺房中无话不谈的朋友）、笔友（指用信件交谈的朋友）、恒友（指不离不弃直到永远的朋友）、闺密（指“闺中密友”，也指女性的同性知己）、款交（指以真情相待的朋友）、至交（指友谊最深、相互不猜疑的朋友）、世交（亦称世谊、世好，泛指两家有世代交情）、故交（亦称故旧、旧交、故人，泛指有旧的交情）、知交（指相知笃深的朋友）、死党（指非常值得依靠的、谈得来的朋友，最好的、特别好的朋友，在朋友的称呼中是贬词褒用）、男闺密（属于新生词汇，指和你关系很好，可以一起上街，可以一起分享心事的、无话不谈的、亲密的、可又不是情侣的男性朋友。男闺密就是那种和女孩子无话不谈、讲义气的朋友，女人们把他们当作自己的异性知己，有委屈的时候可以找他们倾诉，有感情烦恼的时候可以找他们攀谈）、忘年交（打破年龄、辈分的差异而结为朋友）、忘形交（指不拘身份、形迹的知心朋友）、君子之交（指道义之交，即在道义上相互支持的朋友）、莫逆之交（指彼此心意相通，无所违逆）、刎颈之交（指友谊深挚，可以同生死、共患难）、贫贱之交（指贫困潦倒时结交的朋友）、布衣之交（指平民之间的交往）、市道之交（古时指以做买卖的手段结交的朋友，因其重利而忘义，后称小人之交）、患难之交（指共同经历磨难而成为朋友）、一面之交（指仅仅相识，不甚了解）、杵臼之交（指不计较贫贱的友谊）、金兰之交（指情意相投的朋友，后也指结拜兄弟，又称手帕之交）、竹马之交（指少年时骑竹马游戏的朋友，即自幼相交的朋友）、再世之交（指与对方父子两代都结为朋友）、车笠之交（指不以贵贱而异的朋友）、金石之交（指友谊深厚、如金石般坚固）、平昔之交（指往日结交的朋友）、肺腑之交（指无话不谈、推心置腹的朋友）、诗文之交（指以诗文往来结交的朋友）等。

1.1.2　交友的愁乐

1.1.2.1　朋友是快乐的源泉

1. 友谊能带给人们神奇的力量

美国杜克大学友谊与社会行为专家劳伦·布兰特在英国《新科学家》杂志上刊文，从进化心理学的角度解读了人类为什么要交朋友以及友谊能带给人类的神奇力量。

“对人类来说，朋友绝非可有可无的附属品。”布兰特指出，从科学的角度来看，交友活动与多种能使人产生快感的神经递质和生化物质的释放有关。其中，催产素和内啡肽的作用最大。

催产素是一种神经肽，会在哺乳时大量分泌，从而让人放松，促进母子间建立爱的纽带。此外，它还能减轻焦虑感、降低血压和心率。布兰特说，这种效应在进化过程中被扩大到交友等人际关系中。研究表明，与朋友进行身体接触，如拥抱、轻抚和按摩时，催产素会得到释放，随之而来的愉悦心情则会鼓励人们继续交友。即使没有身体接触，催产素也能引导人们作出亲近社会的决策，增进信任，并鼓励人做好事。

内啡肽是一种神经递质，能使人产生幸福感。罗宾·邓巴曾做过一项经典实验：受试者被要求独自或两人一组划船，并在划船前后测量其体内内啡肽的含量。结果发现，有伙伴一起划船的人比独自划船者释放了更多的内啡肽。

总而言之，这两种化学物质就像造物主赐予人类的礼物，在千百年的进化过程中，逐渐带给我们友谊的包容、温暖和愉悦，促使那么多原本素不相识的陌生人联结在一起，构成了一个个奇妙的关系网。

2. 交朋友让人们身心都能受益

朋友是促进健康的“得力助手”。中国科学院心理研究所心理健康咨询中心委员傅春胜说，交朋友至少有五大好处。

①不易生病。布兰特说，缺少朋友或长期人际交往不良的人，体内应激激素皮质醇的水平往往过高，这种长期的紧张状态会损害健康。这也解释了为何孤独的人罹患心血管疾病的风险更高且更容易受到感染。但如果有朋友相伴，体内皮质醇会减少，人就相对不易生病。

②睡得更香。美国芝加哥大学研究发现，人越孤独，失眠的次数就越多。瑞典的一项研究也显示，缺乏朋友的人经常压抑和隐藏自己的感情，更易失眠，还有可能诱发抑郁。

③记忆力更好。美国哈佛大学公共卫生学院人类发展与健康系利萨·伯克曼博士研究发现，社交少的老人记忆力下降的速度要比社交频繁的老人快 2 倍。他说，社交能改善与年龄有关的记忆减退，可以充分开发大脑潜力。

④更聪明。美国密歇根州立大学教授奥斯卡·巴拉研究发现，交朋友能让人变得更聪明，因为交友需要跟陌生人打交道，这是对认知能力进行锻炼。例如，我们要从大脑“数据库”中抽取体育、娱乐、生活、时尚等不同的人感兴趣的话题，大脑皮层会一直处于兴奋状态。

⑤长寿。澳大利亚弗林德斯大学的林恩·伊莱斯研究发现，与 5 个以上亲密朋友一直保持接触的老人，死亡率能降低22%，平均延寿 7 年。傅春胜说，分担困苦能使忧愁减半，分享愉悦能让快乐增倍，这可能是因为朋友能帮人排解压力，解决困难，获得支持，共同保持健康的生活习惯等。

3. 结交朋友是青年期快乐之源

德国心理学家斯普兰格说：“没有谁比青年人从他们孤独的小房里，更加用憧憬的目光眺望窗外世界了，没有谁比青年人在深沉的寂寞中，更加渴望接触和理解外部世界了。”“在人的一生中，再也没有像青年时期有那种强烈地渴望被理解的愿望……没有任何人会像青年那样站在遥远的地方呼唤。”

古罗马哲学家西塞罗也说过：“假如一个人独自升天了，他看到宇宙的大观，他看到群星灿烂，但他并不会感到快乐，他必须找到一个人，述说他所见的奇景，他才快乐。”

分享带来快乐！

1.1.2.2　交友常带来的烦愁

内心渴求，想有好人缘；现实困扰，难有好人缘。这是交友带给人们心理困扰的现实缘由。

这种交友受挫、人际障碍带来的现实问题一般有向内和向外两种走向。

向内，带给自己心理烦恼。缺少知心朋友，心灵寂寞、孤独无奈；与个别人难以交往，影响情绪，形成“心病”；与他人交往平淡，感到空虚、迷茫、失落；感到交往有困难，苦恼、无助；社交恐惧，敏感、焦虑、痛苦、自卑；不想与人交往，自我封闭、孤芳自赏，有怪癖。

向外，产生攻击侵犯倾向，或攻击伤害他人，表现形式有简单粗暴、狂妄自负、冷嘲热讽、挖苦奚落、恶语相加等；或冷落孤立他人，表现为不理不睬、冷面相对、视而不见、拉帮结伙、孤立他人等。甚至出现自闭、厌学、弃学，或自伤、自残、轻生，或伤害他人或动物等极端行为。

1.2 结交朋友的策略：增强人际吸引能力

结交朋友，是通过人际交往来实现的。

人际，是社会上人与人之间交际和交往的总称。人际间有着错综复杂的牵连：父母、儿女、夫妻、亲戚之血缘、姻缘关系，邻居、同乡之地缘关系，同学、师生、同事之业缘关系，朋友、恋人之情缘关系……还有在许多社会活动中临时建立的人际关系，如旅途、购物、活动等。

人际交往，是指人们运用语言符号系统或非语言符号系统相互交流信息、沟通感情的过程，即人际沟通过程。

人际沟通，是指人们之间的信息交流过程，也就是人们在共同活动中彼此交流各种观念、思想和感情的过程。人际沟通对于个体而言，具有满足社会需求、加强自我肯定的心理功能，发展与维系人际关系的社会功能，传递信息与影响他人的决策功能，和我们每个人的生活息息相关。

人际沟通的结果，是形成一定的人际关系。人际关系，是指人们在交往过程中结成的心理关系或心理距离，它表现为个体所形成的对其他个体的某种心理倾向及相应行为。有两类性质：协调、友好、亲热等——相容性；紧张、对立、仇视等——不相容性。

人际关系形成的纽带，即决定相互间吸引与排斥的主要识别点是喜欢与否。

在因为喜欢而产生的联合情感下，个体对其所希望、满意的对方具有强烈的合作或结合的行为倾向，可促进形成良好的人际关系，并使个体感到身心愉悦，充满活力。

若因不喜欢甚至讨厌而产生分离情感，则会使人际关系不良，易对个体造成精神、心理上的压力，使身心疲惫，甚至导致病态心理，从而严重影响身心健康，最终严重影响个体的社会适应能力。

结交朋友的有效策略方法在于，通过人际交往中的沟通，成为一个让别人喜欢并乐意交往的人。增强人际吸引能力、提高人际沟通能力是两大法宝。

1.2.1　了解人际吸引规律

1.2.1.1　知晓人际吸引的主要因素

1. 相似性与喜欢

相似导致喜欢。人们之间的某些相似特征是导致相互喜欢与吸引的重要因素。

相似的范围很广，有兴趣、爱好相似；地位、经历、年龄相似；信念、价值观、人格特征相似等。

研究证明，由于价值观和态度的相似，甚至在其他方面不太合意的情况下，也能产生喜欢。

“物以类聚，人以群分。”人们通常喜欢那些在各方面与自己存在某种程度相似的人。

强化理论的解释是：他人表现出与自己相似的态度以及其他一些特征，对自己是一种社会性支持。

2. 互补性与喜欢

互补导致喜欢。在某些人格范围内，相反的品质会使人们之间更加喜欢。

有时与不相似的人相互作用会得到更多的报偿。例如，支配型的男性和服从型的女性能相处得很好，爱唠叨的女子也许会嫁给一个少言寡语的男子而生活得很安宁。

互补对于喜欢的作用，以需要满足为条件。高雅与平庸，庄重与轻浮等，尽管特征相反，但它们却不能互补，原因是这些特征不能互相满足对方的需要。

互补的范围也很广，如需要、角色、人格特征互补等。

3. 外貌吸引力与喜欢

漂亮导致喜欢。外貌在人际吸引中的作用是非常重要的。一般来说，人们首先喜欢那些外貌漂亮的人。

漂亮受人喜欢的理由：漂亮的人让人赏心悦目。看着就舒服，使人有美的满足感。美貌是爱的反应线索。漂亮的人更受人喜爱，更能满足自尊与虚荣。同漂亮的人在一起，在别人面前就显得荣耀和光彩。

晕轮效应（月晕效应、光环效应）：人们认为漂亮的人一定还有其他方面好的属性。

外貌的范围应包括容貌、体态、服饰、举止、风度等。

4. 邻近性、熟悉性与喜欢

邻近、熟悉易导致喜欢。在空间上的邻近也是导致人们之间相互吸引的重要条件。

邻近、熟悉易导致喜欢的理由：首先，邻近是有用的。其次，人们的积极性偏见，“远亲不如近邻”。最后，邻近因频繁的接触而导致熟悉，熟悉就能更好地预见在不同情况下的行为反应，避免烦恼，促进愉悦。

倒U型效应："交往频率与喜欢程度的倒U型效应。"即过低与过高的交往频率条件会使彼此喜欢的程度不高，而中等交往频率条件下，彼此喜欢的程度较高。

有时邻近还能增加不喜欢程度（如果人们之间的接触一开始就有敌对情绪）。

5. 人格品质与喜欢

人格品质是影响个体吸引力的最稳定因素，也是最重要的因素之一。美国学者安德森（N. Anderson，1968）研究了影响人际关系的人格品质。下表是主要研究结果。我们从中可以看出，排在序列最前面、受喜爱程度最高的六个人格品质是真诚、诚实、理解、忠诚、真实、可信，它们或多或少、直接或间接地同真诚有关；排在序列最后、受喜爱程度最低的几个品质如说谎、假装、不老实等也都与真诚有关。安德森认为，真诚受人欢迎，不真诚则令人厌恶。

最积极品质	中间品质	最消极品质
真诚	固执	古怪
诚实	刻板	不友好
理解	大胆	敌意
忠诚	谨慎	饶舌
真实	易激动	自私
可信	文静	粗鲁
智慧	冲动	自负
可信赖	好斗	贪婪
有思想	腼腆	不真诚
体贴	易动情	不善良
热情	羞怯	不可信
善良	天真	恶毒
友好	不明朗	虚假
快乐	好动	令人讨厌
不自私	空想	不老实
幽默	追求物欲	冷酷
负责	反叛	邪恶
开朗	孤独	装假
信任	依赖别人	说谎

6. 能力与喜欢

才能一般会增加个体的吸引力。有能力易致人喜欢，个人的能力大小与受他人喜欢程度的高低有密切关系。一般来说，在其他条件相当时，一个人越有能力就越受人喜欢。

但如果这种才能对别人构成社会比较的压力，让别人感到自己的无能和失败，就不会对吸引力有帮助。

研究表明，在①有能力，从不犯错误；②有能力，偶尔犯一点错误；③没能力，从不犯错误；④没能力，总是犯错误四类人中，第②类人即有能力的人如果犯一些“小错误”，则会增加他们的吸引力。

7. 报酬与喜欢

喜欢与否还受他是否能给我们报酬的影响。

报酬，指的是物质、精神上对需要的回应。

报酬具有互动性，物质上的相互帮助，精神上的相互支持能带来喜欢。

报酬还有不对称性，在报酬与喜欢之间的不对称表现为：我喜欢的人不喜欢我，喜欢我的人我又不喜欢。

给予报酬易致喜欢。在最需要的时候，以最恰当的方式给予报酬，能导致深度的人际喜欢与吸引。

1.2.1.2　巧用人际交往的心理效应

在人际交往过程中，在认知他人、形成有关他人印象的过程中，往往会受到心理效应（人际知觉中的习惯性错误）的影响而发生偏差。了解并巧用这些心理效应，有助于我们增进人际吸引。

1. 首因效应

首因效应，也叫首次效应、优先效应或第一印象效应，指交往双方形成的第一次印象对今后交往关系的影响，也即是“先入为主”带来的效果。

换句话说，是指在某个行为过程中最先接触到的事物给人留下的印象会对人产生强烈影响，它起着先入为主的作用。第一印象对人的知觉所形成的印象往往深刻牢固。并对以后的人际知觉起指导作用，但是并不一定客观。

这些并非总是正确的，但却是最鲜明、最牢固的第一印象，决定着以后双方交往的进程。如果一个人在初次见面时给对方留下良好的印象，那么人们就愿意和他接近，彼此也能较快地相互了解，并会影响人们对他以后一系列行为和表现的解释。反之，对于一个初次见面就引起对方反感的人，即使由于各种原因难以避免与之接触，人们也会对之很冷淡，在极端的情况下，甚至会在心理上和实际行为中与之产生对抗状态。

初次见面时的表情、体态、仪表、服装、谈吐、礼节等，往往会形成我们对对方的第一印象。

2. 近因效应

近因效应，是指当人们识记一系列事物时对末尾部分项目的记忆效果优于中间部分项目的现象。信息前后间隔时间越长，近因效应越明显。原因在于前面的信息在记忆中逐渐模糊，从而使近期信息在短时记忆中更清晰。

在人际交往中，这种最近的信息对人的认识具有强烈的影响，最后留下的印象比较深刻的由于近因效应产生的心理现象相当普遍。

例如，多年不见的朋友，在自己脑海中印象最深的，多数是临别时的情景；一个朋友总是让你生气，可是谈起生气的原因，大概只能说出趋近的两三条；一个好朋友最近做了一件对不起你的事情，你提起他来就只记得他的坏处，完全忘了当初的好处……

近因效应也给了我们改变形象、弥补过错、重新来过的机会。例如，两个朋友因故“冷战”一段时间后，一方主动向对方表示好感或歉意，往往会出乎意料地博得对方的好感，化解恩怨。

3. 晕轮效应

晕轮效应又称“光环效应”，属于心理学范畴，是指当认知者对一个人的某种特征形成好或坏的印象后，他还会倾向于据此推论该人其他方面的特征。这种强烈知觉的品质或特点，就像月亮的光环一样，向周围弥漫、扩散，从而掩盖了其他品质或特点，所以就形象地称为光环效应。它是一种影响人际知觉的因素，指在人际知觉中所形成的以点概面或以偏概全的主观印象。本质上是一种以偏概全的认知上的偏误。

在人际交往中，晕轮效应是指人们常从对方所具有的某个或某些特征而泛化到其他一系列尚不知道的特征。这是因为在人际交往中（尤其是最初），人们往往会利用最少量的信息对别人作广泛的结论。赋予更多理想的人格特征，设计更美好的未来，因此易产生以偏概全的结果。

如一个人最初被认定是好的，则他身上的其他品质也都被认为是好的，类似“爱屋及乌”的原理。它指个人在敬仰、爱慕他人过程中所形成的夸大了的社会认知。光环效应在爱情和偶像崇拜中表现得最明显。

为了防备晕轮效应的不利影响，我们要善于倾听和接受他人的意见，尽量避免感情用事，全面评价他人，理性和人交往。如果想利用晕轮效应的有利影响，我们在与人交往时则应采用先入为主的策略，全面展示自己的优点、掩饰缺点，以留给人尽量完美的印象。

4. 刻板效应

刻板效应，又称刻板印象、定型效应。是用刻印在自己头脑中的关于某人或事、某一类人或事的固定印象，作为判断和评价人或事的依据的心理现象。

刻板印象虽然可以在一定范围内进行判断，不用探索信息就能迅速洞悉概况，节省时间与精力，但是往往会形成偏见，忽略个体差异性，人们往往把某个具体的人或事看作某类人或事的典型代表，把对某类人或事的评价视为对某个人或事的评价，因而影响正确的判断，若不及时纠正，则会进一步发展或扭曲为歧视。

通俗地说，刻板效应是指机械地将交往对象归于某一类人，不管他是否表现出该类人的特征，总把对该类人的评价强加于他，从而影响正确认知。

例如，老年人是保守的，年轻人是爱冲动的；北方人是豪爽的，南方人是善于经商的；英国人是保守的，美国人是热情的；农民是质朴的，商人是精细的等，是很多人对某类人的刻板认知，你自己有可能被他人这样认知，也可能这样去认知他人。展现自己的真实，洞察他人的真实，是巧用刻板效应的态度。

5. 投射效应

投射效应，是指将自己的特点归因到其他人身上的倾向。在认知和对他人形成印象时，以为他人也具备与自己相似的特性的现象，把自己的感情、意志、特性投射到他人身上并强加于人，即推己及人的认知障碍。

通俗地说，投射作用，是指把自己所具有的某些态度、观念、欲望或性格特征转移到别人身上，以为别人也是如此，如“以小人之心，度君子之腹。”

例如，一个心地善良的人会以为别人都是善良的；一个经常算计别人的人就会觉得别人也在算计他；等等。当别人的想法或行为与我们不同时，我们习惯用自己的标准去衡量别人，从而认为别人是错的。喜欢嫉妒的人常常认为每个人每天都在嫉妒。

在人际交往中，要克服投射效应的消极作用，应该辩证地、一分为二地看待自己和他人，严于律己、宽以待人，尽量避免以自己的标准去判断他人。

1.2.2 养成“被喜欢的我”

个体心理因素的知、情、意、人格各方面的因素，对人际吸引都有着十分重要的影响。

例如，认知方面，对自我的认知、对他人的认知、对情境的认知，客观或偏差的倾向；情绪情感方面，是积极情感（乐观、向上）或是消极情感（恐惧、自卑、害羞、自傲、嫉妒、猜疑）；意志倾向，是坚强或薄弱、冒险或保守、乐观或悲观；人格个性倾向（兴趣、爱好、价值观、理想）及个性特征（能力、气质、性格）等因素，无不影响人际交往中他人对你的评价及趋近或远离的人际策略。

养成“被喜欢的我”，可以从培育良好的个性心理素养着手。

1.2.2.1 调整认知偏见

人际交往中的认知偏见，如按图索骥、以自我为中心、以他人为中心、人际交往的心理效应等，会影响人际吸引及积极的人际交往的建立，需要调整。

按图索骥，往往带着“我知道我需要什么样的朋友，如果现实不符合我理想的要求，我宁愿不要朋友”的认知偏见，按照理想的模型在现实生活中寻找知己，一旦理想与现实不符，则会情感受挫，心理出现创伤。

以自我为中心，往往带着“人都是自私的不可信任；有些人自私自利，不能与他们来往；知人知面不知心，言多必失；别人对我好，是想利用我，占我的便宜；对我有利用价值的人，才值得与他们来往”等认知偏见去选择交往的对象，必然会遭遇挫折。

以他人为中心，往往带着“我必须与周围的每一个人建立密切的关系；如果有一个人对我不好，就说明我的人际关系有问题；应随时思考别人是否有兴趣与我交往；接受别人的帮助，必须立刻给以回报”等认知偏见，过分在意他人的重要意义及感受，而屈就自己的感受，一旦受挫，就会陷入痛苦万分的状态。

1.2.2.2 有效管理情绪

恐惧、自卑、害羞、自负、孤僻、猜疑、嫉妒等消极负面情绪，会严重影响人际吸引及良好人际关系的建立。

社交恐惧，表现为与人交往时不由自主地感到紧张、害怕，以致手足无措，语无伦次，不能表达自己的意思，严重的甚至害怕见人。社交恐惧常起因于少年时期，表现为害怕被人审视、回避社交的情境，如在公共场所吃饭、讲话或与异性交谈时感到紧张不安，害怕被人观看、注视。

自卑，是一种过低的自我评价。自卑的浅层感受是别人看不起自己，而深层的体验则是自己看不起自己。有自卑心理的人在交往中常常缺乏自信，畏首畏尾。遇到一点挫折，便怨天尤人；如果受到别人的耻笑与侮辱，更是自咽苦果、忍气吞声。实际上，自卑并不一定能力低下，而是凡事期望值过高，不切实际，在交往中总想让自己的形象理想完美，惧怕丢丑、受挫或遭到他人的拒绝与耻笑。这种心境常使自卑者在交往中感到不安，因而常将社交圈子限制在狭小的范围内。

自负，在人际交往中表现为傲气轻狂、居高临下、自夸自大，过于相信自己而不相信他人，只关心个人的需要，强调自己的感受而忽视他人。与同伴相处，高兴时海阔天空，不高兴时大发脾气。与熟识的人相处，常过高地估计彼此的亲密程度，使对方处于心理防卫状态而疏远。自卑和自负是导致交往障碍的两个极端。

害羞，在人际交往中表现为腼腆，动作忸怩，不自然，脸色绯红，说话音量低而小，严重者怯于交往，对交往采取回避态度。过多约束自己的言行，无法充分表达自己的愿望和情感，也无法与人沟通，造成交往对象的不理解或误解，阻碍了良好人际关系的形成。

孤僻，表现为孤芳自赏，自命清高。结果是“水至清则无鱼，人至察则无徒”，与人不合群，待人不随和，或是由于行为习惯上的某种怪僻使他人难以接受。这样的人从心理上与行为上与他人有屏障，自己将自己封闭起来。

猜疑，表现为怀疑，起疑心；对人对事不放心。在交往过程中，自我牵连倾向太重，总觉得其他什么事情都与自己有关，对他人的言行过分敏感、多疑，甚至毫无根据地怀疑别人，怀疑别人做事针对自己。极度的不信任，导致极度的防御。整天疑心重重、无中生有，认为人人都不可信、不可交。

嫉妒，表现为对他人的长处、成绩心怀不满，报以嫉恨，乃至在行为上冷嘲热讽，甚至做出不道德行为。嫉妒容易使人产生痛苦、忧伤、攻击性言论和行为，导致人际冲突和交往障碍。“平庸的情调对于卓越才能的反感”，“嫉妒是万恶的根源”。

1.2.2.3　养成良好意志①

意志是指人自觉地确定目的，并根据目的调节支配自身的行动，克服困难，去实现预定目的的心理过程。良好的意志品质是保证活动顺利进行、实现预定目的的重要条件，也是人际吸引的重要因素。培育良好的意志自觉性、果断性、坚忍性、自制力等，是增强人际吸引的有力内涵。

培育良好的意志自觉性。良好的意志品质的自觉性，首先表现在能自觉地确定行动目的，并能独立自主地作出决定和执行决定；同时表现在为了实现预定目的，既坚持正确的决策，不为他人所动，又能及时听取合理化建议，修正不合理的地方。与自觉性相反的表现是易受暗示和独断。易受暗示指缺乏主见，人云亦云，没有独立的见解和“敢为天下先”的勇气，为人处世易受他人影响，表现出过多的屈从和盲从。独断指容易从主观出发，一意孤行，刚愎自用，听不进中肯的意见和合理的建议。

培育良好的意志果断性。良好的意志品质的果断性，表现在面对复杂多变的情境，能够迅速而有效地作出决定，并实现作出的决定；同时还有大胆、心细、深明大义、敢作敢为等品质的支撑。具有果断性的人既顾全大局，处事严谨，又果敢坚决，雷厉风行。与果断性相反的品质是优柔寡断和武断。前者面临选择常犹豫不决，摇摆不定，作出决定后又患得患失，踌躇不前。在个体身上表现出这种情况，一方面可能是因为情形复杂，不易作出判断；另一方面则是因为意志品质上的欠缺，瞻前顾后，过于小心。后者指处事冲动鲁莽，等不到时机成熟就草率从事。处事武断的人或是性格暴躁，懒于思考；或是目光短浅，不计后果，贸然行动。这两个方面都是意志品质缺乏果断性的表现。

培育良好的意志坚忍性。良好的意志品质的坚忍性，表现在执行决定阶段能矢志不渝，坚持到底，遇到困难和挫折时能顽强乐观地面对和克服。既能坚持原则，抵制各种内外干扰，又能审时度势，灵活机动地达到预定目的。与坚忍性相反的品质是动摇或执拗。前者在意志行动刚开始时，决心很大，干劲十足，一旦遇到困难，就灰心丧气，感觉前路茫茫，中途退缩。平时说的“虎头蛇尾”应属意志薄弱之列；“一条道走到黑”、“不见黄河心不死”，则属执拗、一意孤行之列。

培育良好的意志坚忍性。良好的意志品质的自制力，是指能够完全自觉、灵活地控制自己的情绪，约束自己言行的意志品质。人生活在社会环境中，个人利益和愿望常会同他人或集体的愿望与利益发生冲突，这时就需要依据社会的道德标准和公共规范来调整自己的行为。此时，自制力就显得尤为可贵。具有自制力的人，有很强的组织纪律性，情绪稳定，注意力集中，通常被称为意志坚定的人。他们知道做自己应该做的事。具有自制力的人既能发动合乎目的性的行动，又能抑制与行动

---

①　王雁主编：《普通心理学》，人民教育出版社2002年版，第261～262页。

目标不一致或相违背的行动。与自制力相反的表现是任性和怯懦。前者容易被情感左右，缺乏理智，常在需要克制冲动的时候任意为之，意气行事；后者表现为在需要采取行动，迎接挑战的时候临阵退缩，不敢有所行动。这两种都是意志不坚定、缺乏自制力的表现。

1.2.2.4 培养健全人格

作为个体在遗传和环境的作用下所形成的实际的和潜在的影响个体行为的心理活动的总和，人格包括人格倾向性（需要、动机、兴趣、价值观和信念等）和人格心理特征（能力、气质和性格）两个方面。前者是推动人从事各种活动的动力系统，后者则决定着人的行为方式上的个人特征及个体之间的差异。

健全人格，是指人格和谐、全面、健康地发展，处于健康状态，使个体与社会环境相适应，为其他社会成员所接受而又充分展现主体个性特征的人格模式。

健全人格的理想标准，就是人格的各要素完美地统一、平衡、协调，使人的才能得以充分发挥。对于自身而言，其基本特征主要包括积极客观的自我认识，正视现实，对他人和社会具有理性认知，有健康的体魄、愉快乐观的情绪体验和积极向上的人生目标，有良好、稳定、和谐的人际关系，独立的自我意识，有责任感和创造力，努力为自己的未来及社会而奋斗等。

健全人格的培养，从努力做好自己入手，通过不断的学习和领悟，去发现才能，奉献才能；积极向上，百折不挠；乐于助人，知恩图报。以爱国、敬业、诚信、友善的核心价值观为目标，努力把自己培育成爱自己、为自己，爱家人，为家人，爱人民、为人民，爱祖国、为祖国的有用人才。

1.3 结交朋友的技巧：提升人际交往能力

提高沟通能力，一要提高理解别人的能力；二要增加别人理解自己的可能性。了解人际交往规则、确立自我人际策略、提升人际沟通技能是提高沟通能力的抓手。

1.3.1 了解人际交往规则

人际交往中的规则，或为专家常说的得到普遍认可的观点，或是约定俗成的社会行为标准。在人际交往过程中应该对其有大致的认识。

1.3.1.1 人际关系的取向

社会心理学家舒茨提出人际关系三维理论，认为个体在人际互动过程中有三种基本需要（包容需要、支配需要和情感需要），通过两种表现形式（主动行为、被动行为），形成六种人际关系倾向（主动包容式、被动包容式；主动支配式、被动支配式；主动感情式、被动感情式），如下表所示。

人际关系的取向

三种基本人际需要、两种需求表现形式、六种人际关系倾向

	主动性	被动性
包容需求： 与他人交往、相容	主动包容式： 主动与别人交往 积极参加社会活动	被动包容式： 期待别人接纳自己 往往退缩、孤独
控制需求： 控制他人或被他人控制	主动支配式： 喜欢控制他人 能运用权力	被动支配式： 期待他人引导 愿意追随他人
感情需求： 爱他人或被他人爱	主动感情式： 表现对他人的喜爱 友善、同情、亲密	被动感情式： 对他人显得冷淡 负面情绪较重 但期待他人对自己亲密

舒茨认为，包容需要、支配需要和情感需要三种基本的人际需要决定了个体在人际交往中所采用的行为以及如何描述、解释和预测他人行为。这三种基本需要的形成与个体的早期成长经验密切相关。

1. 包容需要

包容需要是指个体想要与人接触、交往、隶属于某个群体，与他人建立并维持一种满意的相互关系的需要。在个体成长过程中，若是社会交往的经历过少，父母与孩子之间缺乏正常的交往，儿童与同龄伙伴也缺乏适量的交往，那么，儿童的包容需要就没有得到满足，就会与他人形成否定的相互关系，产生焦虑，倾向于形成低社会行为，在行为表现上倾向于内部言语，倾向于摆脱相互作用而与人保持距离，拒绝参加群体活动。如果个体在早期成长经历中社会交往过多，包容需要得到了过分的满足，他们又会形成超社会行为，在人际交往中，会过分地寻求与人接触、寻求他人的注意，过分地热衷于参加群体活动。相反，如果个体在早期能够与父母或他人进行有效的适当交往，他们就不会产生焦虑，就会形成理想的社会行为，这样的个体会依照具体的情境来决定自己的行为，决定自己是否应该参加或参与群体活动，形成适当的社会行为。

2. 支配需要

支配需要是指个体控制别人或被别人控制的需要，是个体在权力关系上与他人建立或维持满意人际关系的需要。个体在早期生活经历中，若是成长在既有要求又有自由度的民主气氛环境里，就会形成既乐于顺从他人又可以支配他人的民主型行

为倾向，他们能够顺利解决人际关系中与控制有关的问题，能够根据实际情况适当地确定自己的地位和权力范围。而如果个体早期生活在高度控制或控制不充分的情境里，他们就倾向于形成专制型的或是服从型的行为方式。专制型行为方式的个体，表现为倾向于控制别人，但却绝对反对别人控制自己，他们喜欢占有最高统治地位，喜欢为别人作出决定。服从型行为方式的个体，表现为过分顺从、依赖别人，完全拒绝支配别人，不愿意对任何事情或他人负责任，在与他人进行交往时甘愿当配角。

3. 情感需要

情感需要是指个体爱别人或被别人爱的需要，是个体在人际交往中建立并维持与他人亲密的情感联系的需要。当个体在早期经验中没有获得爱的满足时，个体就会倾向于形成低个人行为，他们表面上对人友好，但在个人的情感世界深处却与他人保持距离，总是避免亲密的人际关系。若个体在早期经历中被过分溺爱，他就会形成超个人行为，行为表现为强烈地寻求爱，并总是在任何方面都试图与他人建立和保持情感联系，过分希望自己与别人有亲密关系。而在早期生活中经历了适当的关心和爱的个体，则能形成理想的个人行为，他们总能适当地对待自己和他人，能适量地表现自己的情感和接受别人的情感，又不会产生爱的缺失感，他们自信自己会讨人喜爱，而且能够依据具体情况与别人保持一定的距离，也可以与他人建立亲密关系。

舒茨的三维理论在解释群体形成与群体分解中提出群体整合原则，即群体形成的过程开始是包容，然后是控制，最后是情感。这种循环不断发生。群体分解的原则是反其序，先是感情不和，继而难以包容，最后失控，导致群体分解。

1.3.1.2 人际关系的形成

人际关系的形成与发展具有正负方向。正向的发展就是逐步建立人际关系的过程，在相互接触的基础之上经历注意—吸引—适应—融合—依附五个阶段。负向的发展就是人际关系的恶化过程，会经历漠视—冷淡—疏远—分离四个阶段。

1. 人际关系逐步建立的五个阶段

（1）注意阶段

两个人互相注意，并可能以对方作为知觉对象和交往对象时，这就说明，双方已进入了人际关系的注意阶段（准备阶段）。注意阶段的时间可能非常短暂，产生注意的原因也许出于偶然，但这却是人际关系发展的必经阶段。注意阶段既可能成为建立良好人际关系的开端，也可能因为对方缺乏吸引力而未与其发生交往，从而也就不会建立关系。

（2）吸引阶段

吸引阶段是建立人际关系的初级阶段，即交往对象彼此之间进入了角色性接触和交往。一般来说，导致双方相互吸引的因素有三种：其一是相似；其二是互补；

其三是诱发。所谓诱发吸引，是指由于某一刺激因素的偶然出现，引起双方的交往兴趣而导致的相互吸引。

（3）适应阶段

适应阶段的主要表现是交往双方能够互相合作，在合作过程中能够互相帮助，共同完成某项活动。

（4）融合阶段

融合阶段的主要表现是：双方在一起时，在服饰方面力图使对方感到满意，应对方的要求而改变某些不良习惯等。在情感上产生了依赖感。

（5）依附阶段

依附阶段是人际关系发展的高级阶段或最高层次。双方表现出强烈的情感依恋，彼此间无话不谈、心心相印、唇齿相依，相互了解达到了“知心”的程度。情感上已经达到融合的程度，生活上已经具有依赖的明显迹象。

2. 人际关系恶化的四个阶段

（1）漠视阶段

人际关系恶化开始于漠视，漠视就是对对方表现出一种漠不关心的态度。具体表现为转移对对方的注意力，扩大双方的交往距离，不再与其说话、合作等。

（2）冷淡阶段

冷淡是在漠不关心的基础上表现出更多的否定态度和行为。例如，在某个社交场合，你不想穿过拥挤的人群去和某个朋友打招呼，这属于漠视；而当那位朋友走过来想同你说话，你却显得没有兴趣，甚至不予理睬，这便属于冷淡。

（3）疏远阶段

疏远阶段就是双方力图避免接触，即使偶尔交往，往往也是不愉快的接触。从体态语言方面来看，有意扩大交往距离，表情上明显显露出不乐意、不情愿交往。

（4）分离阶段

分离阶段是人际关系恶化的最后阶段。这时双方处于完全失去联系的状态。

1.3.1.3　人际关系的原则

人际关系的基本原则，包括相互性、交换性、自我价值保护性。

相互性原则。人际关系的基础是彼此间的相互重视与支持。任何个体都不会无缘无故地接纳他人。喜欢是有前提的，相互性就是前提。我们喜欢那些也喜欢我们的人。

交换性原则。人际交往是一个社会交换过程。交换的原则是：个体期待与人际交往对自己是有价值的，即在交往过程中得大于失，至少等于失。人际交往是双方根据自己的价值观进行选择的结果。

自我价值保护性原则。自我价值是个体对自我价值的意识与评价。自我价值保护是一种自我支持倾向的心理活动，其目的是防止自我价值受到否定和贬低。由于自我价值是通过他人评价而确立的，个体对他人评价极其敏感。对肯定自我价值的他人，个体对其认同和接纳，并反投以肯定与支持；而对否定自我价值的他人则予以疏离。

1.3.1.4 人际交往的准则

1. 人际交往的基本原则

人际交往的基本原则，包括平等、真诚、尊重、宽容、互助。

平等原则，指的是人们在社会、政治、经济、法律等方面具有相等地位，享有相等待遇。社会人际交往，平等是首要原则，无论是公务还是私交，都没有高低贵贱之分，要以平等的身份进行交往，才能深交。自卑、自傲、卑躬屈膝、趾高气扬的心态都会影响人际关系的顺利发展。

真诚原则，即真心实意，坦诚相待以从心底感动他人而最终获得他人的信任。真诚待人是人际交往得以延续和发展的保证，人与人之间以诚相待，才能相互理解、接纳、信任。弄虚作假、隐瞒真相、恶意欺诈等行为都会严重阻碍人际关系的良性发展。

尊重原则，是指重视的心态及言行。包括自尊和尊重他人，这是维系人际交往的前提和基础。自尊是自重、自爱，维护自己的人格；尊重他人是重视他人的人格和权利，承认交往双方的平等地位。人际交往中以诚实为本，“君子一言，驷马难追”，“言必信，行必果”，不卑不亢，端庄而不过于矜持，谦虚而不矫饰诈伪，不俯仰讨好位尊者，不藐视位卑者显示自傲。

宽容原则，即宽大有气量，不计较或不追究。在人际交往中，要允许别人的不利行动或判断；耐心而毫无偏见地容忍与自己的观点或公认的观点不一致的意见。在追求共同目标的基础上，要互谅互让、宽以待人。宽容，就能与人相容，求同存异、互学互补。

互助原则，即交往双方互相关心、互相帮助、相互支持，既可满足双方各自的需要，又可以促进相互的联系。路遥知马力、患难见知己，在对方最需要的时候，举手之劳、滴水之恩都会使对方铭记在心，加深双方的情谊。

2. 人际交往的基本态度

美国著名心理学家爱利克·伯奈认为，大多数人的心理失常，实质上是日常交往行为中交往态度的失常。他依据对自己和他人采取的基本生活态度，提出了四种人际交往模式：①我不好—你好，我不行—你行（自卑者：自怨自艾，己不如人）；②我好—你不好，我行—你不行（自负者：自高自大，孤芳自赏，目空一切）；③我不好—你也不好，我不行—你也不行（抑郁者：冷漠无情，冷眼看世界）；④我好—你也好，我行—你也行（健康者、阳光者）。

前三种交往模式都会阻碍人际交往，并且不利于心理健康和心理发展。成熟、健康的交往模式应该是“我好—你也好”、“我行—你也行”。这种心态的特点是，充分体会到自己拥有一种强大的理性能力，并对生活的价值有着恰当的理解，做到相信自己与相信他人、爱自己与爱他人的统一。虽然他们并非十全十美，但能悦纳自己和他人，正视现实，善于发现自己、他人和世界的光明面，从而使自己保持一种积极、乐观、进取、和谐的精神状态。

有人打趣地将现行社会人们的人际交往态度分为几种类型：不给阳光不灿烂（被动型），给了阳光就灿烂（被动接收型），给了阳光也不灿烂（被动抑郁型），给了阳光想灿烂就灿烂、想不灿烂就不灿烂（被动支配型），不给阳光也灿烂（主动支配型）。

3. 确立自我人际策略

策略，指计策；谋略，一般是指可以实现目标的方案集合。

人际交往的策略，包括对自己的人际互动倾向的选择（主动、控制、情感），人际关系层次的把握（深度、广度），人际关系原则的确立（主流、极端），人际价值取向的树立（利我、利他），人际交往态度的选择（积极、消极）等。以自己期待的人际交往目标为导向，积极主动地确立自我人际策略，能使自己在人际交往中掌握主动权。

1.3.2 提升人际沟通技能

人际交往，是指人们运用语言符号系统或非语言符号系统相互交流信息、沟通感情的过程，即人际沟通过程。提升人际沟通技能，要从巧用言语、善用目光、积极聆听、展现真诚、打开“人缘之窗”5个方面入手。

1.3.2.1 巧用言语

巧用言语

有效表达

- 学会表达
- 学会赞美
- 敢于示弱
- 真诚沟通三部曲：客观描述对方的表现
坦诚讲述自己的感受
直言相告内心的期待

有效倾听

- 开放式（说说你）
- 启迪式（你觉得）
- 递进式（原因是）
- 同理式（我认为）
- 共感式（我觉得）

1.3.2.2 善用目光

善用目光

展现自己

目光中能看出一个人的真实心态

眼睛是心灵的窗户

目光很难做到随意控制

让“心灵之窗”闪烁着：

真诚、友善、自信、睿智的光芒

目光接触的支持，在人际沟通中很重要

有实验表明，在感觉获取信息中，视觉占80%

观察他人

面部微表情

身体微反应

读脸读心

1.3.2.3 积极聆听

积极聆听

积极聆听的含义：聆听他人的倾诉，并能从他人的角度来看问题，并使那个人知道你能够理解他的观点和感受。

关键词：聆听、换位、理解

积极聆听的假设：理解别人的感受才能更好地解决别人的心理情绪问题。

积极聆听的技术：

核心技术：

重复关键词：“你是说……”

解释：“你说的意思是……”“你是在说……吗”

标识情绪：“你听起来……”“我听出来……”

总结：“你看看我有没有听明白你的意思……”

附加技术：

有效的暂停（沉默）：之前、之后

微小的鼓励：“嗯”“是啊”“对”“继续说”“好”

开放式的问题：“你说说……”

用“我”的陈述句式：“我也是……”“我也有……”“我也和你一样……”

1.3.2.4 展现真诚

展现真诚

言词真诚、语气真诚、神情真诚、平素真诚

分享：借乒乓球的故事（2005）

情境：学校培训中心一楼大堂

人物：前台服务小姐，女经理、一群打乒乓球的律师

事件：借乒乓球

派员：英俊男士

英俊男士说：借一个球。

小姐：不借。规定不提供球。

女经理：（不说话）

再派员：（大姐）

大姐说：球打坏了，其实我们楼上房间里还有，但跑上去拿，有些跑不动了，能不能先借一个，打坏了赔。

小姐：（还没来得及开口）

女经理说：给她吧！

理由：平时我一直看到你，很舒服（穿着、神情）。

1.3.2.5 打开“人缘之窗”

打开“人缘之窗”

心理学家的一个研究结果，个体的心理状态依据自己及他人是否知晓，可分成四个领域：

心理状态	人知	人不知
己知	1. 公开的领域	2. 秘密的领域
己不知	3. 盲目的领域	4. 潜在的领域

理论上说：

陌生人、话不投机的人，谈公开领域的话题；

好朋友、投缘的人，知无不言，无所不谈。

好人缘的一个重要秘密在于：

致力于扩大自己和朋友之间公开的领域，

努力减少自己秘密和盲目的领域，

有意识地开发自己潜在的领域。

关键在于：开发独到的话题视角。

自我探索：我的人际策略与改进

请根据所列命题，进行自我心理成长探索。

> 自我探索：《我的人际策略与改进》
> 　　意义：结交朋友、培育情感
> 　　要求：1. 澄清自己现行的人际交往策略及成效；
> 　　　　　2. 探索改进的策略与方法。

心声分享：感悟交友

以下心声分享内容，是学生在经历本专题的成长引导、案例导入、理论概要、自我探索等心理成长引导后，进行自我心理成长探索及感悟的成长分析报告。虽然探索及成长的点和程度不尽一致，但见证成长，启迪他人的寓意尽在其中（其后各专题的心声分享亦同）。

【当友情与矛盾相遇】①

昏黄的路灯下，天空还是墨蓝色的，看不到星星，还有那被云层遮住的月亮。丝丝缕缕的雨落了下来，轻轻地落在雨伞上，发出滴答、滴答的声响，我聆听着自己的叹息，独自回忆。

站在青春的尾巴上，时光像流水一般在不知不觉地流逝，我倍感孤独。少年的时候，我的左手边是可以一起开心欢笑的朋友，右手边是对我悉心呵护的父母。但那时的我并不懂得珍惜，并不懂得他们的良苦用心。直到现在，我才开始明白亲情的美丽，友情的纯洁，我开始学会珍惜。

小时候，友谊是一排矮矮的座位，我在这头，你在那头。后来，友谊成了一条长长的电话线，我在这头，你在那头。现在，友谊成了一份挥之不去的思念，我在这片云彩下边，你在那片云彩下边。我和她是形影不离的挚友，以前就约定无论谁值日，都会等对方。一天，是她值日，我和同学一边聊天，一边等待，直到值日生们做完值日工作，大家都走了，我才收拾东西，结果稍迟了一些，她和同学先行一步，我追上去拍了一下她的肩膀，也许是用力过猛了点，她以为我挑衅她，故意拍她，就对我展开“攻势”。两人你推我搡，谁也不肯罢手，最后，我“技不如人”向对方“投降”。当时，我的心绷得紧紧的，鼻子一酸，不争气的眼泪就好像断线的珍珠落了下来。我一声不吭地走了。就这样我们“冷战”了两天，谁都不理谁。

---

① 本文根据《心理访谈与健康成长》课程班15－16秋 No. 091 康珊珊的自我成长分析改编。

后来我想了很多很多，我知道两人吵架谁也不能推卸责任，我不能让昔日的一切美好都只能在记忆中寻觅，我不能让我们的友谊就这样消逝。于是，我制造了一场偶遇，我躲在她家门口的一旁电线杆后面等她，塑造了一个十分凑巧的机缘与她结伴同行去学校。之前我想好的道歉话全派不上用场，因为热情是灌溉友情之树的露水和阳光。

经一事，长一智，我完全懂得了要赢得友情，就要主动把自己的友爱奉献出来，不要一味地企求和等待别人送来友情。要主动才能握紧友谊之手，要有一颗包容的心。太阳丝缕的光线温暖地照射着地面，我伸出手，透过剪刀手的那一小块看见的世界是美丽的，我的眼中只有阳光，只有温暖。

当友情与矛盾相遇时，我们可以这样做：①调整心态。大多数矛盾都是一些小事或仅仅是语气不好引起的，对待矛盾好的方式是：面对矛盾，解决矛盾，生气不过夜。要是因为一句话或一件小事，就开始拉开长达一周甚至一个月的“冷战”，断送了两人之间的友谊，那可真是得不偿失了。②学会冷处理。自觉对自己的行为进行反省，通过反省觉察自己的过错后，一种和解的愿望就会油然而生。然后换位思考，站在对方的立场上，想想对方为什么会那样做，将心比心。③记得对方的优点。我认为这个是非常重要的，当我们“冷战”，谁都不愿意退让时，我们需要冷静地坐下来，想想平时对方的优点以及对方给予你的帮助。我们应该学会拥有一个好的心态和处事行为，学会释怀；学会看别人的优点，学会赞美别人，要记得别人的好，才能愉快轻松地前行。

宽容能让我们和睦相处，理解能让我们互相关爱，团结能让我们充满欢声笑语。友谊是一抹芳香，在你遇到困难时带给你信心与勇气；友谊是一坛陈年的老酒，时间越长久，越芳香扑鼻。没有朋友的人是孤单的，没有友谊的生活是乏味的……

今天，我站在下雨的夜晚里，感到孤独。天还是冷冷的，风在身边吹着，雨已经停了，我收起伞，把它放进包里，天快要亮了，阳光会照射大地，我只需要微笑面对。

【直面心灵困境，敢于改变自己】①

在我这二十多年的成长过程中，一个困扰我很久的问题就是人际沟通。还记得父母总是鼓励我主动、大胆地和别人交流，去结交朋友。印象很深的一次是我在午睡的时候竟然也梦到许多人在对我说“去和别人说说话，别一个人待着”。可是，我的小学和初中并不因为我的怯于与别人交往而孤单无味。因为母亲是学校的老师，加上我不太活泼的性格，学习成绩还可以，在那个唯成绩论的时代，即使我不去和别人交往，同学们也会不断地来和我探讨问题。那时我很满足，很少主动去和别人

① 本文根据《心理访谈与健康成长》课程班 10－11 春 No. 148 林沐的自我成长分析改编。

搭腔，甚至在几次班级评选中我的得票率很高。现在想来，小学六年真的是延缓了我的性格完善。因为不敢和别人交流，不能很好地表达自己的想法，而现实中同学老师的热情又为我的不主动找到了借口。

现在深思过去，其实刚开始我并不是不想去和别人交流，我的胆怯缘于一件事情。我现在仍然清楚地记得：小时候，院子里的孩子们在一块儿玩，可是毕竟年龄有大有小，年龄大一些的几个就会要求其他小孩子自愿分组跟着其中一个大孩子玩，当时我虽然很小，但对于这种结伙疏离的事有一种本能的反感，就想对身边的小朋友说我的想法，可是他们在稍作迟疑后都进行了选择，我还未说出口就感觉遭到了抛弃，似乎没人在乎我的感受，虽然后来我也勉强地随便站在了一个组里，可从那时起我就不想和别人交流，因为害怕遭到拒绝，害怕别人嘲笑我竟然和别人不一样。这件事是我第一次写出来，以前从来都没有说出来过。现在看来，由于这种心理障碍没有及时和父母沟通，进而不断恶化。与别人相处时沉默寡言；对别人提出的看法、观点无所谓地同意隐藏自己的真实想法；甚至对别人随便的玩笑也要猜测应该如何表现才能得体。有同学说我善解人意，其实不然，而是我在隐藏自己，把自己趋于大众化。

然而，随着年龄的增长，到了初中和高中，我遇到了来自四面八方的同学，他们性格迥异，而且成绩不错也不再是唯一吸引人的地方。如果你热情大方，活泼开朗，喜欢运动，经常替别人排忧解难，那么就会得到很多人的认可，而且自己也会感到很快乐。在我的初中时代，正好有许多同学不仅学习好，还热情大方，能跟许多人谈得来。是的，我的心里受到了极大的冲击，甚至有些嫉妒，他们是那么优秀，没有了母亲带给我的优势，我终于处在了变化的关口。这时的我在不断地思考，也在不断地阅读，终于鼓起了勇气结交朋友。我开始改变自己，在路上抬起头对迎面而来的同学微笑，打招呼；主动和同学探讨问题，讨论话题；试着寻找使氛围幽默不尴尬的方法……最令我感到自豪的是和一位同学开始交往。那时他刚刚转到我们班上学习，个子不高，但给人铿锵有力的感觉，很有精气神。我的第一感觉就是一定要和他说话、交流。于是，下午下课后我专门坐在他的身后写作业，然后借他的橡皮用，并给了他一个大大的微笑，从那之后我和他就慢慢地熟络起来，直到现在我们还保持着联系。当然，我的改变不可能一蹴而就，还时常带有原来的烙印。我在初中竞选班长，可是做得却一塌糊涂。到了高中，我发现要让别人认同你，那就是在保持自己原则的基础上要有一个闪光点，比如我的字写得不算差，许多同学夸奖我，我就利用这点和同学不断展开话题。这样的方法使得我渐渐和同学们熟悉起来。同时，因为不同的人有不同的习惯，如果真的打扰到了别人，我们首先要做的是尊重，然后是沟通。

到了大学，同学们更是来自五湖四海，在这个远离家乡的地方，更需要自己去独立、成功地处理所有的问题。我知道，自己还是没有变得很好很强大。所以，为了逼迫自己有所进步，我参与竞选班里的团支书，来锻炼自己的能力。尤其令我高兴的是，在心理访谈的第一堂课上，我鼓起勇气介绍了自己。虽然有些紧张，可是我感受到了老师强大的心灵力量，感受到了一种热情，一种期待。是的，在众人面前展现自我需要勇气，也是打开人际交往之窗的一种方法。因为那次的勇敢，我认识了班上的几位同学，真的很高兴。

总结起来，就是要对别人保持真诚友善的态度，敞开自己的心扉，敢于同别人交流。还可以通过帮助别人的方式取得与别人进一步交流的机会。从我以前的经验中发现，主动去帮助别人，展现自己真诚的微笑，尊重别人的处事方式，在别人面前善于倾听，善于交流，勇敢地表达自己是关键。

【找回挚友】①

朋友，是在你身处困境时，向你伸出援助之手的那个人；朋友，是在你孤独寂寞冷时，给予你温暖的那个人；朋友，是在你行于逆流中，帮助你逆流而上的那个人；朋友，是在你极度不安时，给你足够安全感的那个人。朋友，是你分享喜怒哀乐的那个人。朋友的安全感，让你可以在他身边肆无忌惮地欢天喜地。朋友，你一生都不可缺少，无论男女。没有朋友，即使你的人生再光彩夺目，也没有人会去欣赏。

而我忽视的那个知心朋友，请你放慢脚步等等我，等我追上你，给我一个解释的机会。我的朋友……

从小到大，我都是一个内向的人，不太懂得与人相处，以致现在的我没有多少朋友，特别是知心朋友。其实，我的要求并不高，只要一两个知心朋友可以陪我聊聊人生、谈谈理想，能够分享我的喜与悲，此生便足矣。

2015 年 10 月，我认识了一个当时我以为可以结交一辈子的知心朋友。当时我们两个认识的时间并不长，只有一个月左右。但是我们似乎是那么熟悉，我们之间总有说不完的话，我们在一起的时光总是充满欢声笑语，但是，就是这样的关系，后来我们之间却差点形同陌路。在我们两个的“三观”中，唯独价值观充满矛盾，也正是因为价值观的不同，我们之间出现了间隙，关系也一天天疏远，也谈不上谁疏远谁。直到今年 1 月寒假期间，我们之间的联系彻底断了，回到学校后，真如想象的那样，形同陌路，彼此尴尬。可是在我的心中，还是放不下这个朋友，我们之间是那么相似，却唯独价值观的不同，导致我们两个分崩离析，我不甘心，我不想就此失去这个朋友。就这样，两个月的时间过去了……

出于内心的不甘，我下定决心打算主动联系他，当面跟他聊聊。因为我想知道我们关系出现裂缝的原因是什么？无论原因是什么，我都想当面说清楚。因为我想

---

① 本文根据《心理访谈与健康成长》课程班 15 – 16 春 No. 043 金元庆的自我成长分析改编。

挽回我的朋友。说实话，当面沟通的办法还是有效的。当时我把他约出来，主动出击，挑开我们之间的不愉快，解释了我们为什么会变成陌生人，解释了我们之间的一切一切。当面解释清楚后，我整个人都释然许多，经过一段时间，我们冰释前嫌，重新做回了好朋友。

而我们之间所谓的价值观，也在不断磨合，我相信，我们之间的友情，在我们共同的努力下一定会长久，我们也终将成为彼此最好的知心朋友。《奇葩说》里的一位辩手说过一句话我特别喜欢："我交朋友，讲究一个小心谨慎，少而精！但个个可以过命！不想因为装亲切博美名，导致稀释了真正的友情。这就是我的择友观。"而她的坦率性情，或许我穷其一生都无法做到……

【关键时刻没人挺我】①

我从初中开始，一直当着不大不小的"官"，说来也很奇怪，明明和班级同学相处得都挺好，为什么每次到关键的时候，比如选举却都没有人选我。其实这个问题一直困扰我到进大学，我也曾尝试通过其他的方法来解决，尽量不去得罪或者惹怒别人，别人有什么忙都会去帮，和每个人都看上去很熟，甚至会偶尔带点小吃什么的和大家一起分享，但是这么多方法都没有奏效。进入大学，虽然我很幸运地当上了副班长，但是这种情况依旧，我却不知如何改进，一直到上《结交朋友》的时候。

我平时是一个比较热情的人，也不怕生，所以总是很容易结交到新朋友，在范老师刚刚开始讲课的时候我还不以为然，这些问题我都不存在，但很快我就发现我有着"理想主义的交友"和"以他人为中心"的认知障碍和错误，一直以来，我都以为只要让别人不反感我就行了，和每个人关系都很好，但是与此同时我又非常迫切地需要知心朋友，于是在挑选知心朋友的时候，挑挑拣拣完全按照自己理想化的想法去选择，稍有偏差和不顺心就放弃，这也导致了我一直到高中都没有找到关系特别好、特别交心的朋友。

回到寝室以后我又认认真真地打开课程中心的PPT，仔细琢磨了人际吸引因素，再结合了自己的情况。我知道自己长得不好看，有的很受欢迎的人是因为他们长了一张让人喜欢的脸，而容貌上我也无法做过多改变。但是我很擅长听人倾诉，也很擅长为别人出谋划策，别人都很信任我。因为以前总是想着要迎合他人，自己身上的很多闪光点总是会有意或无意地被掩盖掉，不愿意把自己表现给别人看，这样自然就没有人会认同我的能力了。

所以，从那时起，我努力尝试把自己展示给别人看，而不再追求一味地迎合他人，失去自我，在交友方面，我也慢慢开始学会"海纳百川"，当然不可能和每个

① 本文根据《心理访谈与健康成长》课程班10－11春No.020何念怡的自我成长分析改编。

人都能做知心好朋友，但是我也开始慢慢接纳和包容，朋友本来就应该是多种多样的。现在的我不仅应该把我的雷厉风行让老师看到，也应该让同学们看到，让那些平时没有多少时间来和我深入接触的同学看到。只有让他们对我产生了认同感，对我的能力产生了敬佩，才能从心底更加认同我，而不是如从前那样仅仅是表面上的关系好。

现在，我已经开始实践了，让我感到很神奇的是，以往与别人交流时总是有点心理负担，担心是不是有哪句话让别人觉得不开心然后关系会僵掉。重新定位以后，与别人交流我也更加自如和自信了，我开始慢慢相信自己的人格魅力，慢慢相信其实我也可以和那些很受同学们欢迎的人一样，其实我也是有能力的，其实我也是有魅力的，其实我也是能受同学欢迎的。

【“第一句话”我不喜欢说】①

我喜欢与陌生长辈攀谈，也能够与其很好地沟通，但却不喜欢与陌生的同龄人说“第一句话”，只有恰巧那个人先和我说话了，才会和他进行交谈，当然也能进行很融洽的交流，只是这种交流，我不会主动进行，这也是问题所在。

依我看来，造成我这样性格的原因是多方面的。人的性格特征不是一天、一个月、一年就可以养成的，而是从出生开始，一直到现在为止慢慢地积累而成。

我很小的时候，家住在农村，父母都在政府部门工作，虽然说不上偏僻，但是人口并不是很多。从我刚刚懂事开始，父母之间的大多数讨论就都有我在场。在我面前，他们会毫不避讳地说着单位的种种。尤其是在吃饭时间，他们总是谈论许多关于工作、关于单位里的事情。因为那时我很小，所以我只是默默地听，这让我那颗稚嫩的心对大人的世界充满好奇。父母口中谈论的问题从未在我与小伙伴间发生过，这让我对于大人的世界充满了向往，渴望着长大。因为是在农村，所以父母经常将我带到单位，到了单位以后父母的同事总是带着我玩，给我买小零食吃，这大大地增进了我对长辈的亲近感，长辈所能给予我的是同龄伙伴所不能给的，所以当时的我更喜欢接近长辈。时至如今，见到比我年长十岁以上的人，我仍感觉到格外亲切。这为我喜欢与长辈谈话奠定了最初的感情基础。

因为小时候经常与长辈在一起，自然就会看到、听到长辈们如何看待问题，如何处理问题，时间长了他们分析问题的思维，处理问题的方式以至于价值观、道德观都慢慢地渗透到我的行为举止、看待问题的方式上。处于儿童时期的人主要都在模仿，而我的行为则是模仿长辈多一些。这时，我与同龄小伙伴在许多问题的看待上就出现了分歧，我会觉得他们的思想很肤浅，行为很幼稚，这样对我与同龄人之间的沟通反而形成了一定的障碍。可能就是从这时起，我变得比自己同龄的孩子更

---

① 本文根据《心理访谈与健康成长》课程班 10－11 春 No. 030 李筝的自我成长分析改编。

成熟一点，这让我们之间少了许多共同语言。这样我们之间的交流就变得越发少了，而与长辈的亲近也变得更多。

上学以后，情况有所改变，我不能天天跟随父母去他们的单位，只能待在学校，小孩子总是多变的、适应性最强的，在这里我要认识新的伙伴，要不然只能自己一个人玩，我开始和同龄人接触，学着如何沟通相处。但是因为父母的关系，学校的老师对我会格外关心，还因为我有着直接和长辈接触的经验，所以和老师相处得非常融洽，于是同学们都很羡慕我，因为我和老师关系亲近，同学也会主动来和我玩。我生性是个很随和的人，所以和同学相处得很融洽，只是我很少去主动认识新同学，在那时的学校里，大多是他们主动认识我。这种情况也或多或少养成了我一些自傲的心理，这样时间长了，我就不习惯去和陌生的同学说“第一句话”。慢慢地，这种习惯就成了自然，也就造成了我不喜欢说那“第一句话”。

我有一群非常好的朋友，好到用任何形容词都无法形容我们之间的情谊，这群朋友大多数在一起相处有十几二十年了，有的甚至从我出生就开始在一起玩，一直到现在。所以我可以很自豪地说，我有着毫不逊色于任何人的友情，我有着一群能让我引以为豪同时他们也把我看作令他们自豪的朋友。这样的情况造成了我对于结识新的朋友，与陌生同龄人相识没有动力，没有渴望结交更多朋友的欲望，在我看来朋友不需要太多，但一定要交心，当你有困难的时候一定会主动站出来，不计后果、不计回报地帮助你。有时候即使你朋友满天下，可却没人愿意将你从困难的泥沼中拉出来，那再多又有什么用？既然我都不渴望交朋友，怎么去和对方说“第一句话”呢？

现在想想我的想法可能是错的，虽然我已经有了一群朋友，但为什么我不把这个队伍壮大呢？这样不仅对我好，对我的朋友也是好事，可以通过我让我的朋友们互相认识，以我为纽带让他们也成为朋友。所以我要试着改变自己。

首先，我要找一份做社会调查的兼职，因为做社会调查，就要拿着表去找不同的人来完成调查问卷，而这个问卷我不可能全部找认识的人来做，其中陌生人要占绝大多数，既然我想找他做问卷调查，就必然要先和他说话，先进行沟通。用这种方法可以强制地让我与陌生人接触，尤其是在大学校园里，接触的都是自己的同龄人。用这种方法先来克服自己的“不习惯”心理，同时也迫使自己把高傲的头低下，因为这个问卷肯定是要浪费别人时间的，而我则要说服他们来做这个问卷，我只能摆正心态主动地请他们来做。

其次，参加一些集体活动，在集体活动中才有更多与同学接触的机会，也有着更多交朋友的可能。

我的策略就是这么简单，先从心理上激发自己对朋友的渴望，然后在实际中先迫使自己剔除“不习惯”心理，创造与人接触的机会，进而达到自己的目的。

【人际交往之心路】①

不知不觉，我已经是一个成年人了，有了自己的责任，有了自己的目标。但从小到大的人际交往变化，是我的人生轨迹中很粗的一条线，它给我留下了很深的印象，也串联了我从记事起至今心理变化的过程。

2013 年 9 月 1 日，我进入了上政这个大家庭，开启了我的大学之旅。我遇到的第一个问题就是不会与人交流沟通。我认为最根本的原因是自卑，上小学时，我的生活环境是无忧无虑的。在家有爸爸妈妈宠着，在学校有一大群朋友陪我玩，什么压力也没有，也不知道自卑为何物。直到我上了初中，我的性格发生了 180°的大转弯，因为我开始自卑，不自信。我的初中是在私立学校上的，那里的学生都是学习成绩非常优异、特别聪明的。我仍然记得当时考进去那所学校的分数是 60 分，刚刚及格，也就是差一点没被录取。当时我还感觉自己很幸运，被录取了。但当我进入学校学习时，我开始感到不适。首先就是学习压力大，有些聪明的同学，即使人家天天不学，只在上课听听，也可以取得很好的成绩，像我这样的，天天学也只是一个中等生。这让我感到很不自信，总感觉自己很笨、很差，没有别人做得好。于是，我便认识到一点，只有学习成绩排名靠前时，我才有足够的自信去面对生活、面对同学、面对老师。也是从此刻开始，我的自卑开始蔓延、开始膨胀，它发展得如此迅速，如此宽广，以至于影响了我生活的方方面面。在这里面，对我影响最大的就是人际沟通。我开始不主动与人说话，因为我害怕别人不理我；我开始不和同学讨论，因为我不自信自己说得是对的，是合理的；我开始变得焦虑，因为我总感觉自己没有朋友，感觉自己很孤单。在初中时，我把全部的精力放在学习上，来逃避这个问题，结果，我初中毕业时，以全校第一的优异成绩考入了我们县的重点高中，同时，我也是独自一人去上高中的，因为我没有相交甚好的朋友。在高中，我的人际交往问题暴露得一览无余。我经常与室友闹矛盾，有时甚至只是因为一点观点不同。这让我感觉压力很大，经常感觉很沉重、很累。有时甚至会出现极端的想法，想要去杀了那个总是与我“作对”、和我观点不同而否定我的人。在高三时，临近高考前的 3 个月，我出现了抑郁症的症状，每天失眠、烦躁。我回家的频率增加了，而且到家也不说话，爸爸妈妈也不敢问我怎么了，因为每次他们问我时，我都会控制不住地烦躁、吼叫。最可怕的是，我出现了神经衰弱的现象，脑袋不能想东西，没法思考，每次思考时脑袋就好像在萎缩一般，拉得紧紧的，有时甚至抽搐地疼。爸爸妈妈带我去看了医生，医生建议我好好休息，保持愉快的心情，不要学习了。在那段时间里，我放弃了学习，不再期待大学，因为我感觉上大学已经没意义了，甚至生活已经没意义了。

---

① 本文根据《心理访谈与健康成长》课程班 14－15 秋 No. 083 张亚平的自我成长分析改编。

虽然最后我停止了学习，但我还是参加了高考，结果刚刚到一本线。在择校时，我只想远离家乡，到一个没人认识我的地方重新开始，于是，我到了上政。但是我忘记了，只要我没有改变，到了任何一个环境中，我都是那个自卑而不自信的女生，都无法处理好自己的人际关系，都无法释放这种人际交往失败带给我的压力。在大学，我终于认识到了这一点，我开始下定决心要改变自己。我想，既然我的人际交往失败是由自卑引起的，我就应该先从克服自卑开始。我在网上搜了很多相关知识，克服自卑的方法有很多，但我很认同的一种看法就是：要先学会自信，正确认识自己。人与人的性格差异很大，了解自己的性格优势与不足，学会扬长避短，有助于形成自己独特的自信心。在认识自己这方面，我还有很大的不足，虽然我已经超过18岁，但我现在还不知道自己真正的需求是什么，对自己奋斗的目标也没想过，甚至对自己有什么样的性格爱好都不清楚，每天都是随波逐流地活着，也不知道为了什么。从那时起，我开始思考，我是谁？我为什么而活？经过我几番深思熟虑，我慢慢知道，我是一个性格内向，自卑但又自尊心强的人；我不喜欢主动，但又渴望对别人主动；我做事畏首畏尾，但又渴望成功；我不敢表达，但又渴望别人了解我的想法。我最大的优点就是坚决，只要想做某件事，一旦下定决心，就一定会坚持到底。有时我的坚决态度都让我感觉自己很无情，如我为了在期末冲刺奖学金，可以坚持好几天不说话，别人说什么都不放在心上，都会敷衍过去。还有一个既算优点也算缺点的性格，就是好胜心强，我做事一定会做我百分之百有把握的事，我必须得胜，如果失败，就会很受打击，通常需要好几天才可以恢复。我最理想的生活就是可以在一家大公司上班做白领，从事会计方面的工作，在空闲之余可以陪我的家人出去旅游。知道了自己的内心，自己的目标，我开始试着朝自己的目标迈进，在这个过程中，我也试着用自己了解的增强自信、克服自卑的方法提高自己的自信心。例如，行走时抬头、挺胸，步子迈得有弹性，因为心理学家说，懒惰的姿势和缓慢的步伐，会滋长人的消极思想；而改变走路的姿势和速度可以改变心态；抬起双眼，目视前方，要正视别人，心理学家说：不正视别人，意味着自卑，正视别人则表露出诚实和自信；当众发言，卡耐基说：当众发言是克服羞怯心理、增强人的自信心、提升热忱的有效突破口。另外，我也发现，个人的着装打扮也会在很大程度上影响自信。当我穿上质量很好，颜色、款式令自己都非常满意的衣服时，我可以轻轻松松地与人相处，并且心情很愉悦。相反，当我穿上自己感觉很不满意的衣服时，我会很失落沮丧，在与人交流时也很没自信。

经过一年的不断学习和调整，我现在已经找回了真正的自我，我可以和老师同学轻松而又坦诚地交流，也可以和室友友好相处，并且与他们交流时，我的眼神不再躲闪，而是可以抬起双眼，正视他们。我现在上课时，也会大胆地回答老师的问题，而且，也经常去做与课程相关的PPT，在课堂上演讲。最主要的是，我也可以独处，享受独处的安静，不再焦躁，不再烦闷，我的生活变得充实起来，也变得真实起来，不再像过去那样浑浑噩噩，每天都不知道在干什么。

【择友的蹉跎】①

每个人的成长都伴随着形形色色的友谊，不同的朋友带给我们不同的成长体验，在我们的生命中留下了或深或浅而形色各异的烙印，它们交织融合，最终织成我们生命的彩衣。但每个人的衣服上并非都是鲜艳美好的颜色，总有一些污点让你终生难忘。当然，我也不例外。

初中岁月往往是一个人一生中最放荡不羁又无知迷茫的岁月，我们渴望被认同、被理解，并为此不懈努力，甚至背叛原则，许多同学会为了虚荣而一改乖孩子的形象——拉帮结派。作为一个从小备受瞩目的孩子，感觉总要有万丈光芒围绕着才算生活。但是到了初中，以前辛辛苦苦打下来的小学江山已经不能再满足自己的精神需求，而摆在面前的一张张陌生面孔好像都不甘听命于他人，于是大家慢慢开始筹备自己的交际圈，并且渐渐分化成不同阶级。最高尚的阶级由品学兼优的或是埋头苦学的学霸们组成，他们两耳不闻窗外事，不惹事，所以也不会有人招惹；第二个阶级具有两面性，不能论其高尚与否，因为他们在老师眼里是另类，但在同学眼里却可能是“扛把子”，即使是好学生也不敢来招惹。论学习，我本该归类于第一类，但造物弄人，我阴错阳差地走进了第二个阶级的大门，而爸妈和老师都把这归咎于我交的几个朋友身上。

这些曾让我无比狂热的朋友的名字在我青春的史册中挥洒了许多“浓墨重彩”的笔画。像歌中唱的“带你抛下课堂，翻过围墙，只为了向往一片大海”之类的事数不胜数，但不巧的是我们学校的围墙外不是大海，而是鳞次栉比的黑网吧、游戏厅。更不幸的是，我们一同在这些娱乐场所中结识了许多“社会大哥”，于是我们在第二个阶级中的地位扶摇直上、平步青云。鬼混了一年半载，我的学习成绩一落千丈，爸妈发现了端倪，数次悉心教导，我也有所悔过，开始收敛。但“上山容易下山难”，我拒绝他们的行为时常受到他们的埋怨和嘲讽，而且每次对他们说“不”时，我的内心也饱受谴责，毕竟是患难与共的好朋友，我而今的做法是不是不够义气？

但是我慢慢发现，拒绝他们是个正确的选择，因为他们叫我逃课的次数越来越多，有时也会叫我帮忙打架，甚至敲诈勒索。于是我开始认真地审视这些所谓的友谊，并想办法、找时机“脱离团体”。

首先，我需要为自己拒绝他们的行为找个理由，这并不是为了说服他们，而是说服自己。毕竟当初是我们自愿组成了团队，交定了朋友，我不能违背一个少年“友谊天长地久”的信仰和追求。仔细思考后，我坚定我和他们是不同的，虽然表

① 本文根据《心理访谈与健康成长》课程班 13 – 14 春 No. 044 薄琳博的自我成长分析改编。

面上我们做了许多一样的事，但我仍然追求正义。每个人的心中都有两颗种子，一个光明美好，另一个阴暗可怖，所谓“人心惟危，道心惟微”，所以我当时虽然走出了错误的一步，但并不代表我就是个坏人，“浪子回头金不换”嘛。可是我该怎么跟他们说呢？总不能立刻冷眼相对，相忘于江湖吧。在请教了老师以及深思熟虑后，我决定还是和他们当面讲清，因为大家都是直爽的人，我们就是因此才走到了一起，如果我用拐弯抹角的方式，不仅不会得到他们的理解，反而会让他们笑我迂腐，弄不好还会反目成仇。我告诉他们我在家里排行老二，哥哥的成绩又不尽如人意，我一定要考个好高中，完成这个家族的重任，并且尽量不提和他们思想上的分歧，就这样晓之以情、动之以理的沟通，最终他们站到了我的一边，并承诺为我扫清学习上的一切障碍（如果有人欺负我他们一定帮我摆平）。光说不做总有一天会露馅，计划的最后一步就是实践自己的诺言，我开始努力学习，从成绩单的最底部缓缓上升，终于在中考中告以捷报，考上了所有初中生都梦寐以求的省重点高中。

至此，我苦乐交织的友谊基本告一段落，并且至今再无音讯。因中考落榜，其中一个朋友去了阴气极重的女子高中，开始了她与各类女生明争暗斗的生活；另两个人上了不同的差劲高中，据说仍在校园里做“大姐大”；还有两人跟随亲戚外出闯荡做起了生意……接下来的故事就是没故事了，我们完全相反的生命轨迹不可能再有交集，曾经让我纠结头疼的问题现在也豁然开朗，我不庆幸但也不后悔丢弃了这样的友情，因为我很喜欢现在的生活，认识了许多良师益友，有了真正的好朋友。“道不同则不相为谋”，当我们改变不了他人又不想被他人改变的时候，就要果断地拒绝。不会拒绝，就永远找不到真正志趣相投的朋友，就永远得不到真正的感情，就永远不算是成长。

【积极乐观向人际】①

这是我第三次选范老师的课，这个学期和范老师接触得也很多。我还记得我第一次上课举手做实验的情景，如今，我发现我变了，变得积极乐观，变得敢于尝试，这些成长的过程也许都是从那次举手做实验开始的。这些变化的过程本身就让我很享受、很快乐。我很喜欢您办公室里“淡定自如”那四个字，我想那一定是内心足够强大、阅历足够丰富、心态足够积极才可以做到的人生态度，这四个字也是我追求的目标。也许我还有很多缺点，也许我还不够好，但是我相信用一颗学习的心，发现生活的美，可以让我不断地成长。

我以前是一个内向的人，不太敢和陌生人说话，不能主动地去和别人交往。在我的意识中，认为朋友不需要很多，有几个知心的就好。因此我的人际关系处理得不是很好。

---

① 本文根据《心理访谈与健康成长》课程班 11－12 秋 No. 025 莫倩芸的自我成长分析改编。

首先，影响我人际关系的因素之一是在认知上的按图索骥。我一直在寻找和自己相像的人成为朋友，用我的价值观来衡量别人，需要别人来认同我。在面对和我理想型朋友不符的人时，我会停滞不前，不再和他进行过多的联系，完全以自己的喜好来决定人际交往。

其次，在内心深处有一种自卑的情结。觉得自己不够漂亮，成绩也不是最好，爱好也不多，社会实践能力也不强，从来都是默默无闻的那种人，所以在和别人的交流中缺乏自信，缺乏勇气，畏畏缩缩，渐渐养成沉默、害羞的个性。

知道了问题所在，就要着手去解决。因此，可以从以下几点入手：

第一，丰富自己。如果自己的内心足够强大，就不会介意别人的想法和你不同。培养自己更多的爱好和能力，就可以在面对不同的人时有不同的话题，就可以和其他人找到共同点。不要强求别人来认同你，有些朋友可以聊生活，有些朋友可以聊梦想，有些朋友可以倾诉心事，不能一味地要求他们同一化。

第二，勇于踏出第一步。在丰富自己的过程中，能够减少自卑的情结。要学会走向人群，花时间去和别人交流。学校活动也好，社会活动也罢，尽量多参与，只有在此过程中才能不断学习和磨炼自己。在与别人相处时与其沉默不说话，不如打破沉默。不能凡事只做一个旁观者。在课程中我走上了讲台，去认识新同学。这也是尝试突破自我的一步。

第三，心怀感恩。记得别人对自己的帮助，凡事想想别人对你的好，用宽容的心对待周围的人。同时，做一个乐于助人的人，凡事不要斤斤计较。

通过一次志愿者活动，我和很多不同年龄、不同职业的人进行了交流，也看到了他们之间的互相交流。有的人很值得我学习，在很短时间内就可以和别人混熟，他们往往也是从一个共同的小话题开始的。我也打破了之前羞涩的个性，和别人主动聊天，做事主动参与，发现其实自己要比想象中好很多，并且收获了很多志同道合的朋友，有的可能是一生的朋友，而且也找到了之后的很多机会，得到了很多帮助。其实，用一种积极乐观的心态面对别人，在遇到事情的时候先说“我行”，往往结果会比你预料的好很多。

我想，自信是一点点培养的，抱着一种不怕做错、勇于尝试的态度面对生活，面对周围的人，我的人际关系会越来越好，交友圈会越来越大。

专题2　珍惜室友　培育情感

成长引导

引导主题：珍惜室友　培育情感
引导内容：室友关系意义及建立、宿舍常见问题及化解
引导环节：

- 案例导入：室友投毒案
- 理论概要：知识点解析
- 自我探索：我的室友情
- 心声分享：感悟室友

引导目的：认识珍惜室友情的意义；学习宿舍常见问题的处理方法。

案例导入：室友投毒案

【案情概要】复旦投毒案

黄洋，生于1985年，复旦大学2010级硕士研究生，不久前刚获得直升博士生的机会，曾在耳鼻咽喉科博士录取考试中取得第一名。2013年3月31日中午被室友林森浩投毒，4月16日下午在上海中山医院不幸去世。

林森浩，男，时年27岁，广东汕头人。本科就读于中山大学，研究生就读于复旦大学医学院，成绩优秀。2013年3月31日中午下毒于寝室饮水机，4月16日室友黄洋中毒死亡，警方认定同寝室的林森浩存在重大作案嫌疑，4月25日，黄浦区检察院以涉嫌故意杀人罪批准逮捕。2013年11月27日上午9时，上海市第二中级人民法院开庭审理，被告人林森浩被指控以投毒方式故意杀人。2014年2月18日，上海市第二中级人民法院一审宣判，被告人林森浩因犯故意杀人罪被判处死刑，剥夺政治权利终身。2015年1月8日上午，上海市高级人民法院二审宣判，法院裁决驳回上诉，维持原判，被告人林森浩因犯故意杀人罪被判处死刑，剥夺政治权利终身。

关于林的作案动机众人说法不一：

其一，因生活琐事关系不和心存不满。

复旦投毒嫌犯曾因平摊水费问题与室友发生争执。被害者与投毒者曾共同居住在20号宿舍楼4楼。《南方周末》记者从可靠渠道了解到，林与黄洋及另一位室友葛林（化名）曾因水费起过争执。黄和葛提出三人平摊购买桶装纯净水的费用，但林拒绝了，他提出，自己喝得少，平摊的方式不合理。争执以林退出平摊、“自己买水喝”告终。林的同学向《南方周末》记者回忆，3月31日前后，林开始出入隔壁寝室借水。葛、林没有否认这一细节，他只是对《南方周末》记者表示：“不做评论。”但这次争执应该只是激化了既有的矛盾。《南方周末》记者查证，早在半年前，林就从QQ好友列表上删除了“五官科—黄洋”，而黄洋当时也将林删除。两个共处一室的室友，自此不在对方的网络联系人之中。葛、林也回忆不起当时两人为什么网络“绝交”，但从另外的消息渠道能够确认，林从实验室偷出致命试剂，正是在之后的半年内。

其二，愚人节开的一个玩笑。

林森浩说：和黄洋平时无冤无仇，没有吵过架，没有打过架，不妒忌黄洋。奖学金双方都拿过，不妒忌黄洋考博。自己不考博是因为考虑到家庭经济条件原因准备去找工作了，考博根本没有报名。自己对黄洋实施投毒行为是个巧合。“当时愚人节要到了，黄洋说他要整人，还拍着我同学肩膀，我当时想，那我就整你一下，后来要去实验室，头脑闪过以前有同学用毒物害人的事情，头脑一热就……”

【评析要点】同寝室友，数载寒窗，转而操戈，非得弄得鱼死网破？

曾几何时，一首由高晓松作词作曲，老狼演唱的校园民谣《睡在我上铺的兄弟》，以其朴实的语言加上淡淡忧伤的曲调，不经意间轻轻击中了人心底最柔软的地方，沉在心底的种种回忆突然涌上心头，模糊了的面孔开始清晰，陌生了的声音渐渐熟悉，那远去的宿舍青春便开始被唤醒：“睡在我上铺的兄弟，无声无息的你；你曾经问我的那些问题，如今再没人问起。分给我烟抽的兄弟，分给我快乐的往昔；你总是猜不对我手里的硬币，摇摇头说这太神秘……”

有些记忆，弥足珍贵，值得一生回味，而有些时刻，一生只会经历一次，错过就是错过，再也无从找寻，那便是青春。青春只有一次，而每个人的青春里都会有不一样的颜色和故事去填充那段充满希冀的时光。细数那些发生在青春里的大小片段无非关于友情和爱情……尤其关乎大学几年同住一屋的室友之间的往事……

理论概要：知识点解析

2.1 室友之寓意

2.1.1 室友是大学生涯必须有的伙伴

室友是大学生涯朝夕相处的伙伴。

室友，简单说，是居于同一住所，共同生活但无亲属、血缘、婚姻及性关系的人。

大学室友，一般是性别相同，多数为同一班级或年级，来源地各异的同学。他们有着不同的生长经历，却要朝夕相处，一起经历学习、生活、交友及成长。

这其中，有各自的学习、生活内容，更有共同的生活内容，例如，寝室卫生的维护、作息时间的遵守、病痛时的关心照顾、困难时的扶持帮助，还有那熄灯后卧谈会的八卦趣事……

很多人认为，每一次深夜的卧谈会，都会在未来的某天，变成回忆里一个美丽的节点。如果人生是一场旅行，那室友一定是大学生涯这一站最美的风景。

2.1.2　室友之温暖让人一生难以忘却

大学期间，我遇到这样一位室友，她是上海知青，资本家的女儿，比我大些岁数，学习勤奋努力，平时知书达理，待人谦和友善。记得有一年冬天，天气特别冷，临考前的复习特别辛苦，我爬到上铺睡觉时，冻得全身冰凉，翻来覆去怎么也睡不着。可能是翻滚时摇动了床铺，睡在我下铺的她轻轻地问我："海鹰，是不是冷得睡不着啊？要不你下来，睡到我这里？"听到这温暖的呼唤，我一骨碌就爬下床铺，钻进了她的被窝，被她紧紧地拥抱住，很快就进入了梦乡……

大学毕业后，她回了上海，我随后因考研也来到了上海。随后的很多年里，我们走得很近，一起探讨在职学习，一起探讨子女教育，一起回到母校参加校庆……

一次我们相约，待另一名大学同学来沪时见面相聚，可是，久久等不到消息；再后来，听说她不幸染病，脑萎缩很快就失去了意识。她家人对我说，待她病情稳定，能认人了，搬回家了就通知我去看她。然而，当那年我在学习英语看到"康复"这个单词突然想起她就直拨电话到她家时，得到的回复却是，她已走了……听到这消息的那一刻，我黯然神伤，以至于很长一段时间里，都驱赶不去那巨大的悲痛。时至今日，她那声轻轻的呼唤，还总会在我耳畔回响。那是室友之于我难以忘却的温情！

2.1.3　室友之携手助你度过人生难关

参加司法考试时，我结识了另一位室友。那时，我们参加的是在政法院校举办的封闭式考前学习班，我迟到了几天，赶到时被告知她是我的室友。她比我大两岁，大专学历，纺织女工出身，身体不好，靠吃激素维持。但她很善解人意，总能替别人着想。比方说，当她知道我有晨起读书的习惯时，她就每天早早去教室为我们占好我们习惯坐的座位，好让我安心地多看会儿书。自己还说，反正早上这点时间我也看不了多少书。一个多月的时间里，她几乎天天如此，为我的学习赢得了很多宝贵的时间，很是让我感动。

学习班结束到考试进行之间的一个多月里，我们相约在我家附近的图书馆一起学习。那时有几个较年轻的伙伴一起，从早到晚超负荷地学习。由于激素的影响，她总会忍不住趴在桌上睡会儿觉，可每当她醒来，看见那几个年轻人仍在学习时，

"人家都在拼，可我却在睡"、"今年考不过明年就没资格参加考试"等心里暗示就会让她焦急万分，以至于在最后的那段时间里严重失眠，看书效率极差。面对无助的她，我就问了她一句"你觉得你尽力了吗?"她回答"说心里话，我尽力了!"我对她说，那就行了，你不能与别人比，你尽力了就够了，剩下的就顺其自然吧。我中午还让她到我家吃完午饭并好好睡上一会儿。后来，她挺过来了，分数公布前，我提前为她打听了分数，当我告诉她你真会考，一分不多，一分不少，正好通过时，电话那头的她欣喜万分。后来，她说，是我让她坚持了下来。还告诉我，她从来没见过像我这样任何一点时间都可以用来学习的人，是我的学习精神激励了她!

司法考试通过后，她顺利进入了律师行业，并且做得非常好。我们也成了好友。

2.1.4 室友之人格可能影响你的一生

周国平先生在他 59 岁的时候出版了自传《岁月与性情——我的心灵自传》(2004 年)，用他自己的话说这本书可以称作一个终有一死的人的心灵自传。在该书中，他试图站在一种既关切又超脱的立场来看自己，看他是怎样一步步从童年走到今天，成为现在的自己的。

该书着重描述的是他的心路历程及其性情之旅。其中关于他在北大的记述中有他的室友——郭世英，34 年后，周国平撰文：

郭世英——影响了我一生的人

……不论我对即将开始的生活怎样想象，我都不会想到，我在这里会遇见一个人，他不但改变了我在北大的生活，而且影响了我的一生。

到校第一天，就有消息灵通的同学对我说，郭沫若的儿子在我们班……见到郭世英是在两天后，各班分组讨论系副主任的入学教育报告。那个报告乏味透顶，郭世英并没有听到，他来校时正好碰上讨论。人们紧挨着坐在寝室里，一个接一个地发言。

郭世英也发言了。他坐在双层床的下铺，微低着头，长发下垂，眼睛凝视着地面某处。他的声音深沉而悦耳，话音很低，有时几乎听不清，仿佛不是在发言，而是在一边思考一边自语。他说的大意是……在发言时，他的脸上始终凝聚着深思的神情，他的语调诚恳而富有感染力。

发言结束后，寝室里出现了长时间的沉默。我心中有一种深深的感动。打动我的与其说是他发言的内容，不如说是由声音、神情、说话方式造成的整个氛围。

觉到，眼前的这个人属于一种我未曾见过的人的类型，其特征是对于思想的认真和诚实，既不愿盲从，也不愿自欺欺人。这是一个真诚的人，一个精神性的人。

刚开学时，世英总和一个名叫李建智的同学在一起，喜欢画画，他们俩经常携着画夹到校园里互画人像素描。不多天，李因查出肺结核休学，我顶替了他的空缺。

世英是一个离不开朋友的人，他显然喜欢我，而我又深深地被他吸引。只要他在学校里，我们几乎形影不离。

我们住同一寝室，早晨一同漱洗，一同上食堂。去教室上课，往返路上，他骑自行车，我就坐在后座上。我们还常常一同逃课，躲在寝室里看书或闲聊。晚上熄灯后，我们会在盥洗室里逗留一会儿，他压低嗓音向我发表各种感想。

他对我基本上无话不谈，后来成立“X”以后，他以及张、孙写的作品，他会都拿给我看。因此，对于导致他后来惨死的那个“X”小团体的情况，我可以算是一个知情人。

在语文课的一篇作文里，世英写道：“我什么话都对周国平说，不知道这是因为他小，还是因为他能理解人。”

因为小，不通世故，心地单纯，又敏于感受，因此在全班同学为求政治上的进步而与世英拉开距离时，我独能对他怀有同情和理解。不过，真正说来，我是崇拜世英的，这是对一个富有魅力的青年的情不自禁的崇拜。他比我大3岁，现在想来，当时他也只是一个20岁的大孩子而已，但那时在我眼里就算一个大人了。

他的外表非常帅，身高一米七八，体格匀称结实，一张轮廓分明极具个性的脸，很像一张照片中的青年马雅可夫斯基，经常穿一件中式对襟布褂，风度既朴素又与众不同。当然，更令我折服的是他的精神，除了思想上的真诚之外，他又是一个极善良的人，对朋友一片赤忱，热情奔放，并且富有幽默感。我是在最容易崇拜一个人的时候遇见他的，然而，即使在已经度过了大半生的今天，我仍然敢说，他是我今生今世遇见的最具人性魅力的一个人。

我在北大一共生活了六年……在这六年中，我与世英有两段密切的交往，一是大学一年级，另一是文革中直到他去世。

当我回顾我的北大岁月时，与世英的交往无疑是其中最难忘也最重要的篇章。

我完全有理由说，我从这一交往中学到的东西，远比哲学系全部课程所教给我的更多，当然也更本质。

……对于我来说，在一定的意义上，郭世英就意味着我的大学时代……

2.1.5　室友之情缘是青春难返的邂逅

曾经看到过一段毕业生讲述室友情缘的文字，标题是：大学四年再也回不去了！其中写道：

你有没有试过，坐在自己的寝室，开着门，门外不再是来来往往、大叫大吼的他们，而是空荡荡的楼道，楼道的那头，也有那样一个感怀的人，他把音响开到最大，于是你在“当你背上行囊，卸下那份荣耀，我只能让眼泪流在心底，面带着微微笑，用力地挥挥手，祝你一路顺风……”的歌声中沉沦，你的思念才开头，你千万次地告诉自己其实没什么，你潇洒地挥挥手，转身，离去，其实你的后遗症才刚刚开始。

你有没有试过，当你再次打开宿舍的门，发现所有的床铺都是空的，他们都走了，你以为这只是一次暑假，他们去去就回，可其实不是了，他们走了，各奔前程了，那些陪伴着你四年，你曾经烦的他，还在背后偷偷骂过的他，却在走了之后留给你一地悲伤。

你有没有试过，最后一次锁门，当你锁上门的刹那，那些你们一起睡过的架子床，坐过的硬板凳，还有废弃的拖把、暖瓶、脸盆就这样被你锁在了门后，一门之隔，却已是两个世界。它们太重了，你说你带不走，因为你背负了太多的思念和理想，你还能带得走吗?

我庆幸在最好的年华中度过了这最好的时光，最好的时光里面都是最美丽透明的你们。我看见校园里郁郁葱葱的繁花，便又看见了我们曾在那里停留的光影，大家伙欢声笑语地闹着，那是最美丽的回忆。

于是，我又感叹说，如果再有这么好的时光，该多么美好，可是，即便再有这么美的时光，我们也不会再次拥有如此美好的年华。我在20岁时遇见你们，24岁我们分离，人生最美好的光影，我们一起度过，没有负担没有烦恼，我们把青春互相馈赠。

这一年我们各奔前程，理想、压力、责任、地位、负担、金钱接踵而至，又过了些许日子，我们上有老下有小，要等到哪一天我们才能够毫无顾忌地在柳荫下读诗，可以不避忌讳的谈天说地，那一天遥遥无期，就算等得到，我们也早已青春不再……

时间就是这么残酷，能在最美好的时光邂逅你们，是上天最幸运的馈赠。向大家道一声，珍重……

室友之情缘是青春难返的邂逅，值得珍惜!

2.2　室友之相处

2.2.1　室友常见的矛盾

案例（一）：大二男生小A，作为寝室长诉说了他的苦衷：寝室7个人，有2个同学从不打开水、从不扫地、从不注意个人卫生，不仅懒，还常常要享受别人的帮助。开始想着帮他们多干点没什么，可时间久了，心里觉得特别不平衡。为什么他们那么缺乏起码的集体观念？为什么他们该坐享其成？就试着对他们说，可他一管，不仅根本起不到作用，反而使矛盾闹得更大了。我该怎么办?

案例（二）：大三女生小B，住的是混合寝室，她们班4人，别的班上2人。

她感觉她们班有一女生与另一班一女生关系特别好，两人在寝室里结成小集团，我行我素，不去管别人，也从不参加寝室的活动，更不承担寝室里的公务（打开水什么的）；而另一位官员子女凭着自己的优越感也是谁都看不起。这样一来，寝室里弄得整天死气沉沉，与自己心中渴望的有说有笑、融洽和谐的气氛相差太远了。我该怎么办?

2.2.2　室友相处的策略

室友，是一种特殊的人际。人际交往、人际沟通的策略方法，都完全适用于室友交往。

不少过来人都感悟，做个好室友需要明白几点道理：①宿舍是每个人的，也是大家的。②不吝啬帮助，如为生病的室友买份饭菜。③心怀宽容，一些小事不值得变成纠纷。④保护自己的隐私，也不要过多干预他人生活。⑤了解室友的爱好、抱负，努力成为彼此的知己。⑥每个人都有自己的成长印记，不以自己的标准衡量他人。

自我探索：我的室友情

要求学生课后，根据所列命题，进行自我心理成长探索。

> 自我探索：《我的室友情》
> 　　意义：珍惜室友、培育情感
> 　　要求：1. 回顾自己的室友及学友；
> 　　　　　2. 讲述对自己的积极影响。

心声分享：感悟室友

【那些年室友教会我的事】①

我是一名专升本的学生，上海政法学院的住宿条件还是不错的，和我读专科时相比，这里硬件条件好了也许不止一倍。我和现在宿舍的室友们相处得其乐融融，大家都很友善。这要感谢我大专时候的室友，三年的专科生涯让我学到了许多，如果放在三年前，我一定没有办法像今天这样处理好人际关系，无论是室友之间的关系，还是朋友或者家长之间的关系。我真心地感激我的大专室友。

记得上大专的时候我对床是一个很胖的男生，不爱洗澡，东西也都乱丢，整天窝在床上，电脑里放着各种各样的动画片。总之，从经典的到最新的动画片他都不会错过。本来如果他自己在床上做自己的事我也没有理由去干涉他，但是他时常不戴耳机，音响开得不算震天响吧，也能比得上大妈们跳广场舞放的音量了。每次向他反映，他都会一脸歉意，但是他比较容易忘事吧，过了几天就又卷土重来了。后来我就看他越来越不顺眼。当你看一个人不顺眼的时候，他做的一切就都不顺眼了，我觉得他不爱干净，每天窝在床上，也不顾及他人的感受。那个时候他在我心里是一个特颓废又自私不顾他人的人。由于我和宿舍里其他同学的关系还不错，我们开始联合起来排挤他，当然我现在知道这样是很不可取的，可是当时却还是那么做了。

---

① 本文根据《心理访谈与健康成长》课程班 13－14 春 No. 105 张浩天自我成长分析改编。

我们上课不和他一起走，吃饭不和他一起吃，那个时候我们的桌子也是公用的，我们几个人几乎把桌子占满，让他没有地方写作业，只能到外面的教室里去写。现在想来他真的是一个脾气很好的人，竟然当时完全没有注意到这一点。

事情的转折发生在一个炎热的夏天，那天实在是太热了，下午回到寝室后我就躺在床上，胖子在我对面依旧看着他的电脑屏幕，我有些晕乎乎的，似乎连他电脑的声音也没有那么吵人了，渐渐我就睡着了，当我醒的时候我发现我浑身冒着冷汗，口干舌燥，我只有一个念头就是喝水，没想到我一翻身，竟然用不上力，一下子翻到了地上，这个时候寝室里只有胖子一个人，他竟然立马合上了电脑，下来就要扶我，我这个时候看到他眼中的态度，不是敷衍而是关切。这个时候我心里有点骇然，想想以前对他那么不友好，真是感到一阵脸红，但是我当时脸应该已经很红了。他送我去了医务室，我因为下午在烈日下踢球，有些轻微中暑了，但从那个时候起我对胖子的刻板印象已经有些改变了。

从那天开始我对胖子的态度有些缓和，我想我以前是太咄咄逼人了，总喜欢把别人的缺点无限制地放大，其实最大的问题在于自身，我太狂妄，以为只有自己才是最好的，别人做的事都不够好。我决定对胖子友好一点。于是胖子又和我们一起上课，一起吃饭了。相处过程中，我发现胖子是个挺风趣的人，也挺仗义的，有一次，宿舍里另外一个同学想给女朋友买个礼物，但是钱不够，他不假思索地就借了。我才发现这个人其实只是生活习惯不太好，为人真的是没话说，想起我以前的小动作，真是有些难为情。胖子生活习惯的确不好，但是也不是难以改正的。他有时用完水壶会忘记把盖子拧上，我就帮他拧上，久而久之，他也就改过来了。他音响还是时常外放，我们宿舍几个就集资帮他买了副好耳机，自此之后他也就安静地沉浸在自己的动漫世界里了。

新闻里有许多关于和室友相处不好而导致伤人甚至杀人的事件，而起因往往是非常琐碎的事。但这就是生活，越小的事就越容易发生摩擦，这些并不是无法避免的。从胖子身上我学到了许多，我们在戴有色眼镜看人的时候，应该先从观察自己开始，就像我吧，一直对胖子的生活邋遢嗤之以鼻，但其实我自己也并非一个非常整洁的人，经常会弄脏衣服还浑然不知，以为自己每天洗澡就是整洁的人了。学会关注自己才能关注别人，对室友的不良行为不要一味地责备，大家如果能一起帮助他克服，不是很好吗？当然也许你会说有些室友就是屡教不改，但是我们释放出的善意又足够多了吗，如果我们用的是凶神恶煞的言语，对方为什么要忍气吞声呢？

好室友并非是天生的，而是在相处的过程中磨合出来的，人和人之间就像一个引擎，你是想加润滑油让引擎更快呢，还是什么都不做就让它逐渐磨坏呢？最后说一句，虽然胖子一直沉浸在二次元动漫里，但没想到是个学霸，他也会时不时地教我一些我不会的高数题，而我呢，有时候也会拉他一起去运动，没想到他也就养成运动的习惯了。他现在还是有些胖的，但至少不是球型了。而我呢，没有成为一个学霸，但看人看事都和以前截然不同了，不是抱怨别人的不足，而是观察别人的优点，能够和善地和人交流，而不是采用看不惯就置之不理的消极态度。胖子只是一个典型的我身边的室友，我从别的室友那里也学了很多，成长了很多，我很感谢他们。

【清晨吵醒我的“咣当”声】①

前段时间我的睡眠质量不是很好，每晚都等到寝室熄灯后很久才能睡觉，而早晨更是很早就醒了，可我不是自然睡醒的，而是被同寝室的人吵醒的。我的寝室有个同学每天早晨六点就起床了，而我是4号床，靠门的那张床，所以她起床后，即使在外面洗漱，隔着门我也能听得清她洗漱的声音，况且她开、关门都用很大的劲，每次门都是“咣当”来“咣当”去，更让我哭笑不得的是她洗完脸后涂柔肤水时也是“啪啪”地使劲拍自己的脸，所以每当我被她六点的闹铃吵醒后就再也睡不着了。就这样大概过了一周，第二周的周三早晨，那天除了我以外寝室里其他三个人都起来了，于是门的“咣当”声、外面的洗漱声交杂在一起，弄得我实在是无法继续在床上干躺着了，索性也就起床了，但是我的心里一直不舒服，总是有团火，最后在吃早饭的时候我实在压不住火气了，就在QQ上发了一条说说：“这辈子最讨厌别人在我睡觉的时候打扰我了，一个人起得早没必要把所有人都弄起来!”当时我是想着这样一来我既撒了气，二来她看见了（她是我的QQ好友）又可以主动改正，省得我跟她明说了。结果那天下午我俩见面时就有种尴尬的味道了，等晚上回到寝室后，她更是一句话也没跟我说，接下来的两天里我俩也是没说过一句话，弄的整个寝室气氛都很尴尬，这样两天下来我真的后悔当初发了那条说说。

两天后我开始反思，回想着整个事件的经过。我觉得这首先是一个室友间的相处问题，而造成这种尴尬局面的原因就是我和她都没有为对方着想，甚至为另外两个室友想一想，我和她之间相互不理解，又都顾及面子，不愿意承认错误；其次，就我自己而言，这也是一个情绪没有管理好的问题，正是因为我一时冲动，总想着压火，最后火气没压住才忍不住发了那条说说，最后造成这种局面；另外，我觉得这也是自己认识偏见的问题，虽然早就发现了她起床影响到我这个问题了，但是我一直想让她自己发现这个问题并且能主动改正，甚至在发表说说的时候我还在理所当然地认为她会自己改正。

最后在做了一番认真的思考和分析之后，我决定“破冰”。矛盾是我造成的，那我也要负责把它解决掉。周五晚上我正好有班级的公事要找她，于是就约了她一起吃饭。晚饭开始我便和她谈论公事，而且在整个过程中我都是在听取她的意见，

---

① 本文根据《心理访谈与健康成长》课程班11－12春No.100杨柳韩青的自我成长分析改编。

待公事谈完后，我便诚恳地向她道了歉，告诉她我那天是一时冲动，并且跟她解释了一切。她先是露出惊讶的神色，接着便不好意思起来，反过来又跟我道歉，说她也没有考虑到我的感受，最后这场持续3天的“冷战”在我俩的互相原谅中结束，而经过这样的不愉快之后，我和她的关系变得比以前更亲密了。

通过这次经历，我觉得，首先，不仅是室友间的相处，人和人的交往都应该是坦诚的，遇到问题应该积极地想办法去解决，而不是一味地回避或者总依赖别人去改变；再者，我们要学会控制自己的情绪。能够适当地控制住自己的情绪也是一种生存的技巧，而且也会减少很多不必要的麻烦；还有，凡事要多将心比心，多从别人的角度考虑，这样我们也许会收获更多的友谊。

【寝室架水的恩怨】①

一个人拉着行李迈进大学校门的那一刻，我的内心很平静，没有任何慌乱，也没有异常的兴奋。因为之前一年的大学预科生活，让我少了初入学时的稚嫩和羞涩。就像是回到离开了一个假期的校园，记忆中开始的一切都很平静。

在学姐和学长的指引下我找到了宿舍，里面已经有舍友的父母在给她整理衣物。一直很独立的我心想：真是可怜天下父母心！同时想到自己将要和比自己小的同学一起生活，心里难免有些担心。在之前的宿舍中我是年龄最小，也是个子最小的，在其他舍友的关心下度过了美好的一年。现在呢，个子虽然也是最小的，但年龄却是最大的。对旧环境的怀念让我开始有点不安，喜欢把当前面对的人和以前的人相比较。不久之后我被舍友选为宿舍长，起初我还是很开心的，觉得这是对我的信任。我对新生活的热情逐渐增长。然而我渐渐发现了宿舍长的“意义”，我仿佛成了宿舍的勤杂工。安排了值日表，可是需要我每天提醒，甚至提醒也没用，她们根本不放在心上。有时只是自扫门前雪，有时根本就不动，这个嫌脏，那个嫌累。一开始让我觉得不可思议，外面打扮得光鲜亮丽的，为什么就不愿意让自己的宿舍也一样光鲜呢？接着是直接的导火线，宿舍饮水机没水了，开始时几次都是我架，后来我有事回来晚了，买来的水依旧原封不动地在地上，其他人都目不转睛地盯着电脑。我一看她们都自己买了矿泉水，宁愿买也不架，我有想过就这样僵持下去，但最后忍不住的都是我。勤杂工和架水工都成了理所当然，有一次，因为饮水机太高，我架的时候没对准，水瓶滑了下来，砸在了我的脚上，此刻所有的怨气都爆发出来，“我是专门架水的吗？”话说完之后，没有回头看一眼，我就离开了宿舍，我想接下来应该有所改善吧！结果依旧，我不再爆发。我们之间越来越没有了共同的话题，确切地说，是我选择了逃避，选择了独自忍受。一直以来在父母心里我是独立、乐观的。所以我不曾因学校里的事情向父母抱怨，每次通话都不让父母听出我内心的

---

① 本文根据《心理访谈与健康成长》课程班10-11秋No.087彭昌婷的自我成长分析改编。

委屈和孤独。不愿待在属于她们气氛的宿舍，我不能接受心里有别的想法的同时笑着应对他人。此时心里有了越来越多的猜疑。我把更多的精力放在学习上，我想让友情上的失败在学习上得到弥补。早出晚归的生活，让我暂时性忘了这些琐碎的烦恼。但是内心的灰色只有自己才知道。快过了半个学期，一件小事让我开始重新思考这些问题，不再回避。那是在一次体育课，我们要进行学期的素质测试，其中就有我之前很讨厌的实心球测试。之前没有过及格的记录，可是这一次测试居然很轻松就过了，而且超出及格线很多。顿时很意外，当然还有欣喜。旁边的同学看着我小小的个子惊奇地问我：有什么秘诀扔那么远呢？我一时不知该说什么。我看了看我的胳膊笑着回应：都是架水的功劳！本来讨厌的事情现在却给我带来了好处，那么我是否该重新考虑考虑呢？之前对于它，我只是看成负担。走过操场时，看到同学们脸上的笑容，周围愉快轻松的气氛，我感到我应该有所改变，我内心也需要有可以一起分享快乐的朋友。高中以前的人际是友谊的延伸，而现在的人际对于我们来说是生存和发展的必要条件。

之前的我只看到他人的自私，仔细想来其实这样的想法源于自己的自私心，以自己的生活方式去评判他人的生活方式，加上不进行有效的沟通，猜疑才会越来越多，最终无形的心理之墙挡在了我们之间。简单的爆发以为别人都能察觉到原因，这样无疑只是自己的想法，有的时候通过这样的方式不是每个人都理解你的意思，不说出来别人也没法知道。每个人都有不同的生活方式和价值取向，毕竟是新环境，不能总沉溺于旧环境的感情。

经过回想与反思，我开始了改变的第一步：有效沟通，我不再独来独往，在一起的课都是一起占好座位，和舍友一起在食堂排队，一起聊一些感兴趣的话题，增加了彼此间的信任。渐渐在宿舍中也有了我的笑声。关于架水的事也没有了抱怨，现在舍友都打趣地称我为“大力士”！第二步：学会包容，换位思考。俞敏洪老师给他的舍友打了四年的水，最后得到的是朋友的一片忠心与支持！现在的大学教育更多地是教会我们怎么做人，胸怀宽广人人都会提起，但是那种真正的大气却离我们越来越远。在这个物欲泛滥的时代我们被各种私利所包围，我觉得学会包容是我在大学这个小社会中要具备的基本素质要求，不同的条件我必须面对，不同的性格我也必须面对，激烈的竞争我更要面对。

现在学业也逐渐繁重起来，大家都有自己要忙的事，不过大家更加珍惜在一起的时间，累了回到宿舍的时候，简单的问候或者和舍友八卦一下最近的新闻，都会让自己疲惫的心轻松一些，早晨赖床也有人用她的高音呼唤沉睡中的你，我想这就是宿舍吧！小家的感觉！增加他人幸福感的同时，也增加了自己的幸福感！

【有一种情感应该学会珍惜】①

以前看到过一句话，“越是亲近的人越是容易变成陌生人”，寝室的不和突然让我体会到了这句话真正的含义。不过很巧的是，这学期选的心理课讲了珍惜室友的章节，让我能够反思从而去解决这个困扰我很久的问题。

寝室的不和在这学期刚开学就形成了，形成的原因主要有这么几个事由，一是这学期搬到了新的住宿楼，没有公用插座，这就导致了饮水机插在谁的插线板上的问题。因为一位室友床的旁边有块空地，所以就将饮水机放到了那里，于是她开始抱怨。我就当即决定把饮水机搬到阳台门边上，但这样做，晚上晾衣服开门很不方便，而且垃圾桶和水桶也放在那个位置。每次我看到她旁边的空地心里就不是很舒服。然后是打扫的问题，因为当时原来的厅长不想继续担任了，又没有别人主动担任，阿姨来调解这个问题的时候说担任厅长对以后入党很有帮助，她就突然说她要担任厅长，但只是挂名。很多次打扫厅卫生的时候，她总是以开会为由，不和我们一起打扫。厅里有事找她，她也不解决，说她只是挂名的。但其实这两个方面都是小事，最让我不能忍的是我无意中听到她将我的隐私告诉了隔壁寝室的人，我在寝室和爸妈或朋友打电话所涉及的内容不愿意让别人知道，因为是室友，所以我信任她们，但没有想到她将这些隐私告诉了别人。基于这些事由，我和她开始了“冷战”，想不到宿舍还有两个女生也不想理她，就这样寝室形成了三对一的局面。每次不得已要商量事情的时候，我们就写便利贴放在她桌上，就是不和她说话。

刚开始我很喜欢这样的格局，觉得她太自私是该以这种方式让她反思下。但时间长了，我却有些不适应。在老师发的自我探索的小纸条上，我也将这个作为了我的压力。为什么会不适应呢？我觉得有两个方面原因，一是像老师所说的那样，怕自己也像她那样被孤立，所以更依赖其他两个室友，会有种担忧的情绪；二是怕她又在别人面前说我什么，有她在的时候我会很小心，不打电话，和室友交流时不会表达出自己的真实感受，觉得很压抑。

不久后在课上看了处理寝室问题的视频，对我触动很大，寝室总是会发生矛盾，关键在于沟通，换一种思维寻求另一种解决途径。像半夜打电话的问题，你可以躲在被子里小声地打或出去打，总有解决的方法，而且那天看到老师说室友在一起是一种缘分的那种神情加上平时和我们分享她的好人缘，很是羡慕。回去看了湖南卫视的《天天向上》，也正好是寝室特辑，介绍了特色寝室，汪涵看到了他当年室友非常感慨。我也想将来能够拥有这种美好的回忆。这一切促成了我想要与她和解的想法。

虽然想要和解，但心里总是有些顾虑的，为什么不是她先向我提出和好？和她

① 本文根据《心理访谈与健康成长》课程班 10－11 秋 No. 020 陈桦自我成长分析改编。

说想要和好万一她不理睬我怎么办？宿舍的其他人会不会因为这个不理我？于是我把这件事告诉了我的好朋友，她让我把真实的想法告诉其他室友，然后多想她的优点，最后坦诚地直接和她沟通解决问题。听了她的话，我想到了以前有一次在我不知道穿什么去约会的时候她把一件小外套借给了我，在我冬天早上爬不起来的时候帮我带了早饭，其实她真的不是没有优点的人，在我们彼此刚认识的时候，我们曾经也是惺惺相惜的朋友，为什么如今不能成为朋友呢？于是我采纳了直接沟通这个方法。

刚开始我借寝室问题，像买水票、电费这类问题找她讲话，试试看她有没有想和好的想法，怕自己直接找她谈话会使矛盾激化，很庆幸没有看到她很反感。然后我就找了个寝室只有我和她两个人的时候，没有一开始就指责她，而是问她对我有没有什么意见，她觉得我总是有很多朋友来宿舍玩，而她平时有很多学生会工作不喜欢被打扰，我表示了肯定，于是她继续说了别的意见，在说的过程中我就在旁边默默地聆听，因为我觉得首先要表达出自己想要和解的诚意；等她说完了，我再对她阐述了为什么会和她“冷战”的原因，她说她也没有想到我会这么反感把我的事告诉别人，她只是在聊天时不经意提到了，以后会注意的，至于饮水机的问题，她说一开始主要是不满我们当时没和她商量就理所当然地把饮水机放在了她旁边。不过她对我也有很多意见，这是我没有想到的，现在想想作为独生子女，有时候真的会放大自我感受，忽视了他人。整个谈话没有谁说了“对不起”这三个字，但是我知道我们之间的矛盾正在逐渐缩小。没有谁喜欢被人孤立，所以和她和好的过程比我想象中简单得多，也理解了老师上课说的例子，举手发言在尝试后原来是那么简单。原本以为很艰难的问题原来只是自己缺乏尝试的想法及勇气。

现在我们整个寝室不能说很团结，但也回到了最初的和谐，在我和她和好后，还有两个室友也妥协了，也许她们也如同我一样发现了这种格局的不适。我跨出了第一步，使得她们也获得了勇气去学会体谅他人，人与人本就是相互影响的。通过这件事，在处理寝室的问题上我总结了几个方法，一是寻求于他人意见；二是要有勇气和真诚；三是学会换位思考；四是肯定他人；五是善于聆听。

【努力处理好室友关系】①

在我的自我成长过程中，遇到了很多的问题，如亲情、学习、交友、经济、做人做事、爱情等，在友情上我颇有感触。

寝室是大学这个小社会里的“家”。因为在这里我们要一起长大，一起从学生变成上班族，一起生活四年，一起哭一起笑走过20岁的花样年华。但是我的寝室有些特殊，而这点我是在很久之后才知道的。

---

① 本文根据《心理访谈与健康成长》课程班10－11秋No.074陈超的自我成长分析改编。

大一刚开学的时候，我们四个人一直黏在一起。由于不熟悉周围的环境、人以及学习的规律，我们总是希望在一个小群体中寻找安全感。我们一起起床，一起上课，一起洗澡，一起吃饭，一起说高中的趣事，一起讲小时候的不开心……就这样我们成了一个不可分割的小群体。

但是后来我恋爱了，和男朋友在一起的时间开始多起来了，室友开始在无形中排挤我了。因为有时候回来晚了，室友就会冷嘲热讽地说一些伤人的话；有时候室友会故意不告诉我一些小事，当我关心地问起时，就会抓着这个把柄说我不关心寝室的事，心里只有男友。当时我真的很无助，觉得没必要排挤我的，为什么小A要鼓动她们一起给我难堪呢？我不会说“不”，不会和人吵架，时常在她们冷冷的态度和话语下，跑出去一个人哭。我只觉得没有小A，我不会被排挤，也不会这么难过，她为什么这样说我，小B为什么就知道跟风，不懂得要有自己的立场，小C虽然没说什么，可是也不帮我。

我努力想改变现状，我知道她们再怎么样都是要和我一起生活四年的人，所以我不能每天都这样委屈地过着，我要重新融入她们。

但是已经被排挤了，要怎么再次融入她们呢？整天和她们待在一起，男友会不会不高兴呢？到底怎样才能两全呢？我和男友商量了，以后每天中饭和室友一起吃，增加接触频率。在她们看来一起吃饭是很重要的一件事情，我主动提出以后一起吃中饭，她们很高兴地同意了，这让我觉得进了一大步，也让我更有信心改变现状了。男友知道我一直为寝室的事情而难过，赞同了我的决定，并且鼓励我要好好和她们相处。

我还决定晚饭后的时间要抽空待在寝室，和她们多相处，这样才有更多话题。虽然一开始她们会说：“哟，今天没出去啊？”“哎哟，今天回来的这么早？”……但是慢慢地，她们又开始习惯把我看成她们的一部分，做事情也开始叫上我了。男友那边我则是保持用心相处，让他知道我很重视和关心他，对他没有忽略。虽然在一起的时间少了，但是我倍感珍惜。他也明白我的苦心，体谅我很多时候不能和他在一起，但是会时常收到我关心的短信，觉得很温暖。

此外，我时常买些水果之类和室友一起分享，大家都很开心。我觉得我正通过自己的努力一步步化解了寝室的“小危机”。同时，也没有拉开和男友的距离，反而更加知心了。

一年过去了，我和室友的关系已经缓和很久了。我们就像一个小家一样，过着温馨的大学生活。我很珍惜这份室友情谊，不仅因为她们要陪伴我整个大学四年的岁月，更因为在这里是一个人生重要的转折点，而她们是陪我一起经历这个转折点的人。我们一起适应大学的节拍，一起对未来迷茫，一起重拾信心与希望，互相监督，一起为自己的梦想努力付出着。我很庆幸当初选择改变和室友相处的方式，而不是选择逃避去换寝室，因此我才得到了这份珍贵的室友情。

【我看室友】①

大学生活中，陪伴自己最久的不是父母家人，而是室友，可以说，室友陪伴自己度过了整个大学生活。

首先，在刚刚进入学校的一段时间，我对两位室友就有一些偏见。虽然表面上不表现出什么，但是在心底相对于自己的室友有一种优越感，自己是生长在城市的，而且还是上海这种国际一流的城市，他们只不过来自山村。不过渐渐地，我开始转变自己的思想。在我们不断深入的交流之后，我发现，这些农村来的孩子比我有更多的优点，一位有着极其热情的学习精神，这点令我非常之敬佩，可以说，其在学习上的钻研精神是我望尘莫及的，同时，他在生活当中对自己的严格要求也是我所远远不及的；他在入睡之前坚持锻炼，早晨早起，去操场慢跑，数年如一日，可以说，无论是在学习上还是在身体锻炼上抑或是在意志力上，我没有任何资本可以炫耀。而另外一位同学也有无数值得我学习的地方，他成了体育委员，对同学们无私奉献，同时，他的体育能力也远远地超过我，他的见识与阅历也不是我所能够比拟的。我渐渐地明白，我的优越感只不过是一种虚荣的表现，我并不比他们高一等，甚至在各方面我都落后于他们。我开始不断地反思自己所拥有的一切，再与他们相比，我发现我只不过多了一个不错的出身罢了，反观他们，靠着比我高出不少的分数进入了上海政法，自身也并不是我这样的一心只读圣贤书的家伙所能够比拟的。之后，我有意识地与他们多接触，我从开始的轻视他们，到最后的敬佩，可以说，我懂得了室友之间，更多的应该是互相尊重而不是攀比炫耀自己的资本。

在大学生活中，我所嫉妒的东西开始多了。以前一心只想着学习，因此也只会在成绩上嫉妒，而现在看到一位室友健壮的身体，那有着 4 块腹肌的身体，而与此对比，自己只有这一摊肥肉，不免令人心生嫉妒。并且，其身体之好令人瞠目结舌，他每天精神都很好，整个一学期都没有生过病。而自己的精神一直欠佳，生病也是时常发生的事情。经过一段时间的相处后，我发现他每天晚上都会做腰肌训练，每天早上，我起来都看不到他的人，他已经去操场跑步锻炼了，他的身体是这样子被锻炼出来的。我也跟着他锻炼，开始的几天，我坚持下来了，接下来的几天，虽然有放弃的想法，但是有着同学的榜样和他不断的加油鼓劲，我最终还是坚持下来了。经过了一段时间的锻炼，虽然没有像他一样锻炼出性感的腹肌，但是，我的身体却也是变好了，这一段时间也不怎么感冒了，身体素质相比之前可以说有了极大的变化。我开始反思我之前的嫉妒，发现这只不过是无聊的想法罢了，但是，如果把嫉妒化作行动，就可以获得巨大的收益，这次的收益是良好的身体，但是下次的收益就可能是更大的东西。最近新闻上有报道，一位初中生因为嫉妒杀害了两个同学，

① 本文根据《心理访谈与健康成长》课程班 10 – 11 春 No. 131 柏卫杰自我成长分析改编。

这就是嫉妒的错误应用，而我自身的锻炼，可以说才是嫉妒的正确应用。与其嫉妒别人所拥有的东西，还不如像别人一样不断努力，让自己也拥有想要的东西。

【室友，你好】①

我很早就想写一篇这样的文章，与其说这是一篇论文，不如说这是我上大学以来对自己和室友之间关系的一个剖析。

在我第一次迈进大学后，一切都是陌生的，在大学里我最先接触的就是我的室友，在我的大学生活中他们一直陪伴在我身边，我相信他们也会一直陪在我身边。

其实我从来没有认真地考虑过寝室关系的问题，我认为这些问题不会出现在我身上。高中的住校生活和融洽的寝室关系，种种经历让我相信自己可以应付这些问题。可是在3个月的短暂“蜜月期”后，由于文化和地域的差异，一些鸡毛蒜皮的小事使我们最终爆发了争吵。虽然这次短暂的争吵因两个人的彼此道歉而结束，但是我却逐渐意识到了这个问题的严重性。仿佛这一切只是一个开头，随着我们相处的时间渐渐变长，对方的缺点也渐渐暴露了出来，寝室问题我们总会或多或少地遇到。不可否认，由于我们来自五湖四海，我们的人生观和生活习惯有很大的不同，我们总会因为舍友没有陪自己吃饭、去图书馆、逛街、洗澡而生气，也可能因为对方睡得太晚、起得太早、晚上睡觉太吵生气，就是这些被人忽视的小事慢慢积累成了大问题，而我们却没有采取有效的措施去解决它。女生之间表达生气的方式很简单，就是“冷战”。这种方式是我所不能忍受的，我讨厌和别人生气，真的很讨厌，因为我讨厌“冷战”这种感觉，我最受不了别人关我感情上的“禁闭”，那种感觉让我觉得很压抑，我更喜欢彼此之间把话说清楚。为了避免这种问题的发生，很多问题我都不愿说出来，我想她们应该会明白，可是这只是我的想法罢了。因为害怕失去她们，所以很多事我都选择让步，我不知道自己这样到底好不好，可是我很珍惜和她们之间的感情，我觉得大家能走到一起是一种缘分，所以这是我唯一的选择。我慢慢地发现这样的我并不快乐，甚至讨厌这样的自己，我觉得自己真的很累。我太在乎别人眼中的我胜过内心的我，可是我却不知道怎样平衡两者，那段时间自己真的过得很矛盾。

后来老师讲述的故事让我明白很多事都是因为我没有说出口，我总是用自己的方式去揣摩他人的想法。很多事我都应该清楚地表达出自己的观点，让他人对自己的行为有一个明白的认识。一味地退让不是解决问题的最好方式，这样的互动模式不仅伤害了室友，更多的是伤害了我自己，这不利于我们的关系的良性发展，我想自己应该学会直面问题、解决问题。之后在遇到事的时候，我都会采取老师所说的三步骤法来处理室友间的关系。有一天晚上，我的室友睡得很晚，她弄出的声音很

---

① 本文根据《心理访谈与健康成长》课程班10－11秋No. 071胡文晶的自我成长分析改编。

大。如果是以往的话我不会说话，哪怕她的声音再大我也会强迫自己努力去睡。第二天我决定说出来，我通过采取三步骤的方法。第一步——客观描述对方的行为，我说："××你晚上睡得太晚了，声音有点大影响了我们的休息"。第二步——客观表达自己的情绪，"我晚上休息的很不好，第二天很难受，所以我很不高兴"。第三步——提出自己的希望，"以后晚上早点睡，声音小一点，好吗?"室友很不好意思地向我道了歉，说自己一直没有意识到这个问题，这次谈话后这种问题再也没有发生过。三步骤法是处理人际关系的有效的方法。如果我们在向他人提出自己的不满时采取的方法不恰当，就会激化矛盾，从而产生更多的问题。对于我们来说，如何处理室友间的关系是一个很重要的问题。室友是我们在大学生涯中接触时间最长，也是我们大学生活中非常重要的一部分。三步骤法是处于一个客观公正的位置来评判他人的行为，而非只站在自己或他人的立场来考虑问题。这种方法对于双方都是有益的，这种客观的方式是处理人际关系的一个重要原则。寝室对我而言是第二个家，它给予了我所有的温暖和力量。即使我们会有矛盾，但是我们依然是一家人，这份感情是弥足珍贵的。在我自己的成长过程中，我始终认为学会包容是人与人之间最重要的感情互动。我们在一起难免会有摩擦，但是我们应该学会包容他人。人和人之间就是靠着"以心换心"来传递感情的，当别人有感情需要时，我们应该积极地给予回应。同样当我们有需要时，对方也会很乐意给予我们帮助。不管我们遇到什么事，我们都应该学会站在他人的立场来考虑问题，学会包容、理解别人，能够在别人需要时给予及时的帮助。如果你只是强调一种单向的感情输入，那么你将不会拥有任何朋友。我们应该学会采用一种有利于双方的互动模式，这样才会使人与人之间的关系更加亲密，有利于我们构建稳定的社会支持系统。

现在的我们已经习惯了彼此的存在，我们可以笑着接纳对方的缺点，因为对方的优点更是我们所珍惜的。这份独特的室友情将是我生命中不可缺少的一部分。我们在这一年多的时间里，哭过、笑过、闹过、疯过，经历了青春里最美的岁月，也将继续携手走向未来。

专题3　爱的思索　培育情感

成长引导

引导主题：爱的思索　培育情感
引导内容：爱情的意味与策略、性恋的困惑与思考
引导环节：

- 案例导入：分手割喉案
- 理论概要：知识点解析
- 自我探索：《我心仪的他（她）》
- 心声分享：爱的感悟

引导目的：理解爱情的意义及策略；了解性心理的自我调节方法。

案例导入：分手割喉案

【案情概要一】2007年8月28日，江西中医学院科技学院2006级临床专业的学生李某，在其学校附近与男友杨某（也系大学生）发生争执并提出分手，遭男友割断喉管后死亡。据目击者称，事发时，杨某拿着一把十余厘米的刀追逐死者，并朝其喉咙处割去，杀死女友后，杨某抱着死者久久不肯离去，直到110民警来到现场，将其带走。

【案情概要二】2010年6月16日中午，不堪分手之痛的小强在众目睽睽之下将利刃挥向小梦颈部，小梦当即倒在血泊之中。经过抢救，被割断气管、声带神经受损的小梦总算保住了性命，身心却受到重创。7月20日中午，记者在白求恩国际和平医院见到的小梦脖子上布满累累伤痕，看起来触目惊心，后背也有约10厘米长一道刀疤。由于声带神经系统受到损害，无法开口说话的小梦采用手写的方式，简略地向记者讲述了那可怕的一幕。

小梦告诉记者，她与小强认识有一年半时间了，开始处朋友也就是几个月时间。因为感情不和，6月初，她提出分手。6月11日，无法接受现实的小强在用一把刀子向她背部捅了两下后，又在自己胳膊上自残，后在大家劝阻下才罢手。小梦说，事情发生后，她报告了老师，老师向学校汇报后，学校告知了小强家长，她以为事

情就此画上了句号，没想到6月16日发生了她做梦都无法想象的可怕事情。

小梦说，16日中午1点左右，她正在宿舍休息，接到了小强电话。小强要求见面，遭到她拒绝后，小强在电话中声称，如果她不下去，他就闯进宿舍。当时宿舍里就她一人，她一想，宿舍楼下人来人往估计小强不敢胡来，万一小强真的闯上来，自己将无法独自面对。为此，她走到了宿舍楼下。

小梦说，小强见到她之后，再次提出和好的要求，当即被她拒绝。有了上次的遭遇，她心里有点害怕，就提出找同学过来一块儿再谈。不料小强突然掏出一把弹簧刀，挥向她的脖子。等她反应过来，已经倒在了血泊中。

【评析要点】因爱生恨，为何要弄得鱼死网破？恋爱中遭遇挫折是常有的事。恋爱双方是平等自愿的，任何一方不能强求，那种不成情人便是仇人的报复、嫉妒心理，万万不能产生，一旦造成恶果，害人又害己。感情受到挫折后出现的心理阴暗期是正常的，但从此不能自拔、一蹶不振则是很危险的。不能因为失恋或情感挫折对生活和前途失去信心，要做到失恋不失德，失恋不失态，失恋不失志，要培养自己应对恋爱挫折的能力，要用宽阔的胸襟、冷静理智的态度对待和解决恋爱中的所有问题和困难。

理论概要：知识点解析

3.1 爱情的意味与策略

3.1.1 爱情的内涵

3.1.1.1 爱情是什么？

爱情是什么？诗人说，爱情是春天的雨，滋润万物，生机勃发；是秋天的风，萧瑟惨淡，满目苍凉；是飘着的云，飘浮不定，变幻莫测；是行走的船，水能载舟，亦能覆舟；是醇酿的酒，盛在瓶子里的时候，晶莹剔透，流光溢彩，让人心仪；倒在杯子里的时候，味香色醇，光彩照人，让人心动；喝进口里的时候，掩去了一切虚幻的光彩，留下的是涩涩的、辣辣的、苦苦的真实感。

爱情是什么？老百姓说，其实爱情说穿了，普普通通，平平常常，就是男人和女人互相理解，互相尊重，互相搀扶，互相关爱，互相取长补短、安慰体贴。故事的主角，永远是饮食男女；故事的情节，永远不外乎一个男人喜欢上了一个女人，或一个女人喜欢上了一个男人；故事的结局，不是悲剧就是喜剧，或者就是平剧……

爱情是什么？从不同视角看，它有不同的诠释：爱情是一个永恒的浪漫的而又悲壮的故事（艺术视角），爱情是人类发展史上的一个古老而又常新的话题（人类学视角），爱情是人生经历中一个必须面对的心理发展课题（心理学视角）。

爱情本质的含义，就是男女相爱的感情。

3.1.1.2 斯腾伯格爱情三角形理论

斯腾伯格（Sternberg）运用定量分析与定性分析的研究方法，在进行了大量文献综述和实证研究的基础上，提出了爱情的三角形理论。

他认为人类爱情有三大基石，并将这三大基石形象地比喻为爱情三角形的顶点：亲密（Intimacy）、激情（Passion）、决定/承诺（Decision/commitment）。

亲密（Intimacy），包括热情、理解、交流、支持及分享等特征，指在爱情中能促进亲近、连属、结合等体验的情感。换句话说，它能引起温暖体验，重视彼此的喜欢、理解与期待。

激情（Passion），或称“情欲”，指内驱力，这些内驱力以身体的欲望激起为特征。激情的形式常常是对性的渴望，能引起浪漫恋爱、体态吸引、性完美以及爱情关系中的其他有关现象。或者说，该成分就是在爱情关系中能引起激情体验的各种动机性唤醒以及其他形式的唤醒源。重点在魅力与性吸引。

决定/承诺成分（Decision/commitment），包括将自己投身于一份感情的决定及维持感情的努力。有两层含义：在短期方面，指一个人作出了爱另一个人的决定；在长期方面，指那些能维持爱情关系的投入感、义务感或责任心，并且重视决策、承诺。

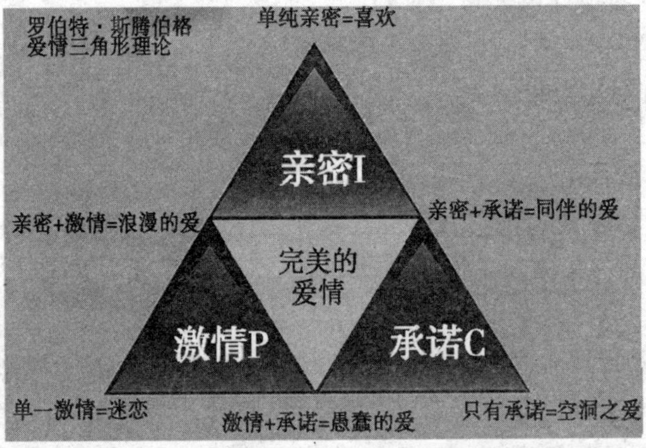

爱情构成爱情三角形理论，主要从西方人的感情经历和生活体验出发，根据亲密、激情和承诺的有无和程度的高低将爱情的三要素进行组合，排列出爱情关系的变式，三角形的三个顶点、三条边和三角形内共有七种类型的爱情。

只有亲密I成分的，是喜欢或友情；只有激情P成分的，是性色的迷恋；只有承诺C成分的，是空洞的爱情；只有激情P+承诺C成分的，是愚昧的爱情；具有亲密I+激情P成分的，是浪漫的爱情；具有亲密I+承诺C成分的，是同伴的爱情；具有亲密I+激情P+承诺C成分的，是完美的爱情。

完美的爱情，是双方的交流、反馈、投入、回报的互动，既有心灵的沟通，又有肉体的联系，还有道义上的承诺。

他还认为，这三大基石中包含三种成分：

成分1是动机，爱情行为背后的动机，对人类而言极其复杂。其中，性动机或性驱力以及相应的诱因，如异性之间身体容貌等特征是重要原因之一。

成分2是情绪，属于爱情的情绪，除了爱与欲之外，肯定还夹杂着其他的成分，所谓酸甜苦辣的爱情滋味。

成分3是认知，爱情中的认知作用，对情绪与动机两种成分而言，是一种控制因素。如果将动机与情绪分别视为电流与火花，认知就是开关或调节器，它可斟酌爱情之火的热度予以适度调节。

按照他的观点，虽然两性间的爱情形式因人而异，但都是由这三种成分以某种方式混合所演绎而成的。他进一步将动机、情绪和认知各自在两性间发生的爱情关系称为热情、亲密与承诺，即以动机为主的两性关系是热情的，以情绪为主的两性关系是亲密的，以认知为主的两性关系是承诺的、守约的。而完美的爱情应该是三者具备，且合而为一。

3.1.2 恋爱心理的基本内涵

3.1.2.1 恋爱心理的动因与特征

1. 什么是恋爱

恋爱的词语解释是：男女互相爱慕的行动表现。爱慕则是：由于喜欢或敬重而愿意接近。

人们常把选择对象、培育爱情的过程称为恋爱，这是男女双方在建立爱情之前必定要经历的阶段。

恋爱是爱情的起点。有人说，爱情始于异性之间一种莫名的好感与心动，那种感觉是轻微的、随意的、发散的、不确定的，本身是不依附于现实的，所以你可以爱上任何人，不管他是才子还是农民工。爱情本身只是一种本能的倾慕和吸引，没有价值判断，只是在人们选择的那一刻掺杂了现实的标准。所以说，恋爱的一个主要特征是浪漫、单纯与任性。

2. 恋爱冲动萌发的起因

人类为什么会萌发恋爱的冲动呢？英国心理学家斯宾塞尔有“九因素论”，认为恋爱是由九个不同的因素合并而成的：一是生理上的冲动；二是美的感觉；三是亲爱；四是钦佩与尊敬；五是喜欢受人称许的心理；六是自尊；七是所有权的感觉；八是因人我间隔阂的消除而取得的一种扩大的行动和自由；九是各种情绪作用的高涨与兴奋。可见，男女恋爱本身并不单纯是性的吸引，它还是一种重要的社会性情感。

3. 恋爱心理的特征

恋爱心理具有四个特征：仰慕指向的特殊性、排他性、冲动性和相互参与性。

一是仰慕指向的特殊性。恋爱中的男女青年除了注重对方的志趣、爱好、人品以外，还开始注意对方的人格特征、音容笑貌、服饰打扮等。这是由爱而产生的特殊审美心理。

二是排他性。男女青年一旦爱上，就会有意或无意地总想两个人在一起，尽量避开朋友和熟人，他们的交往圈子因此一下子缩小。这是羞涩心理、独占心理所致，这种心理在女性中尤为明显。

三是冲动性。指对相爱的异性的一种欲求相见而不能的焦虑、不安甚至神情恍惚的非理性的冲动，是性心理的一种表现。于是总是千方百计地找借口去接近对方，希望有拥抱、接吻等肉体的接触。这种心理男女双方都会有。

四是相互参与性。男女青年一旦建立恋爱关系，就总希望以自己的模式去要求对方、评价对方，甚至去改变对方，自觉或不自觉地去干涉对方的行为举止、服饰打扮等。这种参与心理的渗透，正是爱的反映，也会形成以爱的名义而施行的改造与控制。

3.1.2.2　恋爱心理的形成因素

恋爱心理的形成因素包括性本能、社会存在、异性素质和生活实践。

恋爱心理只有在以上四个因素的共同作用和影响下才能产生并且发展，即由性本能激发的性吸引力和由社会存在影响、由异性素质所导致的两性间的精神吸引力，成为恋爱心理的内在动力；在恋爱的内在动力作用下，受一定的社会背景和异性魅力的影响，产生了恋爱的心理意愿，于是恋爱心理产生了，并不断发展成熟。

恋爱心理的各种现象、各个过程中都体现了上述四种因素的影响和制约。

1. 性本能的发动是恋爱心理产生和发展的内在动因

爱情首先是性爱，只有当一个人生理发育达到性成熟时，才会产生恋爱心理。弗洛伊德将性欲和心理的发展（人格）分为五个阶段：①口腔期（又名自恋期，0~1.5 岁），婴儿从吮吸、吞咽、咬和发声中得到性的快感和满足。②肛门期（1.5~3 岁），幼儿喜欢从排泄中得到快感和满足，并追求生物机能以外的乐趣。③性蕾期（又称性器期，3~6 岁），对异性父母的爱恋，同时开始对外生殖器的注意。④潜伏期（6~12 岁），男女孩分别只与同性为伍，他们都尽量避免性的表现。⑤生殖期（又名他恋期，12~成人），性的能量重新涌现出来，男女均从异性的接触中寻求乐趣。

2. 社会存在是恋爱心理产生和发展的决定因素

社会存在决定着人的各种观念，包括恋爱观。社会存在影响和制约着人们的恋爱与否、恋爱对象的选择、恋爱心理的发展，并导致了恋爱心理中最主要的因素之一精神吸引力的产生，爱情也因此成为美好高尚的情感，升华到一种崇高的境界。恋爱心理的产生与发展不仅有生理的快感，更重要的是精神的享受。不同的个体由于社会存在的不同，对恋爱有不同的看法、不同的感受、不同的体验，即有不同的恋爱心理。

3. 值得爱的异性是恋爱心理产生和发展的诱发因素

爱情产生于性能力，但性能力就其本身而言并不具体要求特定的异性对象。人与动物的本质区别就在于人只有在获得关于某个异性的具体信息之后，恋爱心理才真正开始产生。也就是说，恋爱心理的产生是具有明确的对象性的，只有在生活中出现了你认为最值得爱的人时，才会引起你的恋爱心理。没有一个特定的异性，充其量只会产生一种性冲动，而不可能产生恋爱心理。

4. 生活实践是恋爱心理产生和发展的现实基础

有了上述三个因素，恋爱心理还不足以真正的产生和发展，如果没有一定的培育爱情的生活实践，恋爱心理也不会产生，即使产生了也会中断，达不到发展和成熟。人们只有在生活实践中才能互相交往、增进了解、互相发展感情。因此，可以说生活实践使恋爱心理的产生和发展从可能变为现实，《山楂树之恋》中纯爱的故事可作为佐证。

3.1.2.3　恋爱心理的发展过程

恋爱心理，指男女双方在恋爱阶段产生的一种特殊心理。

恋爱心理从产生、发展到成熟，一般都经历以下4个阶段：始恋、依恋、爱恋、相恋，此后，恋爱双方把感情推到最高潮时，自然产生了结婚的愿望，只要客观条件成熟，结婚就变成现实，这时恋爱心理发展到一个崭新的阶段，受到了法律和家庭形式的保护。

阶段1始恋：在这一阶段开始感觉到异性的特殊魅力，被对方的仪表、风度、气质、言谈、品格、才能等肉体和精神的因素深深吸引而迷醉，总有一种从未有过的捉摸不透的亲近欲和冲动，想去接近对方又不敢贸然去作出什么行动。这是一个“如醉如痴”的“失魂落魄”的阶段。

阶段2依恋：一旦被某个有魅力的异性所吸引，就会想象对方的一切，并把想象逐渐推进到自己的理想形象；开始考虑接近对方的办法，找机会向对方表白自己的心思；同时常常反复揣摩对方的心理，不断评估双方情感的持续性和成功的可能性。这是一个“自我折磨”的痛苦阶段。

阶段3爱恋：经过前一阶段的想象、揣摩，终于鼓足勇气向对方表白了自己的爱情，才真正意味着进入了恋爱心理状态。这时主动表白的一方常会神色紧张、心绪不宁，接受表白的一方也会不知所措。这是恋爱心理发展最关键的一个阶段。有的人会因担心遭到对方拒绝而失去信心；有的人则有可能找不到适当的机会表白或表白不当。这都有可能让即将产生或已经产生的爱情悄悄地溜走。这一阶段相对而言比较短暂，但具有很强的震撼力。

阶段4相恋：双方经过表白并接受对方的爱慕，恋爱关系便正式建立，双方立即亲密起来。在形式上，两人形影相随，“一日不见，如隔三秋”；在心理上，单独的自我飘然而逝，双方都把各自的灵魂和世界纳入合二为一的轨道。双方都尽力美化对方，甚至赞赏对方身上在别人看来是缺点的“优点”，并将对方的赞赏视为珍品，深藏在心里成为永久的回忆。随着恋爱情感的发展，双方都会产生一种独占欲，认为对方只属于自己。这时男性常通过性欲来表示，女性则往往以类似母爱的特殊关心将对方置于自己的保护照顾之下。与此同时，嫉妒心理也逐渐强烈，时刻防备“第三者”的出现。这是一个充满幸福的阶段。

3.1.3 择偶心理的各家学说

爱恋的目标应该如何找寻？多数的回答是：爱恋的对象应该是可以结婚的对象。

择偶是婚姻的起点，择偶对婚姻成败起着重要的作用。

每个人选择什么样的伴侣与自己共度人生？有的人认为这是个人有目的的选择，有的人认为这是偶然的机缘。

择偶看起来是纯个人的行为，其实都与自己的择偶心理有关。因为每个人的家庭背景、生活经历、文化程度不同，择偶的标准与规则也就不相同。

但择偶作为人们的一种心理行为，具有一些共同的心理特征。

以父母为参照的精神分析择偶说、寻找相似性的物以类聚说、寻找弥补性的取长补短说、寻找最优性的条件权衡说，从不同视角阐释了人们的择偶心理。

3.1.3.1 以父母为参照的精神分析择偶说

精神分析心理学家弗洛伊德认为儿童早期爱的经历决定他一生的发展。

他认为孩童在家中与父母亲的关系会影响他成年后的择偶，其所选的伴侣不是在外表及心理上与父母有相似之处，就是完全不像他的父母。

弗洛伊德认为爱是一种重新寻找，择偶结婚其实是寻找自己父母的替代。

由于儿童在生命早期最先接触的爱的对象是父母，儿童性格的形成与父母爱的方式有关，因此成年择偶结婚大都以父母的婚姻为蓝本。

如果儿童幼年时父母给予了足够的关爱，那么成年后他会不自觉地按照父母的影子为自己选择配偶。女孩子找父亲的替代，男孩子找母亲的化身。

而那些在幼年时受到父母遗弃、厌恶、贬低、虐待，缺少正常父母之爱的人，他们在择偶时往往选择那些极不像自己父母的人。女孩子会选最不像自己父亲的人，男孩子会选最不像自己母亲的人。

因此，精神分析的替代理论认为，恋爱择偶是成年的自我对儿童期父母感情的“重新修正”。

3.1.3.2 寻找相似性的物以类聚说

许多学者认为，每个人在选择伴侣时，都在寻找最像自己的人。

这与古代中国的“门当户对”有所不同。门当户对主要指家庭地位，而相似性的寻找不但在容貌、气质、学历、智商上要相配，个人的政治观念、信仰、工作职业、为人处世的态度也要相似，最好个人的兴趣、爱好都相同。

这就是同质性择偶学派的要点。

有学者认为，人们的自恋倾向，可能是导致此种想法的主因。他们认为，选择了与自己相似的人，他们就又可以再度与自己相爱了。

3.1.3.3 寻找弥补性的取长补短说

美国社会学家温奇曾经提出过择偶互补理论。他认为爱情是个人需要的一种表达方式，可能是潜意识，也可能是潜意识的行为。一个人在幼年期的成长中欠缺某些经验，成年后就会在伴侣身上寻求弥补。温奇认为，每个人都有多方面的需要，如谦卑、成就、接近、独立、顺从、统治、敌对、抚养、被肯定、性满足、争地位及求助等。

男女选择伴侣的过程，实际是发现能给予自己最大心理满足对象的过程。

一个支配欲很强的人，会选择一个意志薄弱、很顺从的人；一个强健的人，会选择一个很纤弱的人，都是这种“互补作用”的结果。

温奇的互补说在实践中很有普遍意义。我们常常看到许多夫妻性格差距甚远，如一个急躁，另一个稳重；一个独立性很强，另一个依赖性很强，两个人相处得非常和谐，这就是因为他们能够取长补短，相得益彰。

3.1.3.4 寻找最优性的条件权衡说

美国学者墨斯登认为，每个人在选择恋爱对象时，实际是对方的某些特点刺激了本人的情感，本人按内心的价值观体系进行衡量，加以权衡，最后确定自己的意中人。

他认为，每个人的择偶是在对对方的优缺点有所了解之后，对其各项加减之后考虑各候选人的得分来决定。

他举例说，如某人有两个可选择的对象A和B，列出六个指标作为评价这两个人的标准，这六个指标分别是外表、智力、财富、幽默感、性格、信仰。

假定某人的价值观体系中这六项的比重依次为：外表5分，智力3分，财富3分，幽默感2分，性格1分，信仰1分，那么依据自己对A、B两人的了解与印象分别予以打分。最后算出A、B两人各自的总印象分，谁的总分最高，就选择谁作为伴侣。

3.1.4 恋爱中常见心理障碍与调适

恋爱中常见的心理障碍有单相思、失恋、性嫉妒。

3.1.4.1 单相思

单相思，就是一方对另一方发出的信息产生误解，自以为爱上某个异性的主观感觉，俗称单相思，又叫单恋。

单相思是一种典型的恋爱错觉和认识偏差。

单相思者往往由于对倾慕的对象一往情深，希望得到对方爱情的动机十分强烈。

单相思似乎又是爱情领域不可消除的一种痛苦事实。

单相思一般有三种情形：一是完全属于单方面自作多情；二是恋爱中断后，其中一方无法摆脱旧情的缠绕，情丝难断；三是在共同的学习和工作中，一方深深地爱上了另一方，可是难以启齿，于是终日魂牵梦绕，夜不成眠。不论是哪一种情形，都是没有现实基础的无效追求。

解决方法在于：澄清事实，放弃假想，另辟新径。采用合理化、置换等防御机制抵御挫折。

合理化，也称文饰作用，是指个体在遭受挫折之后，常常会寻找各种理由自圆其说，以求得心理上的安宁，免除焦虑。如可用"酸葡萄理论"来贬低无法获得东西的价值的方法，用"塞翁失马，焉知非福"的暗示使自己获得积极的心理支持。

置换，是用一种精神宣泄替代另一种精神宣泄。自我以一种可获得的对象替代另一种不可获得的对象，或者以不致引起焦虑的对象或行为替代会引起焦虑的对象或行为，这就是置换。

通过置换，个人的真实欲望既得到部分满足，又不致在精神结构内引起太明显的冲突。

置换是一种运用得相当频繁的防御机制。置换的结果有不同的意义。一些置换性宣泄是无害的，体育运动、摇滚乐、交谊舞、跑步等是典型的例子。在这些活动中，性冲动和攻击冲动能得到一些满足。在失恋中置换的典型例证如"忘掉一个的最好办法就是投入另一个人的怀抱"。

3.1.4.2　失恋

失恋是男女双方在建立爱情之后，由于某种原因，其中一方终止恋爱。

对于感情真挚的青年来说，失恋无疑是非常痛苦的，对爱的绝望和深深的孤独感、虚无感、失落感和悲伤是失恋者常见的心理体验，行动上多表现为冷漠、颓丧、烦躁、逃避或攻击等。

如果不能及时排除这种强烈的负面情绪，就容易出现一系列反应，有的表现为消沉、一蹶不振、自暴自弃；有的由失恋到失德，表现在行为上有报复、心理变态甚至自杀等。

解决方法在于：跳出偏执的认识，转移注意力到积极的目标上，化负面情绪为积极情绪，达到升华的境界。

升华，是指个人把不容易实现的欲望改变为能实现的，被社会、道德法律所允许的，具有较高境界的目标，以满足其需要，缓解心理紧张。失恋后的歌德以自己破灭的爱情为素材，写出了世界名著《少年维特之烦恼》，这样既消除了恋爱受挫而产生的焦虑，又使个人获得了成功的满足，是升华的典型例证。升华是一种积极的、最富有建设性的心理防御机制，是最具社会意义的置换。

3.1.4.3　性嫉妒

性嫉妒，指的是恋人之间由于害怕自己所爱的人感情转移以致自己的爱落空出现的拒绝他人分享自己爱情的嫉妒心理。

这种嫉妒是以爱的名义而出现。表现形式多种多样：藏在心底、发泄于外、无理取闹、跟踪盯梢、限制对方……许多行为会脱离爱的轨迹。

解决的策略有尊重对方、欲擒故纵、真爱唤回。

3.1.5 情爱的策略思考

3.1.5.1 明确爱的标准

爱情，是个体人格成熟的独立意志的指向。爱情，是意志行为，体现了自己的价值观。只有充分的心理成熟，才知道自己爱什么，爱什么人，恋爱才可以开始。

懂得爱是什么，自己喜欢什么，需要什么，适合什么，能将朦胧的感觉、零碎的知觉，整合成系统化的择偶标准，才能有明确的恋爱目标。

关于好男人、好女人的标准，不同的人会有不同的思考和标准。

分享个人观点：好男人：对外，扛得住又不失儒雅；对内，能包容又不乏浪漫；好女人：放出去，可以拳打脚踢；收回来，可以小鸟依人。

3.1.5.2 确定爱的原则

有利于彼此学习发展，不予以缠绵亲昵过度，婚前性行为的默契等，都可作为健康爱情的原则。

马克思说过："真正的爱情是表现在恋人对他们的对象采取含蓄、谦恭甚至羞涩的态度，而绝不是表现在随意流露热情和过早的亲昵。"

3.1.5.3 培养爱的能力

爱是一种能力，更是一种需要我们终生学习、发现和不断发展的活动。爱的能力包括迎接爱的能力、拒绝爱的能力、恋爱挫折承受力、经营爱的能力。

1. 培养迎接爱的能力

这包括施爱的能力和受爱的能力。一个人心中有了爱，在经过理智的分析之后，应该把握时机善于表达；一个人面对别人的施爱，能及时准确地对爱作出判断，并作出接受、谢绝或再观察的选择。所以，大学生应该培养具有迎接爱的能力，懂得爱是什么，自己喜欢什么，需要什么，适合什么。

2. 培养拒绝爱的能力

包括敢于理智地拒绝不希望得到或不值得接受的爱情的能力和如何采取恰当的拒绝方式的能力。爱情来不得半点勉强，要学会勇敢地说"不"。但是，要注意拒绝方式，因为每个人都有追求爱情和拒绝爱情的权利，应该学会运用尊重和机智的方式来维护自己和他人的利益。

3. 培养恋爱挫折承受力

遭遇我爱的人不爱我或我爱的人不得已需要放弃等欲求不得的挫折情境，需要培养顽强的抗挫折能力，学会用澄清—放弃—另辟新径的策略走出单相思的困境，或用跳出—转移—升华的策略超出失恋的困境，或用尊重—欲擒故纵—真爱唤回的策略走出性嫉妒的困境。

4. 培养经营爱的能力

学会用尊重、沟通、付出、珍惜、陪伴的态度去倾心浇灌爱情的花朵，使它长盛不衰，让自己获得历久弥新的真爱。

有人说，真爱应当具备这样 7 个特质：①相互尊重；②接纳容忍；③无私奉献；④相互信任；⑤陪伴终老；⑥协同合作；⑦无惧无畏。

其实，真爱的本质是真性情的流露。你是什么，你就吸引什么。在人际关系里，我们所能吸引的人，是真实自我的延伸。用心体会，用心付出，相信真爱会属于你。

你可随时内省一下你找到真爱了吗？在茫茫人海中，你找到一个可以和自己执子之手，与子偕老的人了吗？

3.2 性恋的困惑与思考

3.2.1 性心理的科学内涵

3.2.1.1 解惑性心理

1. 性困惑——种种

困惑之一：性话题能不能说？困惑之二：性知识该不该了解？困惑之三：性冲动是不是邪恶？困惑之四：性风险是不是存在？

2. 性话题——躲闪

性是一个黑暗的话题，阳光下难见。在家庭，家长只言片语，躲躲闪闪，将孩子的性教育问题视为“洪水猛兽”。在学校，性教育，羞羞答答，“蜻蜓点水”，不少学校在这方面甚至是一片空白。在社会，“色情”娱乐成为性知识的主要来源，色情图片、三级片、色情小说、色情网站、色情电话、色情短信等到处充斥。

3. 性无知——普遍

就个体而言，科学性知识知道得不多，知道的些许不健康。就社会而言，“谈性色变”，性神秘、性无知、性难以启齿，酿造了不少男女青年的性爱与婚姻悲剧。“性越轨”、婚前性行为、性变态，同样造成了性爱的紊乱与社会道德伦理的问题。

4. 性冲动——本源

古人云：“食色，性也。”马克思说：人有两大基本欲望，一是生存欲望，二是性欲。

人人皆知：性，人人都有。我们每个人都是性塑造的生命，都伴随着性的发育成熟而长大。性是我们生命的一个组成部分。性能给人以欢乐，也能给人以痛苦；它可以引人走向崇高的境界，也可以诱人误入歧途。

5. 青年期——性风险期

青年期是个体性成熟的旺盛期，也是性心理的困惑期，还是性行为越轨的风险期。

某高校一小型调查：接吻：男生占 73%，女生占 82%；性爱抚：男生占 45%，女生占53%；性交：男生占21%，女生占15%；赞成婚前性行为：男生占57%，女生占26%。在一些高校周围，男女大学生租房同居，享受二人世界的情形并不鲜见。44.44%的人偶尔会进行“色情”娱乐。

一位失足女生的自白：我出生于一个教师家庭，父母日夜忙于工作，我们很少深谈。但父母的思想又非常保守与古板，固执而又严厉。平时我若与男孩子一起出门，父母规定我必须很早回来，并常由弟弟陪着出去。要想与心爱的男孩在一起，我就得编许多谎话才行。尽管父母严密监视，在15岁时，我还是设法与男朋友在公园里会了几次面：他吻我，抚摸我，他乐意这样，我也高兴这样。本来打算在23岁以前不与人发生性关系的，我想长大些再担负起这个责任。我可以允许男友拥抱我，亲吻我，甚至抚摸我，但绝不轻易失去最后一道防线。奇怪的是大二那年，刚过22岁生日，我去博物馆，在那里遇见了见多识广的年轻画家，我终于被他那美妙的绘画及博学多才的谈吐吸引了。虽然处女的羞涩妨碍了我对交际的好奇，但我还是平生第一次萌发了与人做爱的念头。

3.2.1.2　性心理的内涵

1. 性心理的含义

性心理是指在性生理的基础上，与性征、性欲、性行为有关的心理状况与心理过程，也包括与异性有关的如男女交往、婚恋等心理问题。

2. 性心理的基础

性心理的基础是性生理。包括第一性征：外生殖器官，在卵子受精时就已经决定了。第二性征：男女身体形态上的特征，在第一性征影响下产生于青春期，表现为：男子身材高大，体格魁梧，喉结突出，音调变低，阴毛、腋毛、胡须出现，开始遗精（14～16岁）；女性皮下脂肪增多、乳房变大、音调变高、月经初潮（12～15岁）

3. 性心理的构成

性心理的构成，包括性感知、性思维、性情感、性意志，相互联系、相互制约，共同体现在与性有关的言行之中。

（1）性感知

性感知，是个体对由视、听及嗅觉所引起的性冲动的反映和由于外部刺激部分外生殖器官所得到的性快感，是性心理的基础过程。

性机能的成熟，使主体对性刺激的反应特别敏感。这时来自异性的刺激，如俊美的容貌、柔和的声音、温馨的肌香等，都可能引起主体的性冲动；另外，外生殖器官受到刺激也会引起主体的性冲动。

（2）性思维

性思维，是个体对有关性的问题的思考和认识，是性心理的核心心理过程。

随着生理机能的逐渐成熟和性感知的不断积累，主体就会自觉或不自觉地经常思考一些有关性的问题，从而对这些问题有所认识。

如少年在思维过程中把过去得到的一些自我性感知与现实中的异性对象联系起来，因而对两性的关系和意义有所了解；又如青年想象异性对象，考虑如何追求异性对象等。

（3）性情绪与情感

性情绪与情感，是个体对异性所持的态度和同异性对象接触中所得到的态度的体验。

在性感知和性思维以及日常与异性的接触中，主体逐渐地认识了两性的差别及关系，对异性开始抱有一定的态度，如对异性的好感、思慕、爱情和性嫉妒等。

（4）性意志

性意志，是指主体自我意识调节性行为的能力。

性意志强的人善于控制自己的性行为，把它约束在正常的、合法的范围内；性意志薄弱的人，易受性冲动左右，以致触犯性道德和法律。

4. 性的社会文化意义

对人类而言，性的驱力有明显的生理基础，但是它不由单纯的内分泌激素支配。

由出生至性成熟的十多年时间乃至一生的时间，人类所受社会文化的影响十分重要。它使人们对于性的态度、性行为的满足方式、社会对于性行为的限制以及性行为在整个社会中的意义，随着所在社会文化模式而逐步确立。在这种复杂情况中的性，明显地不同于性生理的作用。

性心理受社会文化的影响最大。文化传统、教育状况、社会的性观念、家庭的影响、各种文艺作品等都深刻制约着性心理的发展。

如婚姻家庭是一般所认可的性的满足方式，对绝大多数人而言，婚姻家庭中的“性”所引起的心理冲突小，所获得的满足感较大，所建立的性关系也较持久。

那些和社会规范不相符合的行为，则受到大家的消极评价和谴责，被视为“不道德”、“淫乱”等。

而不同时代、不同年龄、不同文化背景下不同个体在性心理的表现上会有某些差异。所有这些都显示出“性”的社会意义。

因此，性既是生理的，又是社会的。人类的“性”最重要的意义是其社会性。一个人性心理健康状况是生物因素和社会文化因素的完整统一。

3.2.1.3　性心理发展与表现

1. 性心理的发展

（1）性意识的萌芽与觉醒

心理学研究发现，一岁半的孩子通常知道自己是男孩或女孩，但不能解释此种属性；3～4岁的孩子能分辨周围人的性别，但往往只是根据外部特征，如衣着、发式来区分；5～6岁的孩子因游戏的兴趣不同，出现了同性之间紧密联系的倾向，没有异性意识；小学阶段，同性之间结合成封闭状态的小集体，回避异性，但对异性的兴趣在增加，只是因为受到同性伙伴的约束和成人文化的控制而不敢接近异性；到了青春发育期，由于生理发育和第二性征的出现，青少年明显地意识到自己的性别，意识到两性之间的区别和联系，对异性的意识发生了微妙的变化。一方面内心关心爱慕异性；另一方面又表现出对异性的冷漠、回避或厌恶态度，性意识开始觉醒。一般情况下，女性往往比同年龄男性在性意识上成熟更早一些，而男性获得某些性感的体验要比女性早。

（2）性心理成熟的标志

①男性性成熟的心理特征表现为钟情、自我表现、紧张感。

钟情，是男性性成熟最典型的心理表现和特征，主要指对女性的注意力增加，越来越喜欢与异性交往。体现的是对异性的纯洁而朦胧的思念、热烈和浪漫的渴望、自我在精神上对幸福的向往。这种情感是内藏还是袒露，男性各有其独特的反映方式。

自我表现，是男性性成熟又一典型的心理表现和特征，由于钟情心理的促使，愿意和自己钟情的异性接触，于是就产生了需要异性注意的心理行为。它表现在开始注意自己的仪表，讲究发式、服装等；注意倾听、理解、揣摩钟情异性的言谈、举止、心境、情绪，总想为她做点什么；爱在她面前逞能，以表示自己的博学和才能；在一起或在一定场合的言行举止中，常用目光凝视她，观察她对自己的反应，并开始学着用眼神表示某种期待。

紧张感，是男性性成熟又一典型的心理表现和特征，在性成熟初期，男性在参加有异性在场的无论什么活动，如谈话、说笑、集体游戏等，总有一种心理上的紧张感。产生这种紧张心理有许多复杂原因，如世俗观念、外在舆论等。但最主要的是连男性自己也迷惑不解的心境或无目的的盲目行为，以至于缺乏自信而形成紧张感，这种紧张感会随着两性之间的交往逐步消失。

②女性性成熟的心理特征则表现为爱慕、选择、倾心。

爱慕，是女性性成熟典型的心理表现和特征，女性性成熟比男性相对早一些。进入性成熟期的女性由于好奇心和新颖感的驱动，开始关注、爱慕异性。绝大多数女孩只在心灵一隅默默体验，从不轻易表露。

选择，是女性性成熟又一典型的心理表现和特征，选择异性朋友是女性性成熟的最重要的心理特征。随着独立意识的增强、视野的开阔、多向性的活动交往以及情感的深化，女性开始有选择地寻找自己的异性知心人，以满足感情上的需要。

倾心，是女性性成熟又一典型的心理表现和特征。一旦找到自己的“意中人”，女性就容易把对方当成自己的依靠，把自己的一切都寄希望于对方，倾心相爱。

③青春期性心理发展。

青春期性心理发展更引起心理学家的关注。因为它的变化很显著，影响很明显，由此带来的适应问题也特别多，有些问题甚至表现得很严重。

美国心理学家赫洛克认为，从性意识的萌芽到爱情的产生和发展，大致可分为四个阶段：一是青春初期疏远异性的否定期；二是向往异性的牛犊恋期；三是青春中期积极接近异性的狂热期；四是青年后期浪漫的恋爱期。

我国的一些心理学家认为，青年性心理发展大体经历着三个阶段：第一阶段：异性疏远期；第二阶段：异性接近期；第三阶段：两性恋爱期。

第一阶段：异性疏远期。

青春初期开始，由于一系列生理变化使男女少年对性的差别特别敏感，惊恐不安、羞涩与反感交织在一起，彼此便疏远起来，甚至产生抵抗发育的心理。此时，原来青梅竹马的同伴开始彼此疏远，男、女孩各择同性作为伙伴，这是性意识前发期的心理特征。这时期大约在读高小到初一、二年级的阶段。在这一阶段孩子开始对性有兴趣，但这种兴趣与性爱毫无关系，只是一种好奇心与求知欲。

第二阶段：异性接近期。

此阶段情窦初开，男女有了彼此接近的内在需要，但此时异性间的亲近感总的来说具有广泛性，注意的对象也容易转移，稳定性差，仅仅是异性间的吸引而已，是多属性的朦胧的自然表露，对两性关系还完全处于一种似懂非懂、稀里糊涂的状态。此时的男女往往分不清好感与初恋的区别，因此，常会造成困惑和苦恼。

第三阶段：两性恋爱期。

此时男女之间的友情集中寄予某一个钟情的异性身上，互相爱慕以至产生恋爱。这是性意识发展的必然产物。

2. 性心理的表现

由于性生理的成熟和性心理的发展，青年阶段的性心理活动内容丰富多样，并通过各种方式的外显行为表现出来。例如，性欲望的产生、对性知识的追求、对异性的爱慕、“探究性”与“自慰性”的性行为等。

（1）性欲望的产生

由于性腺发育的成熟，青年男女在青春期都会出现性欲望与冲动。这是青年发育中的正常生理和心理现象。

青年的性欲望是依赖于生理与心理因素的，性激素是性欲望产生的生理动因，与性有关的感知、记忆、联想等是引起性欲的心理因素。

在具体表现中，男女也有所区别。一般来说，男子的性欲是自发的，而女子的性欲则往往是通过轻微的拥抱、爱抚而引发的。因此，男子常因性欲而产生苦恼，而女子则较少。

（2）对性知识的追求

由于性生理的成熟，青年产生了对性知识的兴趣，这是青年性意识发展的必然产物和正常表现。

随着第二性征的出现，特别是男子第一次“遗精”、女子“月经”初潮之后，青年男女对性知识的兴趣明显增加，希望了解有关性方面的知识。如爱看有关性方面知识的书；同性在一起常谈论有关性方面的问题。男女青年，尤其是女青年特别喜欢看爱情小说和有关家庭生活方面的小说。

(3) 对异性的爱慕

随着生理发育基本完成，男女青年就会从内心深处感到异性吸引的存在，因而总是以直接或间接的方式接近异性，探索异性的秘密，或者以各种方式引起异性的注意，对异性表示好感，希望得到异性的爱。

由于男女情感特点不同，男女在追求异性的方式上和爱情的表露上的特点也有所差别。男子的追求和表露方式，一般比较主动、外露和热烈；而女青年则显得比较内含、深沉与羞涩。

(4)“探究性”与“自慰性”的性行为

青春期是性的能量最旺盛的时代，但大多数青年此时却是未婚的，没有获得性满足的合法途径，因此可以说这时青年总是处于性饥饿状态。

这时期，性欲有两个基本特征：其一是它的“探究性”，当青年们发现自己的性本能之后，便会从各方面加以探究；其二是“自慰性”，随着生理发育成熟，性欲望的产生，有些青年便会用一些“自慰性”的性行为进行自我解脱，其中最常见的手段是手淫。据国外报道，手淫者男性占 92%，女性占 58%。此外，青年中的“性幻想”、“性梦”等也是性心理的表现。

3.2.2 性心理困扰与障碍

3.2.2.1 性心理困扰与排除

常见的性心理困扰表现为性认知偏差、性冲动的困扰、手淫的罪恶感、遗精的恐惧与月经期的烦恼、性特征过虑、性行为失当等。

1. 性认知偏差

性认知偏差主要表现在性愚昧和性禁忌、性自由和性放纵、性本能和性繁衍等方面。

鲁迅曾经说过：“生物的个体，总免不了衰老和死亡，为继续生命起见，又有一种本能，便是性欲，因性欲才有性交，因性交才产生后裔，继续了生命，所以……性交也就并非罪恶，并非不净。”但是性禁忌和性放纵都是有害身心健康，有悖于人性的。

2. 性冲动的困扰

产生了性冲动，不知如何缓解或难以接受自己，是受性冲动困扰的常见情形。

有人对 319 名不同年级、不同专业的在校大学生进行调查发现：平时有性冲动的占 87%（其中男生占 96.3%，女生占 68.7%），但对自己的性冲动感到羞愧的占 36%，自责的占 33%，苦恼的占 26%，困惑的占 22%，厌恶的占 17%，恐惧的占12%。

大学生常常处在这样的深刻矛盾中：一方面是性的自然欲求，对异性的美好向往；另一方面又是对性的否定、批判和压抑。这种矛盾使大学生既躁动不安又迷惑不解、痛苦不堪。

3. 手淫的罪恶感

手淫，是指用人为的方法（如手或物等）刺激自己的生殖器以获得性快感和性满足的行为，又称性自慰行为。男青年或多或少都有过手淫，女性手淫比例相对较少。是一种性冲动的发泄方式，一种性的补偿行为。

在“手淫有罪有害”的认知下，许多人对手淫持有不正当的态度和情感。认为手淫有伤身体，会导致阳痿、早泄、影响性功能；或认为手淫难为情、下流，甚至有罪恶感。“手淫有害”的思想使手淫的大学生容易悔恨、焦虑、自责、担忧。在这种自责感压力下，许多大学生不敢抬头做人，使学习和生活受到极大影响。

也有人认为“手淫无罪无害”，适度手淫并不伤害身体。

研究证实：手淫与标准的性交对身体的影响完全一致。一般说来，适度手淫不影响性功能，也不影响未来的生育功能。手淫的危害不在于手淫本身，而在于对手淫的担忧、恐惧、羞愧和罪恶感。过度手淫才会带来害处，会对身体造成一些不良影响，如生殖器的感觉麻痹，使少数人增大性唤起难度。手淫的方法对性功能也有影响（形成快速射精习惯对未来正常性生活造成妨碍）。

解决手淫问题，需要培养正确坦然的态度，不以好奇心去开始，不以发生而懊恼，已经成习惯要有克服的决心，克服之后就不再担心，减少诱发兴奋的感官刺激，积极活动以释放充沛的精力。

4. 遗精恐惧与月经期烦恼

遗精恐惧，是很多男性常有的性心理困扰。“精满则自溢”，遗精是性成熟的标志。遗精没有规律，也没有绝对的标准。一般来讲，年轻健康的未婚男子一个月遗精4~5次是常有的事，有些人在一段时间内几个月都不发生遗精，也很正常。当代医学认为，遗精在某种程度上可以解除人体内的紧张，形成一种生理上的平衡。但许多人为遗精“伤元气”深感不安。

月经期烦恼，也是很多女性常有的性心理困扰。害羞、恐慌、紧张、烦躁、抑郁等都可能不同程度地引起月经紊乱、痛经、闭经；厌恶、排斥、“倒霉”等情绪易形成不良的心理暗示；经期全身及生殖器官局部的防御机能均会发生暂时性的减退，诱发娇弱、善感。

应对遗精恐惧与月经期烦恼，需要对情绪上的不稳定有心理上的准备，注意心情愉快，避免不良暗示。

5. 性特征过虑

性特征过虑可表现在以下三个方面。

其一，关注与自己性别相关的体形特征。对自己不满意的体征（如身材、相貌、皮肤等）会感到自卑，如男性常会以魁梧高大、英俊潇洒为参照，为自己的矮小、瘦弱、相貌丑陋自卑不已；女性则会以苗条美丽为参照，为自己的相貌平凡、体胖感到苦恼。

其二，为自己的心理和行为是否与性别角色相吻合而忧虑。有些人会为自己的男子汉气质（女性）或女性化（男性）感到不安和焦虑，有时会采取“过度补偿”的方式来矫正。有些女性会在“贤妻良母”和“女强人”两种角色之间纠结徘徊。

其三，担心自己的性功能是否正常。持有忧虑和怀疑态度。

6. 性行为失当

主要指婚前性行为。一般表现为三个特点：一是突发性，往往在无心理准备情况下突然发生；二是自愿性，而又非理智性；三是反复性，一旦防线冲破，便可能多次反复发生。

3.2.2.2 性心理障碍与健康性心理

1. 性心理障碍的含义

性心理障碍又称性欲异常或性变态。

它指的是一个人对性的观念、情感反应、态度和行为违反了其所处的社会文化环境所容纳的标准，导致性心理和性行为的反常。

其形式很多，包括恋物癖、易装癖、露阴癖、窥淫癖和易性癖等。

性变态的共同特征是性兴奋的唤起、性对象的选择以及性满足方式等出现反复、持久性异于常态的表现。

2. 性心理障碍的表现

性心理障碍已经不属于心理适应不良的范畴，而是一种严重的心理疾病。常见的有：①露阴癖；②恋物癖；③窥淫癖；④恋童癖；⑤施虐癖与受虐癖；⑥易性癖等。

3. 健康性心理的要素

一般认为，健康的性心理结构具体表现为：①有正常的性需求和性欲望；②有科学的性知识、合理的性认知、健全的性态度；③有正当的、健康的性行为方式。

达拉斯·罗查斯认为，一个人若符合以下标准，便可认为在“性”方面是有教养的：①具有良好的性知识；②对于性没有由于恐惧和无知所造成的不当态度；③性行为是符合人道的；④在性的方面能做到“自我实现”；⑤能负责地作出有关性方面的决定；⑥能较好地获得有关性方面的信息交流。

人类健康的性心理过程，总是表现为：一方面，在个体两性活动中与生物的特征和文化的价值观念保持一致，并用自己内在的人格特征去体验两性活动的快乐和幸福；另一方面，这种一致性与这种愉快及幸福感又能使个体的潜能得到发掘，情操得以提高，人格变得完善。

自我探索：我心仪的他（她）

请根据所列命题，进行自我心理成长探索。

> 自我探索：《我心仪的他（她）》
> 　　意义：爱的思索、培育情感
> 　　要求：1. 澄清自己心仪的他（她）特征；
> 　　　　　2. 解析自己喜欢这些特征的理由。

心声分享：爱的感悟

【和女朋友分手之后】①

2014年9月11日，通过老师的关系我偶然结识了她，她干净利落，性格率真，第一次聊天就给我留下了美好的印象。我感觉我坠入爱河了。我们通过聊天慢慢熟知，我越发地想跟她在一起。就这样我表白了，我们恋爱了。恋爱的感觉是美好的，心里始终装着一个人。我们在一起半年时间，可令我没想到的是，我以为这段会走到老的感情就在2015年5月18日结束了，没有任何征兆，前一天两人还一起开心地看电影吃饭。我崩溃了，觉得整个世界都抛弃了我，我开始恨这个世界，为什么我的付出就这么白费了，当时我想不通，我极力求她给我机会，不要丢下我，可现实总是那么残酷。我每天晚上睡不着，也不想吃饭，更不想出门，因为学校里面到处都是我们留下的足迹。我不甘心，我开始跟踪她，去她的教室上课，去她寝室门口，可就在一个星期后，在食堂我看到了她和一个男生一起吃饭，我说服自己他们只是朋友，可他们亲密的动作令我难受，我压抑着心中的怒火，最后我还是没有忍住冲了上去，指着那个男生说，“这是我女朋友你给我滚”，如果不是哥们儿把我拉开，我可能就大打出手了，我回到寝室就开始痛哭，用拳头打墙壁，手都出血了却感觉不到疼，我每天活得特压抑。

后来，我想办法说服自己，找朋友倾诉，他们劝导我说这样的女生不值得你为她这样。我每天打篮球发泄，让自己很累就不会想她，可是过了一个星期还是觉得不行，后来我请了一个多星期的假回到河南农村老家，陪奶奶去农田里，看到奶奶佝偻的背影，走在农田的小路上，我突然感觉生命很短暂，而我一生中最美好的年华却如此颓废，我一下子醒悟过来，这段感情里，我没有做对不起她的事，只是我们不合适，也许以后会有更适合的人等着我，慢慢地，我开始了新的生活，结交了

---

① 本文根据《心理访谈与健康成长》课程班15－16春No. 025高登科自我成长分析改编。

新的朋友，做公益活动，看自己喜欢的书籍，让自己充实起来。过去的就让它过去吧，未来的路还很长，我有家人有朋友，我应该感到幸福。一年过去了，我现在遇到了一个我认为对的人，我会更加珍惜她，创造美好的未来。

从上述的感情问题中我分析到，有些事情如果我们看得太重就会蒙蔽了双眼看不见其他更加美好的事物，如家人和朋友。治愈感情最好的医生是自己，该来的会来，该走的谁也挡不住。只要记得在曾经的大学时光里有一个人真心地陪你走过一段就足矣，那是青春的回忆，是人生的财富。只要我们树立正确的爱情观，我想我们每个人都能收获属于自己的爱情。

【我一直在暗恋中徘徊】①

我认为自己其实不太有资格谈论“初尝爱情”这个问题。因为依据恋爱心理的发展过程，自己的心灵不过一直停留在“始恋”、“依恋”阶段，我想，老师您多少也猜出了七八分，没错，我曾经历过长达三年的暗恋。

他是我的高中校友，在初二的时候，因参加区里少科站的培训而结识。虽然上课的时候觉得和他志趣相投，但因彼时年少，也未曾有过多的联系和交集。初三毕业，也算缘分，我莫名考试失利和直升的他成为校友，依旧没有什么交流。直至高二学农联谊晚会前夕，在后台百无聊赖候场的我才与组织活动的他再次攀谈起来。自小因受父亲影响，我便对人文学科尤其是历史兴趣浓厚，和他从英国玫瑰战争聊到东方儒家文化，思维碰撞、电光石火之间，我似乎寻找到了一种高山流水般棋逢对手的畅快，也为他渊博的学识、儒雅的风度及对女性的高度尊重所折服。紧接着第二天，他又来寻找我继续谈论未尽的话题，在同学的起哄声中，我慢慢对他生出不一样的感觉。

作为一个习惯自我压抑的人，我习惯用清教徒的方式处理不明的情愫。我埋首书海，一遍又一遍地控制并警告自己，强忍着吐露的冲动，哪怕对我最要好的闺密也守口如瓶直至毕业。高三伊始，原本我真的快要成功遗忘，我曾在日记里写下这样的句子：“最爱席慕蓉的诗，深情、悠长，如《莲的心事》，谁复可知？我愿为莲，挺立在你的彼岸，从年少无知的聒噪到亭亭玉立的初成，走过青涩，风将我的影掠过你的窗前，却从未将它映在你的心上。我愿为莲，不仅为站在你的彼岸，更为感谢那伴我睡过青春繁华的梦境，并学着与它挥手告别。”可惜，高三时他的一句“你手是不是很冷？因为冻得很红。”彻底将我推向了暗恋苦涩的深渊。我选择了逃避这种幼稚的方法处理问题，不可避免地陷入自我戕害。

毕业以后，我以为时过境迁，实则陷入了更加深沉的思念，闺密不忍，四处打听了他的QQ作为礼物塞到我手里，然而，我依旧没有勇气向他说出自己的感受。

---

① 本文根据《心理访谈与健康成长》课程班15-16春No.037吴榕蓉自我成长分析改编。

看着他天天的点赞和偶尔针对兴趣的争论，我实在不希望我的冒失把我们之间极为珍贵的友谊破坏了。

当《心理访谈与健康成长》课上到“初尝爱情”，一整节课我都如坐针毡。课上，老师分析了择偶类型、恋爱类型、恋爱阶段、恋爱心理、恋爱中的心理障碍及调试和情爱策略。我重新审视了我心中的恋爱观与心里的那个他。

首先，因文章已十分冗长，也就不再赘述我对他的多年考量，总而言之，我的恋爱观念较为成熟，也认定他确实属于我多年追求的终身伴侣的类型。大致因为明确了恋爱心理及阶段，我认定我的择偶标准是完全以我父亲为模板的。我父亲知识渊博、儒雅有度，对我和我的母亲非常体贴，是个标准的上海好男人。因而，我对他的风度、知识面及体贴尤为敏感。相互促进爱的目标，我一直是明确的，尽管因为暗恋曾造成许多心理困扰，但这份青春的体验绝没有影响我的学习，甚至到现在，我还因为他对我高数学习上的帮助而受益，关于人文学科的交流，也对我们的思想有所裨益。

至于恋爱策略，因为他目前在天津中国民航大学追逐自己的理想，攻读航空通讯工程方面的专业，而我自己，也在为四年后跨专业考研做着准备，因而，我决定暂时继续保留感情，等待我们在心灵都更为成熟的下一个毕业季再作定夺。

说完了这些，内心顿觉天朗气清、春和景明。我从来没有对自己或他人在情感问题上如此坦诚。

【我在爱情中没有了自己】①

有人说，爱情就是一个人遇上另一个人，两人融为一体，不分你我（1+1=1）。也有人说，爱情就是两个个体的结合产生了第三个个体——爱情（1+1=3）。但我遇见的爱情却是1+1=2。因为，在爱情来临以后，我的世界只有爱情和他，再也没有了我自己。

我的症结不是简单的依赖心理，也不是单纯的畸形的恋爱心理，而是两者交叉导致的。直到现在，他一直认为，这件事情的第一个发现者并不是我，而是他。其实，再回头看那个阶段的自己，我才明白，并不是我没有意识到我的问题，而是我在潜意识里把它压制了，逃避，不愿面对。

我和他一直是很要好的朋友，虽然我们都互相对对方有好感，但是我们在中学的时候仍然保持着朋友关系，这种关系让我们俩之间的距离刚刚好，但是当我们心照不宣地走到一起时，我突然感觉，眼前这个人已经把我湮没了。

在我心里，除了必要的生活行动以外，全是关于他的种种。上课想，吃饭想，也慢慢影响和家人的联络及室友的交流。因为是异地恋，手机成了唯一解决思念的

① 本文根据《心理访谈与健康成长》课程班15－16秋No.086向喃自我成长分析改编。

工具，于是我沦落为一名不折不扣的低头族、熬夜族、视频电话族，而当时的我还乐此不疲。不仅如此，我做什么都需要问他，哪怕是一件衣服买哪个颜色，甚至我什么时候写作业，选什么课。假使我空闲的时候他没出现在手机那一头我就会发起夺命连环call，如果他挂掉，就算是在上课，那完了，我肯定要跟他“冷战”几天（“冷战”期间的我内心就萌生出被抛弃感和空虚感，觉得整个世界都背叛我了，便开始自卑、焦虑、哭泣，完全是一种自我折磨），等他主动来认错，打电话给我的时候前5个都是直接挂掉的，在他好言相劝的时候我还不忘挖苦几句。而当时的我以为，这是热恋期我的正常状态，觉得爱一个人就应该把自己所有的时间和心里的空间都给他，就应该以他为中心，对方就有义务照顾你，甚至帮助你，替你作决定，现在想想当时的自己还真是病态。

而当我明白我当时的状况多么严重是源于一个契机。也可以说是注定要来的结果：又一次我发脾气，三天了，他竟然没有音信，我着急了，当天晚上，他发短信告诉我说“分手吧”。当时我就崩溃了，那种世界要崩塌的感觉。因为要面子，我就再也没有跟他联系。但是，这种感觉很痛苦，觉得突然自己的心被掏空了，整个人不存在了，我完全没有思想，没有目标。每天除了上课，吃喝拉撒，就是一个劲儿哭。

我看着室友努力为考插班生而奋斗，看着室友参加喜欢的社团，我突然反思，爱情存在的意义是什么？我开始审视我自己，我用了三天的时间躺在床上放空自己去冥想。我发现我只是通过占有他的时间和情感获得自豪感，以有人无条件照顾你而浑浑噩噩地度过，还美其名曰“享受生活”而不去奋斗。我突然发现原来我是多么不堪，原来我是多么让人厌恶，我开始自责，他包容了我整整一年零三个月，我不知道他的内心有多强大才能支撑那么久。我突然觉得我身为一个大学生，花着父母的钱却无所作为，表面上是中学太辛苦，我要犒劳一下自己，大学就是用来挥霍的，实际上只有我知道，我得到满满的付出和爱，内心却只有空虚。

当我对自己的现状有一个全面客观的评价以后，我并没有急于找他，而是先找到自己的人生目标。我从摆脱手机开始，上课不带手机，晚上上床不带手机。接下来，我开始认真听课，寻找自己所长，参加自己感兴趣的社团。再接着，我开始慢慢安排正常作息和饮食以及适当的身体锻炼。还有，我开始故意撇开室友，完全按照自己的想法去做事和选择。我到现在还记得非常清楚，23天的时间，我大概觉得自己是一个真真正正的人了，觉得自己有独立的人格了。然后我拨通了他的电话，只响了一声，电话就被接起来了，听到他的声音的时候，我的眼泪不自觉地就流下来了。因为，说实话，没有真正经历过，就不能感同身受，那种从畸形的心理到自我否定，再到自我改变的过程是很难熬的，就相当于抛去过往十几年的自己，重新开始长大一样。但当自己能够幡然顿悟，并从困境中走出来的时候，那种充实感也是不言而喻的。我们谈了将近两个小时。我边说边哭，除了道歉和感谢我不知道该说什么好。他也有点意外，因为他知道我出现了强度的恋爱依赖人格心理，平时他跟我提起的时候我就跟他发脾气，他也不敢再说什么。他这么做其实也很难熬，他不是说不能忍受我，而是给我机会，希望我能够自己明白，自主地改变。但他没想到我那么快就能走出来。他说又看到了以前的我。后来我发现，我的病态心理并不是只有跟他在一起的时候才会出现，而是一直都存在，但在没有进入爱情以前都是隐藏在意识水平以下的，只有在进入感情的时候才会毫不保留地表现出来。

经历这件事情以后，我们两个又回到了以前的状态，而我也开始有了新的人生方向。我很庆幸自己这一生，除了父母，能遇到这么一个人，理智地付出和包容。现在的我觉得自己每天都在成长和进步，每天都是新生。

【爱情小贴士二三】①

我和我女朋友到现在已经是第七个年头了，一路走来也经历了很多快乐与辛酸。刚开始的时候才刚上高中，只是很单纯的互相喜欢就在一起了。上了大学以后，才发现大学时的爱情很多已不再那么单纯，或因太过空虚寂寞，或因生理上的需要，或因对方的物质条件。我觉得爱情应该保持其纯洁性，如果掺杂着一些目的，造成爱情的先天不足，则其抗挫折能力是致命的，很可能会因为一些小矛盾早早地夭折了，更不用说踏入社会后所经历的更大的压力。

我很能理解刚踏入大学迫切地想寻求爱情的同学，毕竟经历了三年枯燥学习的高中，心中积累了很多的压抑情绪。爱情或许是慰藉心灵、抒发情感的一种方式，但请不要为了寻找爱情而寻找爱情。爱情本是两性相吸的结果，亦是靠缘分。所以多参加一些活动，展示自身良好的一面，也许就能发现那个自己所喜欢的另一半，收获自己的爱情。

在谈恋爱期间，男女双方或多或少都会发生一些矛盾，爱情十之八九都是因其夭折，双方对于矛盾的处理方法以及态度直接关系到爱情是否能够长久。

现在我们这些“90后”大多都是家中的独子，父母都宠爱有加，甚至都有些骄横，受不得委屈。当恋爱发生矛盾，都很难退让，也不讲究策略，很容易造成矛盾的激化。

在经历了和我女朋友七年的“斗争”，我在这种矛盾的处理上有了自己的看法。刚开始发生矛盾后，我只会一味地退让，希望对方能够明白自己的付出，但是经过了一两年之后发现对方没有什么变化，自己有时亦身心疲惫。所以这个时候你就要讲究策略，不能一味地退让抑或强硬，要欲擒故纵，软硬兼施。有时明知对方有错，就将其晾在一边，对于其无理取闹等行为不要加以理睬。有时这种情况下也可以退让一下，显示自己温柔、宽容的一面。对方也会知道你的用心，你的付出。人都是

① 本文根据《心理访谈与健康成长》课程班12－13春No.001李佳毅自我成长分析改编。

很感性的动物，越是容易得到，或者很习惯的东西就根本不会珍惜。现在，我的女朋友在与我发生矛盾时也学会了宽容、退让。我觉得一方面是因为她长大了，另一方面我觉得我的策略是有效果的。

谈恋爱时发生矛盾，要学会宽容、退让，同时要讲究策略解决矛盾。我觉得这不仅对于你的爱情有所帮助，对将来踏入社会处理人际关系也会大有益处。

我一个初中就认识的朋友，在他高三那年，谈了两年的女朋友背叛了他。我想，在高三那种压力下，这种打击是相当致命的。随着失恋，他那一段时间有一个星期无法入睡，哭得倒在地上抽搐，整个人都面临崩溃的状态甚至试图自杀。后来，在朋友和父母的开导下，他也逐渐走出阴影，后来高考也取得了相当不错的成绩。

这个例子告诉大家，爱情的挫折只不过是人生中的一个小插曲，等走出来后，你再回过来看，它其实仅仅如此而已。现在我们大学生本身经历的挫折就少，内心大都比较脆弱，爱情的挫败可能就是其目前为止最大的挫折了。所以，我们大学生在尝试爱情的同时，内心一定要做好抗挫折的准备，不要让爱情的挫折摧毁了你的生活。

我还有一个朋友，他的女朋友非常能花钱。我朋友他家里条件也十分不错，即使父母每个月的生活费给得再宽裕，也经不起他女友的折腾，欠了周围朋友很多钱。他也十分苦恼，内心的压力十分大，我们朋友就劝他快刀斩乱麻，不要再去试图改变她，因为目前仅仅凭一个大学生的阅历是很难去改变一个人的。后来他也果断分手了，生活也重回正轨，整个人感觉压力都释放了。

在大学生谈恋爱时，遇到不适合的，要果断抉择，如果你犹豫不决，你的爱情不仅没有了色彩，还会摧毁你的生活，让你面临巨大的压力。

大学时期的爱情是美好的，在我们初尝爱情时，通过爱情，能够让自己更加成熟，对人生有更多的理解，那么我想大学生时期的爱情会让你终生难忘。

【十年结，我无法恋爱】①

今年20岁的我，没有恋爱经验。父母在我8岁时离婚，我跟了母亲，因母亲工作关系，我一直跟外公外婆生活。10岁随母亲改嫁移居江苏，从此仅春节回四川老家。11岁母亲生下同母异父的妹妹。十三四岁时外婆外公相继去世，从此再没回过老家。自随母亲改嫁以来跟亲生父亲断绝联系。继父憨厚，对我们很好，且事业有成，与母亲共同努力成立了一家公司，业绩不错。虽然父母亲偶尔吵架，但一家四口倒也其乐融融。

我的问题：无法恋爱

虽然曾经暗恋过，也曾互相暗恋过，也曾暧昧过，但最终要走到那一步的时候

① 本文根据《心理访谈与健康成长》课程班14－15春No.030晏庆幸自我成长分析改编。

我还是缩回了手。至今没有恋爱经验，一提到、想到“结婚”就想逃，决定做“不婚族”。

问题初次呈现是在初一。一天午间正准备去食堂用餐，一个同班的男生拦住我们，给我递上一封信和一个礼物，向我表白。身边的朋友都很兴奋，纷纷起哄让我收下。我不知道我当时脑子里在想什么，只是愣愣地看着他，然后，后退，转身就跑。那天下午，我在厕所待了一下午没有去上课，像只鸵鸟，那是我上初中以来第一次旷课。

事情后来不了了之。自然，我的“没教养”使我跟那个本来关系不错的男生成了陌路。同学们都认为是我不喜欢那个男生才跑开的，朋友们为了让我好受点，安慰我说是因为我当时太惊慌了，吓着了，才会跑走。

刚开始我也是这么认为的，只是因为第一次被男生表白，而且太突然了，太慌张了才会做出那么“没教养”的事。但是，后来我才慢慢发现不是这样的，是我有问题。

这样的事后来也发生过几次，每次都是以我的逃走或逃避结束，我也因此失去了很多原本关系不错的朋友。到最后，朋友跟我说，他们都不打算跟你说了，因为知道结果是什么。

是我对恋爱感到高度的恐惧。

第一次意识到这一点是在高一。虽然之前也有过暗恋，但毕竟是单方，我也从未主动了解过对方的想法，只是随着时间渐渐淡忘，只当是当时的一段美好的记忆，也并无异常，如逃避，反而很享受那种心动的感觉。

有人说最傻的不是暗恋而是互相暗恋，而我从高一开始和班里一个男生开始了互相暗恋，当然，这是我们后来才知道的。那段时光非常美好，班里所有人都知道我们互相喜欢，我们彼此也心照不宣，但从未说破过，像是默契一样。直到高一结束升高二，文理分班，我们分开。在放假那一天，我们第一次把话说开，但在确定关系的那一刻，我也不知道怎么回事，脑中闪过父母当初离婚的画面，我跟母亲两个人除了仅有的100元和一些衣服其他什么都没有的在街上走着的画面，我在学校被其他小朋友嘲笑没有爸爸的画面，随母亲改嫁后母亲流着泪说“你跟其他孩子是不同的”的画面，看着父母亲和妹妹像是一家人而我却像是一个外人的画面……我退缩了，不由自主地缩回了手，转身逃走了。

从那之后我知道了，我在心理上是有缺陷的。

那时并不懂得心理学，童年创伤经历什么的，只是根据那些闪过的影像觉得是因为父母在我小时候离婚的事让我对于恋爱和结婚产生了恐惧，进而逃避。直到上大学后学习了心理学才确定了我的问题的成因。

但是唯一让我开心的是，那个男生并没有就这么离开，在那之后的两年里我们一直保持着联系，我也向他讲述了我的问题，他理解了我。那之后的两年在他的陪伴下，加上自我的成长和成熟，我渐渐对恋爱没有太大的抵触了，但我们仍处于恋爱临界状态。在高考结束的那一天，我们作了一个约定，大学毕业后好好地在一起。

现在的我虽然可以接受恋爱了，但是“婚姻”还是让我战栗。

成因剖析：童年创伤

（1）父亲出轨导致父母离异以及之后的坎坷经历让我对爱情和婚姻产生了不信任感，害怕受到伤害，重蹈母亲的命运。

虽然不是最早的记忆，但是那天父母吵着、打着架从我面前经过进入卧室的一幕是我记忆中最深刻、最清晰的一幕。那之后有关的事我都记得一清二楚，亲生父亲约我们吃饭却对身边的女人殷勤呵护；母亲带着我大冬天在街上走，用仅有的100元给我买了一件衣服；我们寄居在母亲朋友家；亲眼目睹母亲与所寄居家的已婚男主人躺在床上；亲生父亲的家人拿着斧子敲击我们所住地方的门；随母亲改嫁后母亲流着泪说“你跟别的孩子不一样”的脸以及因为这句魔咒一样的话，从此让我在那个家里小心翼翼，战战兢兢，拼尽全力只为达到父母亲的期望，不敢有要求，不敢有愿望，从没把自己当成那个家的成员；看着妹妹与父母亲亲密的样子无比羡慕却无法向前跨一步……

这随着时间逐渐累积的记忆，每天都在脑海中像放电影一样过着，就像是强迫症，生怕哪一天会不小心忘记了哪一部分，但是，那些记忆却也是我最为痛恨、最想清除的，真是矛盾。

我之所以不相信爱情，不相信婚姻，原因主要在于父亲的出轨让我觉得我们被背叛了，我很怕我会跟母亲一样，被深爱的人背叛，那种痛我承受一次就够了，我真的没有信心再经历一次，所以，为了避免背叛的伤害，避免拥有后失去的痛苦，我宁愿一开始就不要拥有，于是我选择逃避，选择忽视，因为我真的怕。

（2）十余年来一直纠结于对亲生父亲的恨、怨，使我对男性有种不自觉的防备和戒心，不能完全信任他们，放心向他们敞开自己的内心。

我的亲生父亲是由于出轨才跟母亲离婚的，而且那个女人还被他带来与我和母亲见过面，那种被背叛、被羞辱的滋味，即使我当时只不过是个8岁的小孩子，那种感觉也不会比母亲少。

从那之后，我一直恨他，直到现在恨了十余年，断绝了与他的一切联系。虽然这么多年来母亲早已原谅他并作为朋友相处，并不止一次劝我和他联系，虽然十多年来我也确实累了，但是我就是过不去那道坎，始终无法原谅他，甚至在去年生日时他从母亲那得到我的电话给我打电话祝我生日快乐，我差点把手机摔了个粉碎，朋友都说当时的我好可怕。

正是我到现在还是放不下对他的恨，才让我一直画地为牢。我甚至想过，如果他死了，我就没有恨的人了，那我就不会再痛苦了，那段时间我真的每天都祈祷他死掉。后来我才明白，我恨的不是他这个人，而是他当年背叛的行为，那个过往才是一直困住我的东西。

（3）没有真正得到、享受过父爱，对男性的感情充满渴望而又感到害怕，于是用疏远、逃避来否定自己的渴望。

亲生父亲是因为我的怨恨断绝了联系，继父是因为小时候母亲的一句“你和其他孩子不一样”使我从此将自己定义为那个家的寄居者，而不是成员、女儿，无法真正接受、得到、享受过父爱。

由对父爱的渴望泛化为对男性感情的渴望，但如双生花一样产生的害怕使我用疏远、逃避来否定自己的渴望。这可以解释为什么我那么喜欢、渴望、向往甜蜜的爱情和幸福的婚姻，却总是在真正面对时选择逃避。

策略思考：打开心结

重新审视以上三个成因，每一个的焦点都集中在“亲生父亲”。所以，要真正从源头解决这个问题，就必须从我的亲生父亲着手。

我的策略和方法就是：①（针对过去）联系亲生父亲，解开十余年来的心结；②（针对现在）与母亲谈心，解开当初那句话的“魔咒”；③（针对现在）与继父交流，体会和接受他对我的关心和爱；④（针对未来）遵守约定。

对于我来说，最难的就是时隔十年与亲生父亲取得联系，并试图理解和原谅，尝试解开十余年来的心结。

但是，一旦我迈出这一步，就是对我记忆的一个重大的重塑，我会从根本上解放我自己的心，放下过去。接下来的与母亲、继父谈心交流是后续的修复工作，能让我在放下过去的基础上，坦然接受现在家庭的爱，从现在开始感到幸福。而最后的遵守约定是我针对未来的一个期望和设想，我希望能够遵守和那个男生的约定好好地在一起，以一个心理完整的我，能够敞开心扉去爱和被爱的我。虽然世事难料，我们也不知道未来会怎么样，也许我们的约定无法实现，但我并不后悔，那个约定是我完整自己的最大动力，即使最后的结局并不完美，也足够了。

后续补充：今天，6 月 7 日，星期天，我跟亲生父亲联系了。

就在刚刚，我跑到阳台上拨通了他的电话。他的号码自从去年我生日他打给我开始我就拉到黑名单了，几个月前我把它又拉了出来。

我今天纠结了一天，反复翻看着这篇文章，看着自己制定的策略，始终下不了决心拨出那个电话。终于，在刚才，我把心一横拨通了那个号码。

长长的忙音让我差点挂断放弃，但他接了。

在拨号前我写了一个稿子，把想说的话都写下来了，现在想想真是好笑，但是真接通了我却不知道说什么了，只是一声“喂”，突然鼻子一酸，好奇怪，明明是恨了十几年的人怎么搞得好像是思念了十几年的人呢？

他也很久没说话，一阵沉默之后他才说“我没想到你会打电话给我，我以为看错了”，他叫了我以前的名字，又马上换成了我现在的名字，我顿时有点别扭，让他叫我的小名。

又是沉默，然后是简单的寒暄，别扭，陌生但并不讨厌。

我想起来这次打电话的目的，我问了他三个问题，这是我事先想好的。

“当初你跟我妈妈离婚是不是因为你出轨?”

“不是。”出乎我意料的，他回答不是，不是，不是……我相信了十几年，可他却告诉我不是，像是高墙瞬间崩塌一样。但是我却感到一阵轻松，原来不是。忽地想起，我从来都没有问过母亲当初他们离婚的原因，只是凭借着当初跟那个女人的一面偏执地认定是因为他出轨导致的离婚。原来一切只是我的想象，原来痛苦都是我自己加给自己的。但是或许是冲击太大，我还不敢相信，问了当初那个女人的事，得到的却是在偶像剧里出现的剧情一样的回答：为了刺激母亲复婚。我真的好开心。

“那你们当初是为什么离婚?”

“已经想不起来了，当初到底是因为什么事情离的婚，但是我一直在后悔当初的冲动，也一直找你妈妈想要复婚，但是……唉……”或许我可以理解，他们都是倔脾气，当时又只有二十来岁，不懂得相互理解和珍惜，冲动地离了婚却再也回不去了。了解到这个不算离婚理由的离婚理由后我平静了很多。

“妈妈说你当初什么都没有给我们是想留住我们，是吗?”

“……是……”他似乎很自责，声音都没了力气。这个秘密是在去年春节母亲有一天喝醉后无意中告诉我的。现在想想，也许就是这样一句话让我把他从黑名单里拉了出来，决定跟他联系吧。

我跟母亲当初一无所有地从那个家里出来，因为母亲很倔，什么都不要，他也不给，于是在那个大冬天我跟母亲拉着一个装着衣服的箱子在夜晚的街上走着，母亲用身上仅有的100元给我买了件衣服。之后想起来，这件事或许就是我恨他的开始，之后很长时间我在做梦时还会梦到那一晚，然后哭着醒来。

现在他承认当初是年轻、倔，天真地希望可以用这种方法把母亲留下来，却没有想到母亲跟他一样倔，于是谁都回不了头了。

时隔十余年终于知道了这么多年来一直纠缠着我的问题的答案，心里好像空了又好像充满了什么，很微妙，但很舒服。要挂掉电话时，我告诉他我现在虽然还没办法完全原谅他，但我愿意跟他保持联系。这种程度的话，算是解开了我十年来的心结吗?我不确定，但我可以确定的是，在挂断电话的时候我的心里是轻松的，甚至有些轻飘飘的难以形容的感觉。从阳台走进宿舍，闺密打趣道是不是遇到什么好事了，我才发现我是笑着的，看来，我心上的伤终于找到了药，开始慢慢愈合了。

一时激动不知不觉已经写了这么多，请老师见谅。今天我完成了我制定的策略中的第一项，感觉还不错，接下来我会继续实行下去，争取早日解决我的问题。

专题4　再视父母　培育情感

成长引导

引导主题：再视父母　培育情感

引导内容：父母之爱的寓意、亲子之爱的策略

引导环节：

- 案例导入：一位辛酸父亲给儿子的公开信
- 理论概要：知识点解析
- 自我探索：难忘父母情
- 心声分享：感悟父母情

引导目的：体会父母养育子女的艰辛；培育对父母的感恩之心。

案例导入：一位辛酸父亲给儿子的公开信

【案情概要】2005年11月初，南京大学校园的公告栏里贴出了一封信，署名为"一位辛酸父亲的来信"。

亲爱的儿子：

尽管你伤透了我的心，但你终究是我的儿子。虽然，自从你考上大学，成为我们家几代里出的唯一一个大学生，心里已分不清咱俩谁是谁的儿子了。从扛着行李陪你去大学报到，到挂蚊帐、缝被子、买饭菜票甚至教你挤牙膏，这一切，在你看来是天经地义的，你甚至感觉你这个不争气的老爸给你这位争气的大学生儿子服务，是一件特沾光特荣耀的事。

的确，你考上大学，你爸妈确实为你骄傲。虽然现今的大学生也不一定能找到工作，但这毕竟是你爸妈几十年的梦想。我们那阵儿，上大学不是凭本事考的，要看手上的茧子和出身成分，有些人还要用贞操和人格去换。这也就是我们以你为荣的原因。然而，你的骄傲却是不可理喻的。在你读大学的第一学期，我们收到过你的三封信，加起来比一份电报长不了多少，言简意赅、主题鲜明，通篇字迹潦草，只一个"钱"字特别工整而且清晰。你说你学习很忙，没时间写信，但同院里你高中时代的女同学，却能收到你洋洋洒洒几十页的信，而且每周一封。每次从收发室

门口过，我和你妈看着你熟悉的字，却不能认领。那种痛苦是咋样的，你知道吗？

后来，随着你读二年级，这种痛苦煎熬逐渐少了，据你那位高中同学说，是因为你谈恋爱了。其实，她不说我们也知道，从你一封接一封的催款信上我们能感受到，言辞之急迫、语调之恳切，让人感觉你今后毕业大可以去当个优秀的讨债人。

当时，正值你妈下岗，而你爸微薄的工资，显然不够你出入卡拉OK、酒吧、餐厅。在这样的状况下，你不仅没有半句安慰，居然破天荒来了一封长信，大谈别人的老爸老妈如何大方。你给我和你妈心上戳了重重一刀，还撒了一把盐。最令我伤心的是，今年暑假，你居然偷改入学收费通知，虚报学费。这之前，我在报纸上已看到这种事情。没想你也同时看到这则新闻，一时间相见恨晚，及时娴熟地运用了这一招，来对付生你、养你、爱你、疼你的父亲母亲。虽然，得知真相后我并没发作，但从开学到今天，两个月里，我一想到这事就痛苦，就失眠。这已经成为一种心病，病根就是你——我亲手抚养大却又感陌生的大学生儿子。不知在大学里，你除了增加文化知识和社交阅历之外，还能否长一丁点儿善良的心？（一位辛酸的父亲）

【评析要点】父母对儿女到底意味着什么？是创造生命的上帝？是人生的老师？是亲密的朋友？是生活的靠山？是经济的来源？不同的人有不同的认识，你会给出怎样的答案？

父母意味着生命的起始，意味着血脉的延续，意味着情感的寄托，意味着另外的自己。父母是温暖的港湾，爱的源泉！

理论概要：知识点解析

4.1 父母之爱的意味

父爱如山，山是天地交汇之处，是超凡、永恒、纯洁、抱负的象征；代表一个人的男性或父性，承载、坚毅、缄默、威严、断然的特质。负重默默无言！天塌了扛着！

母爱似水，水是生命的源泉，是繁殖、成长、创造、潜能的象征；代表一个人的女性或母性，包容、柔韧、慈爱、温和、等待的特质。润物细无声！无私奉献！

4.1.1 父母，是给我生命，并舍命呵护我的人

父亲的精子与母亲的卵子结合，经过孕育才会有我们的生命。在孩子出生之前，父母已经倾注了全部的关爱，把安全留给孩子，把风险留给自己，甚至以自己的死来换孩子的生。

4.1.1.1 美丽的一跳

民间传说的一个故事：某城市居民楼突然着火，火势凶猛封锁了通道。一部分没来得及撤出的人集中到六楼的一个阳台上。由于街道狭窄，消防车无法进入火灾

现场，围观的人和消防队员在下面干着急。消防队长急中生智，找来大床单展开，亲自做示范，从高处向展开的床单中间跳，身体弯曲，臀部先着单子。

阳台上的人安全着落，轮到一个穿长风衣的妇女，她一脸犹豫，地上的人一再鼓励，她还是选择了退让，阳台上的人都安全地跳下了，只剩下她自己。最终她闭上眼睛，头朝下垂直跳下。

围观的人说她太笨了。由于冲力太大，头将布单冲破，她的头撞在地上，血肉模糊。原来她是怀有8个月身孕的母亲，她一直在考虑怎样跳才能保护腹中的胎儿不受损伤。

人们说这是世界上最美丽的一跳。

4.1.1.2 父亲护女成泥塑

2010年8月7日，甘肃省南部舟曲县突发特大泥石流。灾害发生后的第七天，在泥石流冲积带月圆村的废墟下，37岁的村民潘菊以及他年仅6岁的女儿潘凡的遗体被发现。

十多名参与救援挖掘的兰州军区防化团战士和当地村民站在这对父女遗体边唏嘘不已——年轻的父亲紧紧将女儿搂在怀里，救援人员无法也不忍再将他的手从孩子的背上掰开。

满目疮痍的废墟中，父女俩就像一尊泥塑，永远定格在泥石流来袭的那一刻。

挖掘现场陷入长时间的沉寂，没有人忍心去打破他们的沉寂，年轻的战士们将父女俩抬放到同一个担架上。防化团一营的战士高亮哽咽着说："生前在一起，现在也不能让他们分开。"

4.1.1.3 母亲托举幼子8小时获救

在被埋长达8个多小时的漆黑绝境里，一位母亲拼命托举起怀中4岁半的儿子，直到救援人员赶到。灾难当头，为了护卫自己的孩子，33岁的年轻妈妈爆发出了惊人的毅力。

8月7日晚上10点半，家住舟曲的杨露梅和4岁的儿子睡下没多久，她迷糊听到外面传来乱石翻滚、玻璃落地的声响，呼救声撕心裂肺。她一把拉起在身边熟睡的儿子，这时卧室的门已经裂开了口子。于是她抱起儿子打算从窗口冲出去，但倒塌的墙体堵住了去路。墙壁和石块开始往下垮塌。

杨露梅只得用右手紧紧撑起孩子的腋窝，右膝牢牢抵住孩子的屁股将孩子的脊背靠在冰箱上。

顷刻间，泥石流灌了进来，一直埋到了杨露梅的脖颈。母子俩像被浇筑一样双腿再也动弹不得。

"我要爸爸……"儿子的哭喊声，让她一下清醒过来。"别怕，别慌，妈妈在这里。"杨露梅拼命地忍住内心的恐惧，开始用露在外面的左手一点一点拨开脖子边的石块。终于，母子两人的呼吸顺畅起来。

不知过了多久，听到有人叫着她的名字。“我们在!”杨露梅拼尽全力回答。不一会儿，她听到了撬窗户、掏石挖沙的声音，随后救援人员来到了身边。看着儿子顺利被抬出，杨露梅当即晕了过去，模糊中听到有人说：“现在已经8点半了。”就这样，在泥沼中她将孩子牢牢托举了8个多小时。

4.1.1.4 暴走妈妈割肝救子

2009年11月3日，武汉同济医院进行了一次特别的肝脏移植手术。割下一位55岁的母亲的右肝，移植给33岁的儿子。

受肝的儿子叫叶海斌，31岁，成家有子。13岁时被发现患有先天性肝豆状核病变，铜排泄障碍后发生的两次大吐血，让母亲陈玉蓉真正感到了死亡的威胁。

捐肝的母亲叫陈玉蓉，今年55岁，下岗会计。谈起她，村里人都夸，做事干练、热心肠，对生病的儿子更是无微不至。

割肝救子一波三折。叶海斌保留部分肝脏，陈玉蓉捐1/3的肝脏给儿子；儿子被查出丙肝必须全部切除，母亲就需要切1/2甚至更多的肝脏给儿子；母亲肝穿结果显示：患有重度脂肪肝，1/2的肝脏不足以支撑其自身的代谢。母亲捐肝救子的手术被取消。家人纷纷要捐肝被拦。医生说了一句话：“如果陈玉蓉减肥，倒有可能在一定程度上消除脂肪肝。”

母亲开始减肥暴走。从2月18日开始，在家附近的堤坝上，早晚各走一次，一天计10公里。每天早上，陈玉蓉5点不到就从家里出发。晚上，陈玉蓉一吃完晚饭就要出门，因为堤坝上没有夜灯，她不能回来得太晚。7月的一天夜里，坝上出了车祸：经常散步的一位中年妇女被摩托车撞死了。此后好长一段时间，晚上再无人到坝上走路。唯独陈玉蓉还在坝上走，“什么鬼我都不怕，对于一个女人，还有什么比失去孩子更可怕!”

有一天给丈夫打电话，说“走不回去了!”走着走着，眼前一抹黑什么也看不见了，后来在坝上坐了很久，才摸着黑勉强回到家，还嘱咐不能告诉儿子。即使不知道这件事，儿子对妈妈还是充满了愧疚。叶海斌说，妈妈每餐只吃半个拳头大的饭团，有时夹块肉送到嘴边，又塞回碗里去。陈玉蓉对自己的节食并不满意。她说自己有时太饿了，控制不住吃两块饼干，吃完了就会很自责。

每天10公里路，每餐半个拳头大的米饭团，常人难以想象需要怎样的毅力才能坚持。

陈玉蓉说：“有时我也感觉看不到尽头，想放弃。但我坚信：只要我多走一步路、少吃一口饭，离救儿子的那天就会近一点。”

7个多月里，她的鞋子走破了四双，脚上的老茧长了刮，刮了又长，而几条裤子的腰围紧了又紧。她觉得是时候去医院检验一下自己的成果了。

检查结果的体重显示：她已从68公斤减至60公斤；肝穿显示：脂肪变肝细胞所占比小于1%，脂肪肝没有了！这个结果让医生大为震惊，当时为了安抚她，说只要努力，半年也许可以消除脂肪肝，没想到她真的做到了。“这简直是个奇迹!”

这位母亲，给了儿子两次生命。

七月暴走，编织了一个母爱无边的撼人心魄的故事。

4.1.2　父母，是给我关爱却不求回报的人

4.1.2.1　《目送》的勾勒

龙应台的《目送》(2008 年 7 月)，深邃，忧伤，美丽。多少父母不断地目送儿女的背影渐行渐远，而仍然不弃不离地给予他们需要的适时的点滴关爱。

《目送》(原作)：(课堂配乐诵读)

华安上小学第一天，我和他手牵着手，穿过好几条街，到维多利亚小学。九月初，家家户户院子里的苹果和梨树都缀满了拳头大小的果子，枝丫因为负重而沉沉下垂，越出了树篱，勾到过路行人的头发。很多很多的孩子，在操场上等候上课的第一声铃响。小小的手，圈在爸爸的、妈妈的手心里，怯怯的眼神，打量着周遭。他们是幼儿园的毕业生，但是他们还不知道一个定律：一件事情的毕业，永远是另一件事情的开启。铃声一响，顿时人影错杂，奔往不同方向，但是在那么多穿梭纷乱的人群里，我无比清楚地看着自己孩子的背影——就好像在一百个婴儿同时哭声大作时，母亲仍旧能够准确听出自己孩子哭声的位置。

华安背着一个五颜六色的书包往前走，但是他不断地回头；好像穿越一条无边无际的时空长河，他的视线和我凝望的眼光隔空交汇。我看着他瘦小的背影消失在门里。

十六岁，他到美国做交换生一年。我送他到机场，告别时，照例拥抱，我的头只能贴到他的胸口，好像抱住了长颈鹿的脚。他很明显地在勉强忍受母亲的深情。他在长长的队列里，等候护照检验；我就站在外面，用眼睛跟着他的背影一寸一寸往前挪。终于轮到他，在海关窗口停留片刻，然后拿回护照，闪入一扇门，倏忽不见。我一直在等候，等候他消失前的回头一瞥。但是他没有，一次都没有。

现在他二十一岁，上的大学，正好是我教课的大学。即使同路，他也不搭我的车。即使同车，他便戴上耳机，只一个人听音乐。有时他在对街等候公交车，我从高楼的窗口往下看：一个高高瘦瘦的青年，眼睛望向灰色的海。我只能想象，他的内在世界和我的一样波涛深邃，但是，我进不去。一会儿公交车来了，挡住了他的身影。车子开走，一条空荡荡的街，只立着一只邮筒。

我慢慢、慢慢地了解到，所谓父女母子一场，只不过意味着，你和他的缘分就是今生今世不断地在目送他的背影中渐行渐远。你站立在小路的这一端，看着他逐渐消失在小路转弯的地方，而且，他用背影默默告诉你：不必追。我慢慢、慢慢地意识到，我的落寞，仿佛和另一个背影有关。

博士学位读完之后，我回台湾教书。到大学报到第一天，父亲用他那辆运送饲料的廉价小货车长途送我。到了我才发觉，他没开到大学正门口，而是停在侧门的

窄巷边。卸下行李之后，他爬回车内，准备回去，明明启动了引擎，却又摇下车窗，头伸出来说：女儿，爸爸觉得很对不起你，这种车子实在不是送大学教授的车子。我看着他的小货车小心地倒车，然后噗噗驶出巷口，留下一团黑烟。直到车子转弯看不见了，我还站在那里，一口皮箱旁。

每个礼拜到医院去看他，是十几年后的时光了。推着他的轮椅散步，他的头低垂到胸口。有一次，发现排泄物淋满了他的裤腿，我蹲下来用自己的手帕帮他擦拭，裙子也沾上了粪便，但是我必须就这样赶回台北上班。护士接过他的轮椅，我拎起皮包，看着轮椅的背影，在自动玻璃门前稍停，然后没入门后。我总是在暮色沉沉中奔向机场。

火葬场的炉门前，棺木是一只巨大而沉重的抽屉，缓缓往前滑行。没有想到可以站得那么近，距离炉门也不过五公尺。雨丝被风吹斜，飘进长廊内。我掠开雨湿了前额的头发，深深、深深地凝望，希望记得这最后一次的目送。

我慢慢地、慢慢地了解到，所谓父女母子一场，只不过意味着你和他的缘分就是今生今世不断地在目送他的背影中渐行渐远。你站立在小路的这一端，看着他逐渐消失在小路转弯的地方，而且，他用背影默默告诉你：不必追。

4.1.2.2 《一碗馄饨》的启发

《一碗馄饨》的故事：那天，她跟妈妈又吵架了，一气之下，她转身向外跑去。她走了很长时间，看到前面有个面摊，这才感觉到肚子饿了。可是，她摸遍身上的口袋，连一个硬币也没有。面摊的主人是个很和蔼的老婆婆，她看到她站在那里，就问："孩子，你是不是要吃面？""可是，可是我忘了带钱。"她有些不好意思地回答。"没关系，我请你吃。"老婆婆端来一碗馄饨和一碟小菜。她满怀感激，刚吃了几口，眼泪就掉了下来，纷纷落在碗里。"你怎么了？"老婆婆关切地问。"我没事，我只是感激！"她忙擦着泪水，对老婆婆说："我们又不认识，而你就对我这么好。可是我自己的妈妈怎么对我？我跟她吵架，她竟然把我赶出来，还叫我不要再回去！"老婆婆听了，平静地说道："孩子，你怎么会这么想呢？你想想看，我只不过煮一碗馄饨给你吃，你就这么感激我，那你自己的妈妈煮了十多年的饭给你吃，你怎么不去感激她呢？你怎么还要跟她吵架呢？"女孩愣住了。女孩匆匆吃完馄饨，开始往家走去。当她走到家附近时，一眼就看见疲惫不堪的母亲，正在路口张望……母亲看到她，脸上立即露出了喜色："你这淘气包，赶快过来吧。饭早就做好了，你再不回来吃，菜都凉了！"这时，女孩的眼泪又开始掉了下来！有时候，我们会对别人给予的小恩小惠感激不尽，为什么对自己的亲人一辈子的恩情却视而不见呢？

孩子从出生到长大成人，爸妈不知道为他们付出了多少关爱与呵护，平凡的父母之爱，渗透在平实点滴的关怀之中，却不被挂齿，不求回报！

4.1.3 父母，是值得尊敬，并用爱来报答的人

父母没有保留地为我们付出，就算我们能从父母身上获取各种好处，一旦家庭发生了变故，父母不能再为你遮风挡雨了，你能不能也为父母撑起一片天呢？大学生张尚昀、万代远给了我们最出色的回答。

4.1.3.1 背母上学的河南青年张尚昀

2005 年感动中原年度十大人物张尚昀，生活中遭遇了太多的不幸，2 岁时，父亲就狠心地抛弃了母子俩，是妈妈含辛茹苦地把他养大成人。2001 年，张尚昀考上了长春税务学院，然而妈妈却遭遇了车祸，留下了脑伤后遗症，而且还有严重的癫痫病。几年间，为了给妈妈看病，早已是家徒四壁，而倔强的张尚昀却从来没有流过眼泪。他说“很多的时候回到家，看到家里亮着一盏灯，就觉得心里很温暖”。2003 年，张尚昀把妈妈接到了东北，一边上学打工，一边照顾妈妈，外出看病为了省钱，张尚昀总是背着妈妈。他说：“我背着母亲，这是不得不作出的选择，也是应该做的。换了别人可能也会跟我一样。”背着妈妈走在路上，时常会碰见自己的同学，而尚昀从来没有绕道走过。2004 年年底，病重的妈妈要回河南老家，可是自从那次车祸以后，妈妈就对汽车和火车有了恐惧感。不得已，尚昀决定，骑着三轮车千里送母。他说：“其实我觉得最苦的是我的母亲，身体带着病，还这么大年纪了，还要跟着我走在这条路上受苦。”2004 年 12 月 26 日，尚昀带着妈妈走到了河北唐山，妈妈发现，儿子的车蹬得越来越慢了，那天早上，尚昀突然感觉到自己的手没有知觉了，他说“我的手怎么了”，妈妈说你把手套取下来，让我看一下，那手套取不下来，妈妈发现儿子的双手已经被冻得红肿稀烂，和手套紧紧地粘连在了一起。妈妈再也忍受不住放声大哭，说咱们不走了，尚昀，把车扔了吧！看到妈妈不坐车，他就跪到她跟前说：“妈，我愿意拉，孩子手不疼。”从 2004 年 12 月 2 日出发到 12 月 26 日，张尚昀骑三轮车带着妈妈行走了 936 公里，历时 24 天，终于回到了河南襄城老家。

4.1.3.2 退学救母的哈尔滨青年万代远

2003 年夏，哈尔滨青年万代远，考取了梦寐以求的南开大学中文系。但是入学 36 天后，万代远却作出了一个惊人的决定——退学，这让他身边的所有人都觉得难以理解。这个品学兼优的学生为什么要放弃学业呢？原来，万代远的妈妈患上了一种极其罕见的肺炎，巨额医药费让全家透不过气来。在他考进大学的第 21 天的时候，母亲病重住进了医院。医生说需要长期治疗，费用也很高，当父亲把这个消息告诉万代远的时候，这个孝顺的孩子哭了。只想着大学毕业好好地孝敬父母，可是现在，妈妈却面临着死亡的威胁。一边是急需救治的母亲，一边是刚刚考上的大学，万代远该怎么办呢？一是因为缺钱，二是真的想回来陪妈妈，考虑再三，万代远还是决定，为了母亲，我要退学！可是在电话里，父母坚决不同意。父亲说我们从来就没流露过让你赶紧把学退了的意思。

儿子铁了心要退学，带着退回来的5800块学费，万代远踏上了回家的火车。他要用钱先给妈妈看病。万代远说，我们班的班长和学委，还有我的一个同寝室的室友，他们三个人送我，在火车一开动时都哭了，我当时没哭，我怕他们看见我那个表情，我也不知道我怎么想的，他们看不到的时候我才哭了。父亲说："有的就是烦恼，是心酸，是悔意！甚至心里在淌血！"

学费都用在了给妈妈看病上。也许是孝心感动了上天，妈妈竟然奇迹般度过了危险期。妈妈哭了："儿啊，那是南开大学啊，你怎么能退学呢?"万代远安慰妈妈："妈，没有你，我上大学又有什么意义呢?"万代远一直珍藏着南开大学的录取通知书，经常在一个人的时候，唱起那曾经让他热血沸腾的南开校歌！2004年夏，万代远又以优异的成绩考入了北京师范大学。

4.2 亲子之爱的策略

4.2.1 遵从爱的法则

4.2.1.1 亲子之爱联结的法则

人与人之间的爱是相互联结的，在付出和接受达到动态平衡的过程中维系着。如果一方只接受而不付出，另一方很快就会失望而不再付出。如果一方是付出而不接受，另一方很快就会不想再接受。如果一方给得太多，超过另一方报答的意愿或能力，爱的关系也会结束。

亲子间爱的联结，即父母和孩子之间的爱的联结，像其他关系中爱一样，要受到联结、付出与接受和适当分工的限制。和其他爱的不同点在于：只有在付出和接受保持不平衡的状态下，父母和孩子之间爱的联结才能获得成功。

在父母和孩子之间，爱的系统存在一些法则，即亲子之爱的法则：

第一个法则：父母付出，孩子接受。

第二个法则：付出和接受之间不可调和的失衡。例如，父母付出生命的基因，子女得到生命体（单向）；父母付出养育和关爱，子女得到温饱和成长（单向）；父母付出生命的风险，子女得到生存的机会（单向）。

第三个法则：家庭层阶受到尊重时，爱最完美。

家庭层阶受到尊重有"三个优先"：

时间优先：先进入系统的人应受到尊重，并给予后进入的人一些东西。后进入系统的人会接受先人的给予，并尊重他们。

重要性优先：家庭中最重要的关系是父亲和母亲之间的关系；其次是亲子关系，大家庭里面的其他关系。

功能优先：孩子与父母应各司其职。

当孩子是孩子、父母是父母时，在家庭内根据时间和功能而确定的层阶受到尊重时，爱才是最完美的。

4.2.1.2 亲子之爱整合的规则

爱的联结"家庭系统排列"（海灵格）

德国享负盛名的心理治疗师伯特·海灵格，创新整合了"家庭系统排列"的方法，展示家庭系统中爱的规则。认为在亲密的关系中制约爱的系统力量并非肉眼可见，为了研究它们，需要增强自己的感知力量。在系统关系中，要把通常不可见的系统动力变得人人可见，伯特·海灵格所用的就是家庭系统排列。在家庭系统排列的过程中，一个参与者选择其他成员作为自己家庭里的成员，在房间里移动他们的位置，直到"感到"他们彼此间的位置关系就像在家庭里的感觉一样，代表变成了原始家庭关系系统中的真人模特儿。令人难以置信的是，如果你真实地排列出自己的家庭，代表们就会产生一些感觉和想法，和他们代表的人在家庭中的感觉和想法非常接近，而这些他们事前并不知道。破坏性的动力原形毕露，修改家庭动力的路径清晰可见。

系统行为的一条重要法则：当系统中的某个成员被拒绝或排除在外的时候，这个系统就会陷入混乱。解决办法：要求系统的全体成员都得到尊重，排除在外的人被带回系统，每一个人接受自己应当分担的责任。

亲情联结的自然法则多表现为：母子（父女）间本能的亲和，父母间自然的亲近，祖辈间效仿的联结。因此，要关注全部家庭成员，避免冷落，防止边缘化，让爱流畅地在系统中传递。

4.2.2 避免爱的损害

孩子和父母之间的付出和接受，有三种常见的模式会对爱造成损害：其一，孩子拒绝接受父母，即不接受现实中的父母；其二，父母想让孩子接受一些有害的东西；其三，父母想从孩子那里接受一些东西，孩子也想给父母东西，但力所不及。

4.2.2.1 接受现实中的父母

自己不接受现实中的父母，反而根据自己的假设来评价他们："我不喜欢你这一点，所以你不配做我的父亲。"或者，"我需要的东西，你没有给我，你没有资格做我的母亲。"

当孩子接受自己的双亲，并按现实中的状况承认他们是自己的父母时，内心深处就会对父母产生清晰的认同感。

排除或贬低父母的结果总是一样的，就是孩子自己会变得被动，感到空虚。

破坏亲子之爱也是引起抑郁的一种常见原因。

4.2.2.2 不接受有伤害的事情

有些事情，诸如债务、疾病、义务、困境以及个人努力所获得的任何形式的特权，都是父母亲通过个人的努力或者由于环境因素而得到或遭受的，并不是从上一代继承下来的，不是可以传给下一代的遗产。

所以，这些东西只能够局限于父母亲自己承受。保护他们的孩子不受这些事物的负面影响是父母的责任。

不论自己的父母怎样面对命运的安排，不论父母选择什么方式，孩子们一定要相信他们。当父母给出有害的东西，或者当孩子接受这些的时候，爱就会受到伤害。

如果一个年轻人觉得自己理应受到这些奖赏，不用费力就可以得到一个长者的特权，那么对他就会产生一种负面的结果。

孩子必须把自己和父母亲区分开来，认清自己权利和责任的范围。这也是对父母的尊敬，对父母的爱。

4.2.2.3 付出力所能及的东西

父母想从孩子那里接受一些东西，孩子也想给父母东西。但是力所不及，不能承受之重。

2009年11月26日早上，上海海事大学2009级法学系研究生杨某，在宿舍的卫生间，用两条系在一起的毛巾将身体悬挂在卫生间水龙头上，半蹲着以一种极为痛苦的方式结束了自己的生命。据说激发事件是，带着妈妈上大学，住宿在学生宿舍，后校方要求并帮助搬出……

假如，杨某也能像背母上学的河南青年张尚昀那样，凭借自己的力所能及，打工赚钱，妥善地安置母亲的住处，是否可以避免带着母亲住校而引发的后续事端?

4.2.2.4 释放系统牵连

家庭系统中常会出现贯穿于几代人之间的伤害和痛苦的模式。

如果母亲情绪低落，她的儿女也会情绪低落。如果一个父亲酗酒，孩子也会不由自主地用某种方式模仿父亲的遭遇，可能会在生活中处处失败。

生命经历有限的孩子，会通过受苦的方法和自己的父母联结在一起，对他们来说，这是一个表达对父母之爱的方式。成熟的爱，要求孩子们从家庭的牵连中释放自己，不再重复那些有害的事情。

4.2.3 力所能及地关爱父母

4.2.3.1 释怀怨父怨母情结

接受、悦纳、尊重父母，力所能及地关爱父母，是唤醒父母之爱的基准点。因为憎恨也是一种联结，是一种无法排遣的痛楚。只有悦纳了才能释怀，才能有一种心存感激的情怀。

在课程班学生《我的重要他人》的探索中，许多人都有不同程度的怨父、怨母情结，大到对父母社会地位卑微的委屈，小到对父母生活习性的不忍，更多的是由于父母关爱不及的怨恨。有些怨恨与不满持续久远，不得释怀，既影响到亲子关系的和谐，也影响到自我的心理和社会发展。

经历了《我的重要他人》的探索后，不少同学重新审视了自己的父母以及与父母互动的那些过往，清除了自己的负面认识，构建了积极的自我，主动与父母重建和谐亲子关系，激发出对父母的感恩情怀。

4.2.3.2　关注父母的需要

照顾年迈无力的父母，在自己的学业、事业及小家庭责任之间怎样找到平衡点？应关注父母的需要，优先考虑父母的需要。其实，父母需要的并不多，有时只需要一声问候和一次陪伴。

2015年10月11日，北大王帆在《我是演说家第二季》上有一次演讲：你养我长大，我陪你变老。

这是一篇让无数人为之动容的演讲，因为它击中了无数人内心最柔软的地方。

当父母及亲人渐渐老去，在生活压力的裹挟下，我们挣脱而去，成了在乡愁中徘徊的游子。不知道从什么时候起，我们和他们越来越无话可说，越来越听不惯他们的唠叨，越来越认为事业的成功就是对他们最好的回报，总是以为在未来厚厚的一叠时光里，会有长情告白的时刻。

我们是否能够用心去品味一下，父母需要的到底是什么？我们能否随时做到？

你养我长大，我陪你变老（王帆）

我是一个“80后”，顾名思义，“80后”就是指1980年到1989年出生的人。但是在中国，我们“80后”还有一层比较特殊的含义，它其实是指在20世纪80年代初中国正式实施计划生育政策之后出生的第一代独生子女。

我们一出生，就得了一个国家级证书，叫独生子女证。这个证可以保证我们能够独享父母的宠爱，但是这个证，也要求我们要承担赡养父母的全部责任。最开始我是觉得，如果想做一个好女儿，那我肯定得挣很多的钱，然后让我爸妈过上特别好的生活。

我从上大学开始就经济独立，我所有的假期都在工作，所以我的父母几乎一整年都见不到我两次。对于很多像我这样在外求学工作打拼的独生子女来说，咱们的父母都变成了空巢老人。有一天，我妈给我打电话说，早上你爸坐在床边，在那掉眼泪，说想女儿了。你知道我当时第一反应是什么吗？哟，至于吗？您这大老爷们还玻璃心哪，天天给自己加戏。

但是后来有一次我回家，那个下午，我永远记得。老爸侧坐在窗前，虽然依旧虎背熊腰，但腰板没以前直了，头发也没以前挺了，他摆弄着窗台上的花儿说了一句：“爸爸没有妈妈了。”爸爸没有妈妈了，大家觉得这句话在表达什么？悲伤？软弱？求呵护？我只记得我小时候如果梦到我妈妈不要我了，我就会哭醒，我特别难过，但我从来都没有想过：爸爸没有妈妈了是一种什么样的感觉呢？我发现这个在我印象当中坚不可摧、高大威猛的男人，突然间老了。

爸爸没有妈妈了，表达的不是悲伤，也不是软弱，而是依赖。父母其实是我们每个人最大的依赖，而当我们的父母失去了他们的父母，他们还能依赖谁呢？所以在那一刻我才意识到，父母比任何时候都需要我，而且他们后半辈子能依赖的只有我。

我得养他陪他，把我所有的爱都给他，就像他一直对我那样，我要让他知道，即使你没有妈妈了，你还有我。所以从那以后，我愿意适当地推掉一些工作、聚会，我挤时间多回家，我陪他们去旅行而不再是把钱交到旅行社，让别人带他们去。因为我明白了一点，赡养父母，绝对不是把钱给父母让他们独自去面对生活，而应该是我们参与他们的生活，我们陪伴他们享受生活。

所以，我每次回家，就会带我妈去洗浴中心享受一把。有一次，我正给我妈吹头发，旁边一位阿姨说："你女儿真孝顺。"我妈说："大家都说女儿是小棉袄，我女儿羽绒服！"幸亏没说军大衣。那阿姨说："我儿子也特孝顺，在美国，每年都回来带我们去旅游。"说着阿姨还把手机掏出来了，给我妈看照片，说你看我儿子多帅，一米八五大个，年薪也好几十万。

我当时有点觉得话锋不对，为什么呢？当一位阿姨向你的妈妈展示他儿子的照片，并且报上了身高、体重、年薪的时候，晓得都是相过亲的，你懂的。就在这个时候，阿姨说了一句让我们全场人都傻了的话，她说，可惜不在了，不在了。原来就在去年，阿姨唯一的儿子在拉着他们老两口旅行的高速公路上，车祸身亡。

在那一刻，我真的不知道说什么去安慰那位阿姨，我就想伸出手去抱抱她。可当我伸出手的那一刻，阿姨的眼泪就开始哗哗地往下流。我抱着她，我能感受到她那种身体的颤抖，我也能够感受到她是多么希望有个孩子能抱一抱她。也就是从那一刻我特别害怕，我不是害怕父母离开我，我怕我会离开他们，而且经过这件事，我对于一句话的理解有了更深入的感觉，叫作"身体发肤，受之父母，不敢毁伤"，原来我只觉得这句话的意思是我应该珍惜自己的身体，珍惜自己的生命，别让爸妈担心，对吧！但是现在我发现，不仅如此，我们对待别人，也要这样。

因为每一个人，都意味着一个家！

所以，我现在每一次在跟父母一起的时候，我都会紧紧地抱抱他们，在他们脸上亲一下。可能像拥抱亲吻这种事，对于我们大多数中国父母来讲一开始都是拒绝的，但是请大家相信我，只要你坚持去做，你用力地把她搂过来，你狠狠地在她脸上亲一下，慢慢地她就会习惯。像我现在走的时候，我妈就自然地把脸送过来。这样他们就会知道，你在表达爱。

我想作为独生子女，我们确实承担着赡养父母的全部压力，但是我们的父母承担着世界上最大的风险，可是他们从不言说，也不展现自己的脆弱。你打电话他们说家里一切都好的时候他们真的好吗？

作为子女，我们要善于看穿父母的坚强，这件事越早越好，不要等到来不及了，也不要等到没有机会了，就像所有的父母都不愿意缺席子女的成长一样，我们也不应该缺席他们的衰老。

龙应台有一篇《目送》，她在结尾告诉我们，不必追。可是今天我想告诉大家，我们就得追，而且我们要从今天开始追！提早追！大步追！至亲至情，不应该是看着彼此渐行渐远的背影，而应该是你养我长大，我陪你变老。

4.2.3.3 承担家庭的责任

家庭的责任内涵很多，意义也很大。教育子女，赡养老人，呵护伴侣，让家庭的每个成员都能身心愉悦地尽好各自的职责，以和谐家庭的小环境去影响社会大环境，实现家和万事兴，家和国昌盛。

承担家庭责任需要的品质是奉献，而且这个奉献应该是无条件的、心甘情愿的、自觉的。

身为学子的大学生，有没有想过，一旦家庭发生变故，父母不能再为你遮风挡雨了，你能不能也为父母撑起一片天呢？背母上学的河南青年张尚昀、退学救母的哈尔滨青年万代远的故事感动了中国。

有人说，在张尚昀和万代远的身上，有三种精神令人震撼：其一是“孝敬父母，尊敬长辈”，这是中华民族优秀的传统美德。其二是体现了一种坚韧不拔的毅力和自强不息的精神，体现了富贵不能淫、贫贱不能移的浩然正气。在困难面前从不低头，有坚强的信心、不屈的意志，敢于进取、勇于奉献，展示了当代青年应有的高尚品质。其三是体现了志存高远、立志成材的责任意识，在困境中面对现实，苦干到底，始终不渝，以高尚的情操、丰富的科学知识和技能，勇敢地承担起报效祖国、奉献社会、关爱家庭的重任。

有人说，他们的事例具有三方面的典型意义：其一，面对困难选择坚强。这对众多贫困生、特困生都是一种榜样。其二，孝敬父母，至纯至真。现在学校一些大学生缺乏对家长的理解和安慰，觉得父母的关爱是理所应当的；部分学生甚至大手大脚，拿学费摆阔，根本不去想双亲为了生活所付出的艰辛和汗水，对于这些人来说，别说背着母亲打工了，多理解理解父母，好好学习，就算是一种难得的“孝道”了。其三，刻苦学习，早日成材。很多家庭条件优越、没有感受过苦难的学生不认真学习，没有珍惜大好年华，这与张尚昀和万代远相比反差很大。

他们的事例就是鲜活的教材，穷人的孩子早当家！历经磨难，才能敢于担当！

自我探索：难忘父母情

请根据所列命题，进行自我心理成长探索。

> 自我探索：难忘父母情
>
> 意义：爱的思索、培育情感
>
> 要求：1. 回顾自己成长过程中父母之关爱事件；
>
> 2. 解析自己对这些事件的感受。

心声分享：感悟父母情

【成长在那节课】[①]

我觉得在上大学之前，我还是一个长不大的孩子。

以前从来都没住过校，在家里的家务事很少帮过忙，四体不勤，五谷不分，到现在还是不知道茼蒿长什么样子。爸爸有时候有心想锻炼我，就叫我去洗碗，我不想动手，就狡黠地说："老爸，你洗碗时特迷人！"爸爸最后还是乐颠颠地帮我洗碗去了。

也许是爸爸妈妈想补偿我，因为小时候他们陪伴我的时间很少，我们之间的交流也很少，导致我童年时一段时间有些自闭。当时爷爷奶奶、姥姥姥爷和家族里其他的长辈，对我的爸爸妈妈召开了批斗大会，说我的爸爸妈妈不负责任只顾工作，不顾小孩。后来爸爸妈妈笑着和我说这件事情，揶揄说当时的批斗令他们抬不起头来，是真从心底里对我小时候有些愧疚。我虽然脸上笑嘻嘻地说多大点儿事，但是说真的，还是有些芥蒂。我就这样这些年由着性子一直享受爸爸妈妈无私的爱与包容，却丝毫没有回报的心意，直到我离开了家去上大学。

刚上大学，我的生活自理能力倒是没有问题，虽然以前很少干家务，但是洗衣服、整理东西、买饭什么的基本的简单事情也还是能做到的。但是心里还是空落落的，与家里的电话打得也很少，爸爸妈妈不主动打电话来，我从不打电话到家里。我不知道我是在抱有什么样的坚持，还是出于掩藏自诩为成人外表下的羞涩。

直到我上了"再视父母"。这节课我现在还记忆犹新。看 VCR 的时候，在黑暗中，我泪流满面。我的周围响起了小小的压抑的啜泣声，大家都沉浸在感动与回忆的气氛里，我相信在黑暗中很多人都忍不住流泪了。特别是我看到儿子骑三轮车带着母亲那一段，儿子双手冻僵，母亲要看儿子的手，儿子藏藏掖掖不让母亲看，原来是儿子手上的冻疮被磨破，化了脓和手套粘在一起，已经脱不下来了，母亲顿时号啕大哭，我的眼泪也像断了线的珠子一样往下掉。

我想到了我的母亲。我在妈妈的肚子里就是个不安分的孩子，一直在妈妈的子宫里乱动乱踢，妈妈说我出生时胎位不正，而且脐带绕在了脖子上，必须选择剖宫产。妈妈当时很年轻，也很爱美，她毅然决然地选择了在肚子上留一道疤的方式生下了我。小时候我曾经好奇地摸着妈妈肚子上留下的那道狭长、丑陋还有几分狰狞的疤痕，傻气地问妈妈疼不疼。妈妈摸着我的头，笑着说，看到你顺利生下来了，而且那么健康，一下子就不疼了。现在想起来，真是百感交集。我的眼泪在眼眶里打转，那么长的一道口子割在肚子上，我的母亲，你怎么能不疼？

---

① 本文根据《心理访谈与健康成长》课程班 13－14 春 No. 013 陈易峰自我成长分析改编。

我的父亲一直想要一个男孩。父亲喜欢运动，体格健壮，他一直希望能亲自教儿子打篮球，踢足球，和他一起去登山，他想亲手培养出一个比他更健康更强壮的儿子，和他一起运动。母亲怀我时胎动很大，全家人都说这可能是个小子。父亲兴致勃勃地买了很多男宝宝的衣服和玩具，当我出生尖锐的叫声响起时，在助产室外的大姨拍了拍父亲的肩膀，说肯定是个女儿，父亲的肩膀当时一下子垮下来了。长大以后看到以前的玩具，都是些遥控小汽车和飞机模型，我半开玩笑地说父亲把我当儿子养，每当听见我有些酸溜溜的话语，寡言的父亲总是一笑而过。父亲在多年后跟我提起这段往事，是在一次酒喝高了之后。父亲说，他当时听说我是个女孩，脑子一下子蒙了。但是一看到我，就觉得这是世上最漂亮的小孩，因为我太小太轻了，抱我下楼梯的手都是抖的，眼睛瞪得像铜铃一样大，生怕把我摔了。看着父亲因为酒精而微微泛红的脸，说出我从未听到的温情话语，我撇过头嗫嚅说刚生下的小孩能好看到哪里去，皱巴巴的，眼泪却不争气地濡湿了眼眶。

那节课是我大一一年最难以忘怀的课，我一直在看着大屏幕默默流泪，后来老师又进行了一段感人肺腑的朗诵，我在台下静静地听着您的声音，不敢抬头，因为一抬头，我的眼泪就会止不住地往下流。我想，在那节课上，许多同学真的是受益匪浅，毫无疑问，我是其中一个。

我开始思考我与父母的关系，我开始担忧，“树欲静而风不止，子欲养而亲不待”。我这么多年毫无感激地接受父母的爱，却从未想过回报。我连一个电话都不愿意主动打回家里，爸爸妈妈给我打电话，还纠结于那小小的羞涩与自尊，口气疏离冷漠，急于想要证明自己已经是个大人。

课后，我回去认真地想过。想要证明自己长大了的方式不应该是刻意疏远爸爸妈妈的关心，不应该是碍于那点可笑的不好意思而不给家里打电话，不应该是当爸爸妈妈问起学校里的状况时只回答一句简单的“没问题”，这样做只会让爸爸妈妈更加操心我的事。

我开始往家里打电话，我永远无法忘记妈妈第一次接到我主动打来的电话那喜不自禁的颤抖声音，当妈妈把电话递给爸爸时，一向稳重寡言的爸爸的话也多了起来，和我说的无非就是那几句，“好好照顾自己”，“早饭一定要记得吃，你胃不好自己知道的”，“少吃点辣，不能吃辣还加那么多辣椒，不怕长痘痘啊”……这些简单的话语，却给我带来巨大的勇气和力量。前不久的母亲节，我给妈妈买了一件衣服。妈妈收到了，穿上了，一向以耿直诚实著称的爸爸看到后，皱着眉头说：“太难看了……”妈妈向我埋怨道，你爸他眼光真差，我觉得我穿上倒是很好看。我忍不住笑了出来，我们之间又多了一层亲情的牵绊。

我开始以一种新的方式走在成长的道路上，尽管我在开辟道路时绕了很远的弯路，也遇到了荆棘和障碍，但是我是不疾不徐地向着远方迈进的。我觉得我在您的那节课后，才是真正的成长了。

以前总是觉得我已经成长了，却是真的还在起点处徘徊。

以前总是觉得成长太痛苦，过程太缓慢，现在想想，真觉得，成长其实挺容易的，其实只在一念之间。

我如今可以迎着阳光说，成长真是件小事。

【接受父母，爱父母】①

父母，是一个永恒的话题。

从我们呱呱坠地，到蹒跚学步，再到如今这般书山字海，在大学这座“象牙塔”里无忧无虑地生活，都少不了父母的默默付出。但是从小到大，我们的生活历程中注定要经历从幼稚到成熟，也就免不了与父母的磕磕绊绊。而我，就将再次写下我的成长经历中对父母不同的情感变化。也是用个例分析法来论证一个简简单单的道理，父母对子女的爱永远都是无私的。

作为一个农村家庭中最小的孩子，而且是个儿子，从小就得到了比姐姐们更好的“生活享受”。在那个计划生育极其严厉的时代，又因为家中经济条件捉襟见肘，我的二姐和三姐都没能在自己的家庭中“正常地成长”。二姐在姥姥家长大，直到姥爷姥姥去世，才回到家里，那时她已22岁。三姐则在大姑家生活，连姓名也改了，成了我名义上的表姐。直到2013年的夏天，她一直的猜测才被我大姑“证实”，那时她也是22岁。这就是我的家庭。直到长大之后，从大姐那里和其他亲人那里才知道当年我父母的生活是那么艰难，无论是物质上的生活，还是精神上的生活。还因为我奶奶的偏心，因为爸爸不受奶奶待见，我妈妈自然过得也不如意，时常因为我奶奶的原因而吵架，有时甚至会大打出手，都是些不愿回首的往事。

在“亲子关系”中，有一个家庭基本三角关系，而我，长期以来从属于我大姐那一角。数学上讲，三角形具有稳定性，这个定律用在家庭关系中也是合情合理的。所以，我的家庭一直很和谐，尽管以前老爸脾气很暴躁。那么我的问题就是在我11岁之后，独立意识开始增强，开始自成一角，三角形的稳定性不再，取而代之的是略混乱的情形。独立意识增强，叛逆心理滋生，标志着我进入了青春期，进入了思想的混乱和成长期。于是我开始了对父母的“不满和对抗”。

总体来说，从小到大我一直是家人和邻居眼中的乖孩子，听话，懂事，学习好一直是属于我的标签，这些也都让我爸妈感到有面子，也很省心。但是思想上的叛逆注定要表现在实践中。具体的实例有两个。

一个是妈妈和我之间的。我妈妈吃饭有个习惯，就是吧嗒嘴，发出声响。我小学是在县城接受的教育，所以也学习了一些“良好的行为习惯”，于是我开始不喜欢、厌恶妈妈的这个习惯。到最后发展到吃饭的时候，听到这个声音就痛苦，然后

---

① 本文根据《心理访谈与健康成长》课程班13－14春No.027林培磊自我成长分析改编。

就开始“指责”妈妈的这个习惯，然后她就会动作很小地吃饭，不发出声音。每当这个时候，大姐都会瞪我一眼，然后说怎么那么多事，当时的我可管不了那么多。吃饭的时候仍然会“指责”妈妈这个习惯。到后来，随着岁月的增长，我长大了，也不再那么幼稚了。我也不会再“指责”妈妈的这个习惯，我已经爱上了这个习惯，因为它属于我妈妈。现在觉得吃饭的时候听妈妈吧嗒嘴是一种享受，因为我生活在妈妈身边，能跟她在一张桌子上吃一锅饭就是幸福，是那么简单而又真实的幸福。

关于这个问题，我觉得是由于我的年少无知导致的，是我的责任。而原因很好探寻：青春期的我，自认为学到了“文明”的行为举止，然后就开始看不惯妈妈的这个习惯，就想改变她，于是就开始了这种错误的行为。这种行为在一定程度上也是因为虚荣，年少导致行为、思想的偏激。其实回想那时，自己真的很过分，换位思考一下，当我在饭桌上“指责”妈妈时，如果我是妈妈，我该怎么想，自己的孩子这样说自己，不是很失败吗？我知道当时妈妈心里一定很难过，但是知道的也许有些晚了。人只有经历错误之后，才能懂得一些道理，才会得到成长。于是，在意识到换位思考的方法之后，我开始醒悟，开始试着去改变我的想法，去挽救我曾经那么幼稚而具有伤害性的行为。一直到现在，我对这种小事都不再在意，甚至把它当成每个人的特点去理解。这就是我从中学到的东西。

另一个实例是爸爸和我的。那年我刚上七年级，我大爷（把阿炳的大堂哥）从格尔木回来，一次吃饭的时候提到把我的户口转到青海省格尔木市，跟他在一起。听到这个消息，我很兴奋，因为那时候的我已经知道在青海高考比在河南容易得多。于是就特别期待。但是老爸的回答却让我意外，他只是说了句以后再说吧，现在还早着呢。可能是因为在我大爷最困难，吃住都是问题，又没人愿意帮他的时候，是我老爸帮助他，给他一大家人提供吃住，这是种莫大的恩情。当然这也是我最佩服我爸的地方，因为他的善良、乐于助人，尽管有时候他脾气不好，但是很多人都敬重他，愿意接近他。我可以理解为这是大爷的一种报答方式。但是老爸的回答让我很失望，按照当时的高考政策，户口落户三年，才能在当地参加高考，当时转户口最好了。后来，九年级、高一，都又提过这个事，但是老爸就是不理这茬。久而久之，我便有些生气，总觉得老爸不把它当回事，但是这可是高考，人生中的大事啊，老爸竟然说“看他自己的本事”。河南的高考竞争，也算是竞争惨烈吧，考生多，学校少，好学校更少。

时间就这样一点一点地流逝，我的想法也开始改变，因为我从开始真正领悟以前学到的一个道理——责任。每个人有每个人的生活，每个人有每个人的想法，而我猜想老爸的想法就是要培养我的责任意识，我的独立意识。自己今天的努力，将决定明天的成就。谁也不能决定自己的出生地，既然生在了这儿，就要学会接受这么一个幸福的家。考大学也一样，自己的努力将决定自己上什么学校。我上的学校不是最好的，但是在一定程度上，我上的是一个不错的学校，能考到上海，能考到一本的分数，就已经是一种成功了。而从这件事中，我也学到了一个道理：自己努力争取到的才是最宝贵的，因为汗水不会欺骗自己。老爸也以身作则教给了我“孝”，尽管奶奶不待见他，但是他的孝顺是有目共睹的，数十年如一日。长辈怎么样是他们的事，自己做自己就好。这些，老爸都没有用什么教诲的语言跟我说，都是我的猜想，或许他根本没想过要教我这些，但是我更愿意相信他是让我自己从生活中去学习，去领悟。

一切的一切、所有的所有，造就了现在的生活，我很知足于现在的生活，老话说知足常乐。这句老祖宗留下的话真是经典，永远都不会过时。我爱我的父母，觉得生活在这样的家庭中十分幸福。

【再视父母，让我思考了很多】①

“再视父母”这节课，让我想起了妈妈，也想起了爸爸。

沉思了许久才发现自己从来没有真正考虑过爸妈对自己究竟意味着什么，尤其是老爸，仔细回想这么多年，发现自己和老爸之间的交流甚少。可以毫不夸张地说，在前些年的时间里几乎没有多少和老爸的谈话，即使有的话，也只是一问一答式的谈话，老爸问一句我答一句，要么就是老爸对我单方面的批评教育，除此之外，记忆中便再也没有其他了。

小的时候自己的性格有些内向，现在想来甚至是有些自闭，因为这份内向不仅是对外人，还包括对自己的爸妈，也可能是老爸脾气比较暴躁的原因，小时候总是很畏惧老爸，他动怒时雷霆咆哮的样子总是让我不由得想要远离他，所以小时候从来不会主动去和老爸交流。尤其是幼儿园的时候，因为自己不愿上学而遭到老爸的痛打，更是让我怨恨老爸。老妈有时候也会因为一些小事、莫名其妙地对我发起脾气。以前爸妈都是非常严肃的人，对自己的管教也是非常严格，说一不二。那小小的身躯一直觉得，父母就是上帝，是君主，是帝王，而自己是臣子，帝王的话就是命令，要绝对服从，绝不能违背，他们就是如此，容不得一句嬉笑的话语，一个可望而不可即的存在。时间一久，自己就把自己束缚了起来，什么事情都藏在心里，不告诉任何人。到了初中，曾经听同学讲过她的爸妈，当时简直不能相信自己的耳朵，她和她爸妈的关系就像是同龄的朋友，他们可以谈天说地，畅所欲言，甚至还可以互相开对方的玩笑，她总是向我诉说她妈老是开她玩笑的事情，这放在我的家庭里是绝对无法想象出来的画面，当时真的很羡慕她那种和父母相处的方式。随着年龄的增长，自己有了主见，对事情的思考也越来越成熟，也因为和老妈待的时间比较长，所以和老妈的关系变得非常要好，所有的事情也都和老妈去交流，但是和

① 本文根据《心理访谈与健康成长》课程班 14－15 春 No. 026 王贵贤自我成长分析改编。

老爸的关系确实一直没有改变，甚至直到高中，每次在家里听到老爸开门的声音，都会立刻关掉电视回到自己的房间里。在心里，老爸就无形中被自己下意识地定义为一个只是为我提供物质生活的存在。虽然时而关心一下成绩，但对于自己心里真的想要的却从未了解过。那时觉得，虽然爸妈把我的生活照顾得很好，充分地满足了我在物质生活上的一切需要，我也很感激这一切，但是对于内心和精神层面的成长和需要他们却忽略了很多。

这是前些天刚刚发生的事情，一天周末，我换上了老妈给我买的新衣服，并拍了张照片用QQ发给老妈，没过多久老妈就回复了我，说儿子真帅，还问我怎么黑了、瘦了，这之后和老妈聊了很多事情，最后因为有些事情要忙，就和老妈结束了这场愉快的对话。当我忙完事情再拿起手机的时候，发现老妈用QQ给我留言说："照片我才看到，很帅哦，刚刚都是你爸和你聊的呢"，老妈还发了一个偷笑的表情。然而当我看到留言的一刻，我愣住了，刚刚的那场谈话竟然是和老爸聊的，我居然一点都没有发现他不是老妈，要知道QQ上的那些话比我几个月加起来和老爸说的话都多，而且那些话题几乎不可能出现在我们父子之间。我内心的想法计划或是近况都是和老妈聊的，从来没和老爸谈过，我一直感觉要我面对面去主动和老爸聊天，那种交流真的很难，因为没有什么话题能和老爸聊得来。可是这一次，却是和老爸在顺畅愉快地聊天。

在深深震撼到我的同时，也让我深刻地反省自己：不是无法和老爸聊天，也不是老爸不愿意和自己亲近，而是自己这些年来一直在排斥老爸，逃离老爸。以前的日子，老爸可能对于我的内心世界确实是没有关心到太多，但是这不正是我的父亲吗？尽管粗犷但是伟岸，尽管严厉但却坚韧，一直在背后默默支撑着这个家，为这个家的生计奔波劳累，为我营造了一个可以无忧无虑生活的舒适的家，我又有什么资格对他的无心之过一直耿耿于怀呢？我真的是个傻儿子，那场QQ上的谈话证明了这一个事实，开口其实并没有那么难。

从过去的禁锢中跳了出来，重新审视了爸妈，才发现自己以前简直就是闭着眼去看待爸妈的，在封闭了自己眼界的同时，愚昧地用自己以为的样子去看待爸妈。

回忆往事，再视父母：原来"铁汉"的他也有"柔情"。小学一年级的时候，有一次老爸因为事情耽搁了而没去接我们姐弟放学，直到学校清空了老爸才急忙赶来接我们。事后老妈偷偷告诉我，老爸十万火急驱车到学校，看到在大风中瑟瑟发抖的我们姐弟的一刹那，他的眼泪顷刻间决堤了……只是一件小事，对我们姐弟内疚和自责却足以让我的这位"铁汉"流泪。原来"细腻"竟会让她"道歉"。小学的时候，老妈因为一丁点儿小事而大发雷霆，我悻悻地回到自己的房间。当我从房间出来路过卫生间的时候，老妈正在擦刚刚洗完的脸，"老妈刚刚冲你发脾气了，对不起啊儿子……"，被毛巾遮住脸的她用强忍着哽咽的声音说出了这句话，老妈向我道歉了……后来知道那段时间家里出了很多事，一直烦扰着妈妈，而我又在关键时刻做错了事，所以老妈才会发了那么大的脾气。可纵使在那种时刻，她的细腻还是看到了儿子失落的身影，只是一个背影，却轻易让那么多烦心事都没压倒的她哭了出来。只是一件小事，为了不让我受委屈而伤心，却让一位母亲向自己的儿子道歉。

现在想来，我是世界上最最幸福的也是最最幸运的家伙，因为我能够出生在这个家庭里，做爸妈的儿子。

再视父母，从小到大，其实成长的不只是我，这些年来爸妈是和我一起成长的。再视父母，其实爸妈根本不是小时候那高高在上的样子，而是牵着我的手，与我并肩同行。而我现在需要做的就是揽紧爸妈的肩膀，一起走向那名为“幸福”的大道。

父爱如山，母爱如水，这是一句听得厌烦了的话，但是这一刻我才真正触摸到这句话的内涵。顽皮的我们总有办法搞砸一切，而他们总有办法搞定一切，无论大大小小的事，爸妈总是一直在我们身边。感谢爸妈陪伴我们的每一个白天黑夜，感谢你们为我们所做过的每一件事。

【听着老师的话，脑海里翻起的是……】①

老师上的每个专题我都很有感触，尤其是“再视父母”这节，耳朵里听着老师的话，其实心里想的全是跟我爸妈的一些回忆，有甜蜜的也有伤心的。

课上有道开放式话题，让我们讲述一下跟父母之间的感人事迹，话题一出，我脑海里就闪过好多好多的例子，如三岁那年，外公不慎摔下楼梯进医院抢救的那晚，我跟妈妈凌晨四五点的时候就起来了，坐在厨房门旁，妈妈抱着我一直默默地流着眼泪，我用小手擦了擦妈妈的眼泪，说了句：“妈妈，外公会好的呢！”然后抱着妈妈一起哭。小学的时候，外公去世的那天早晨，我急忙坐车赶回老家，一进门，掀开白布看着脸色惨白的外公，妈妈就上前从后面抱住我哭了，我也忍不住痛哭起来。到了高二下学期，就是汶川地震哀悼的那三天，爷爷去世了。受病魔折腾的半年来，爸爸没日没夜地照顾爷爷，比叔叔和姑姑都尽心，饭吃的比我还少，每晚不放心别人，自己守夜班照顾，人瘦了一大圈，我看着也心疼。办理葬礼的那阵子，我看爸爸一直没哭，但是眼睛里总是泛着红，我知道那是他忍着不哭，是为了跟爷爷生前一样，表现得很坚强。然而那晚，我听到妈妈对奶奶说的一句话：“本来我爸爸去世后，我还有个‘爸爸’可以叫，现在两个爸爸都走了，我真的很羡慕那些有爸爸的人啊……”有一次，我跟爸爸吵架，还说了一句特严重的、特伤他心的话，他一言不发，而妈妈听了也气不过，打了我几个耳光，我就躲到房间里了。那天晚饭，老爹去外面买了我最爱吃的猪耳朵，悄悄地放在盘子里，什么也没说，我看在眼里，

① 本文根据《心理访谈与健康成长》课程班 10－11 秋 No. 092 杨琪琪的自我成长分析改编。

悔在心里，但是又不好意思说话，那时候还在读高中，没有手机不能发短信，老爹也不常上 QQ。我就写了一封道歉信，写的不长，就几句话，具体写的什么我忘了，大致意思是：老爹，对不起，我不该那么说……我还是最爱老爹的，原谅我啦。等他睡的时候，我把信放在他的床头柜上，跟老妈做了个鬼脸就走了。第二天，我们俩就跟没事儿发生过的一样，照样笑嘻嘻的。

我也知道爸爸妈妈爱我，我也是真的爱他们，尤其是看到他们伤心的时候，我更是觉得应该要孝敬他们。但是我们家的人就是脾气冲，总是控制不了情绪，说着说着就会嚷起来。就比如用网银转账，他们两个老人家，我都演示了好几遍了，还是没记住，我也是急性子，忍不住就开始大声地对着电话那头喊："哎哟，每次都这样，上次就说记住了，这次还这样，都快气死了呢。"气得父母也是没说完话就把电话给挂断了，然后我又重新回拨过去道歉。

上了"再视父母"主题之后，我也觉得我对他们讲话的态度太恶劣了，性子太急了，一定要学会控制。就在上周，妈妈又要转账，打电话过来，我脑海里第一反应就是：嗯，这次一定要克制住，虽然中间教了一些步骤，她半天没琢磨透，把我急得跟什么似的，但我还是忍住了，最终帮助老妈转账成功，挂掉电话的时候心头有种轻松感，真的好开心呀！

听完老师说了儿子给她发的感恩节祝福，感动不已的例子之后，我很开心我也经常给我的爸爸妈妈这种感动。上周末是圣诞节，我给他们两位老人家各发了条祝福短信，并提醒他们记得吃苹果，他们俩很开心地回："谢谢，为什么要吃苹果啊，是平安的意思吗？"我回了条："哎哟，挺聪明的呀，圣诞节的前天晚上就是平安夜，时髦吧！"

平日里，我们也会互相打电话或者开视频聊天，尽管远在他乡，不过这种情况下，就感觉时刻都不曾分离。很快就要过年了，又会见到我那可爱的老爹老妈啦，心里又不禁地感到开心。最近老是听到他们俩抱怨白头发又多了，打算回去之后帮他们一根根地拔掉，因为他们更喜欢这样而不是去染发什么的。

【课堂上，我的眼睛一阵阵的酸涩】①

这一学期我们学习了十四个主题的课程，每个主题都对我有启发，其中我感受最深的是"再视父母"这一节。

"很多很多的孩子，在操场上等候上课的第一声铃响。小小的手，圈在爸爸妈妈的手心里，怯怯的眼神，打量着周遭。他们是幼儿园的毕业生，但是他们还不知道一个定律：一件事情的毕业，永远是另一件事情的开启。"

"十六岁，他到美国做交换生一年。我送他到机场。告别时，照例拥抱，我的

---

① 本文根据《心理访谈与健康成长》课程班 13 – 14 春 No. 025 左文昭自我成长分析改编。

头只能贴到他的胸口，好像抱住了长颈鹿的脚。他很明显地在勉强忍受母亲的深情。”

“我一直在等候，等候他消失前的回头一瞥。但是他没有，一次都没有。”

“我慢慢地、慢慢地了解到，所谓父女母子一场，只不过意味着，你和他的缘分就是今生今世不断地在目送他的背影渐行渐远。你站在小路的这一端，看着他逐渐消失在小路转弯的地方，而且，他用背影默默告诉你：不必追。”

当您在优美的音乐声中缓缓念着龙应台的这些文字时，我的眼睛一阵阵的酸涩，屏住呼吸让眼泪不要流出来。我想到了小时候，每次妈妈送我去上学我都拉着她的手舍不得她走；我第一次坐飞机来学校时，父母帮我把行李一直拉到安检处，我们拥抱说再见，我在过了安检后回头匆匆一挥手，就消失在门后。虽然我没有如“他”一般冷漠，却依然羞于在众人面前接受父母的深情。在看过这些文字后，我突然想到，其实父母都是知道的。我们的勉强与不耐烦，他们怎么可能感受不到，他们将自己的爱与不舍交给我们，却只得到我们冷漠的回应，他们心里又会怎样难过。想到这里，我不禁又红了眼眶。

从小到大，我似乎并没有意识到，自己对父母的依恋越来越少，我逐渐长大，有了自己的世界，开始将父母隔绝在外。我渴望独立，父母却在老去，他们就像当初的我，更需要我的关心和爱。而事实却是，我对父母的关心真的太少了。“被偏爱的都有恃无恐”，或许正是感觉父母永远不会抛弃我，或许正是我习惯了被父母照顾，而在在乎我的人面前，我总是变得自私、任性，于是我自然而然地忽视了他们的感受，忘记了他们也需要我的付出，万事总有先后，可我总是自然地把父母排在了后面。

上大学，是我第一次与父母分离，也是时隔多年来再一次感受到我对父母的依恋，或许有些东西真的要“失去”后才更懂得珍惜。开学后有一次和妈妈打电话，她说觉得最近记忆力不好了，晒衣服的时候总想着要留一半晒我的衣服。听完我就哭了，想到他们在家里看着我留下的痕迹，会不会有时候随口喊我，才发现我已经不在家了，想着这些，心里特别难受。有次在淘宝上看到了一个肩背按摩器，想到妈妈正好肩背经常酸痛，就买了一个寄回家。后来我打电话回家，是爸爸接的，他说妈妈收到快递特别开心，说女儿长大了，懂得心疼我了。我想，是不是我真的对他们的关心太不够了。一开始，想着每个星期都要给他们打电话，后来学校生活习惯了，学习事情一多，总是等到他们打电话过来才想起很久没联系。平时逛淘宝花了很多钱，想着给同学买生日礼物，给男朋友买吃的或小礼物，却很少想到买点什么给父母。最后一节课上，您让我们写假如只剩一年的生命，我们最想做的十件事，我脑子里首先冒出来的都是有关父母的事情：和他们去旅游，拍一套全家福，好好和他们过完剩下的日子，写一本日记留给他们……既然在生命的最后关头想到的都是父母，那在能够好好活着的时候为什么不能多花点时间给父母呢？

我在学校有了新的生活，新的同学、新的课程会冲淡我对家的思念，减少我对父母的需要。可是父母呢？他们守在家中，面对冷清下来的房间，只能默默承受着对我的想念。妈妈总是说，不敢打电话给我，怕我在上课，怕我在图书馆，怕我正在忙会打扰到我，其实平时我根本没有多忙。抽点时间给父母打个电话，聊聊最近发生的事，让他们了解我现在的生活；周末的时候和他们开个视频，让他们看看我的变化，不至于太过想念；在淘宝上看到适合的东西买点给他们，不用花很多钱，但能让他们感受到我的关心；小长假的时候回趟家，尝尝妈妈做的饭，抱怨一下在学校的生活多么辛苦；放假回家给他们做饭吃，帮他们做做家务，遇到事情也说说自己的想法，让他们看到我是真的在成长。这些是最微不足道的小事，是我现在最容易做到的事。

再视父母，让我看到了父母对我的深情与期盼，也让我看到了自己对父母的关心不足、体贴不够。其实并不需要为父母做多少大事，及时与他们分享我的心情，让他们感受到我需要他们，也就足够表达我对他们的爱与关心。

【爸爸的手套，妈妈的三明治】①

生活由一个个细节组成，这些细节不一定引人注目、令人思考，但是绝大多数都值得我们去感恩。

我不怎么喜欢冬天，冬天的时候不得不戴上围巾、手套，还要穿上厚重的衣服，让人没了精神、懒得动。每年冬天，爸爸总是要早起早出门，只为了给车内打上暖气，然后拿着一块抹布，不停地向车窗哈气，然后再耐心地擦掉窗上的霜。我坐在车内，暖暖的，看着爸爸的身影在车前不停地忙碌着。十分钟不到，爸爸上车了，他的手冻得通红通红，来回地互相搓揉着，还一边叮咛道："围巾戴了没啊？""你的手套呢？"之类的话。我才不耐烦地从包里拿出了我最不情愿戴的手套，乖乖地戴上，这时候，我才注意到爸爸自己没戴手套，反问道："你怎么没戴？外面那么冷……""我不习惯。"短短四个字便让我无言以对，我默默地看着他的手，有点儿黑，手背上隐隐约约浮现出了密密麻麻的血管，我想他的手准是冻到了。我不看他，去看窗外一瞬间的景色，眼睛又不自觉地回到了我的手上。双手上戴着厚重但又十分暖和的手套，我轻轻地抚摸着手套，心里酸酸的，暖暖的。

第二天，我并没有选择坐在车上等着爸爸，而是和爸爸一起擦车窗。"你出来做什么，快进去，外面冷。""给，手套。"我递给爸爸一副崭新的白手套，是我昨天放学回来抽空去买的。爸爸笑着接过了手套，嘴里还咕哝道："都说了不习惯了！"他摸了几下白手套，将手慢慢套进手套里，舒展了一下手指，继续擦窗。"我陪你一起擦吧！"他略带惊愕地看着我，然后像是明白了什么一样，说了一句："你

---

① 本文根据《心理访谈与健康成长》课程班 15－16 秋 No. 110 张怡磊自我成长分析改编。

擦那边。”我一面学他哈着气，一面不时地看着爸爸。他虽然低着头，但却扬着眉毛，双眼好像弯月一般，看得出他很开心。不知怎么突然哼起了歌，速度也加快了许多。当我进到车内的那一刻，我笑了，爸爸也笑了。车开出小区的一刹那，一缕阳光斜射进我们的视线中。天阴沉沉的，但阳光却带来了一丝温暖，一抹橘色。

冬天还是冬天，但是这件小事让人心温暖了起来。我想：这就是亲情，这就是感恩。

爱我所拥有的，也爱我的所有。在人生漫漫长路上我们必须学会满足，保持一颗知足常乐的心，因为生命原本就是一场华丽的馈赠。

早餐一直是我与妈妈的一个争论不休的课题。每天清晨睡意朦胧的我最渴望的便是一顿丰富美味的早餐，但妈妈似乎永远都不明白我的口味，永远都只有一些淡而无味的甚至令我厌烦的牛奶面包。那天早晨，我刚醒来，极度渴望一些食物能填补我空了10个小时的胃，我满心期待地走到桌边，浮现在眼前的却只是一杯温牛奶和一块三明治，似乎有什么东西在不断刺激我的舌根，我压制住了像被火烧过一样空空如也的胃，对着刚从厨房走出来的、一脸笑意的妈妈喊道：“每天都是这种东西，你难道不知道我不喜欢牛奶吗？你就不会换个搭配。别人的早餐可是一天换一个花样，什么寿司、蛋糕、布丁，什么五香豆豆奶、奶黄包，你呢？”我伸手翻开三明治，刚想说：“你这算什么？”却发现三层的三明治里，每层都有不同的蔬菜、水果和鸡蛋，这是妈妈最擅长的，最自豪的，同样也是花时间最多的夹心三明治。我一时语塞，低着头看着摆放得整整齐齐的水果蔬菜，似乎有什么灼眼的光让我不敢正视它们。我感觉到了妈妈的目光，一种说不出的内疚与歉意如小虫般啃噬着我的心，我的无措与自责感在妈妈的目光下袒露无疑，我只好迅速拎起包，“砰——”的一声跑到了门外。

可我却提不起脚，低着头靠在门边，我忘不了妈妈目光里的失望与疲倦，忘不了桌上被我翻得七零八落的三明治，还有那杯渐渐转凉的牛奶……“带上吧，多少吃点，否则胃受不了，”我猛一转头，发现妈妈憔悴地递给我那块三明治，深深的黑眼圈显示了她原本的睡眠时间，大大的围裙系住了她原本的青春年华，而这些我却从来都未发现！

我接过三明治，还有什么山珍海味比得上这块三明治，这块添加了爱的佐料的三明治！我所拥有的，也绝非一张餐盘所装得下的美味佳肴。

爱我所拥有的，也爱我的所有，这场爱的盛宴奖赏给我的佳肴便是：不要拿自己的妈妈和别人的妈妈作比较，这句话最伤妈妈的心，要学会满足。

上帝在创造游鱼的时候赐予了它一张乘风破浪的鱼鳍；上帝在创造飞鸟的时候赐予了它一对翱翔天际的翅膀。同样，上帝在创造人类的时候也给予了人类一样法宝，那就是一颗懂得满足、理解幸福的心。父母情永远是孩子成长的动力。尽管在一些时候，矛盾在所难免，但是作为孩子，始终要保持对父母的敬重之心，这样再激烈的冲突也会化于无形。不要拿自己父母和别人父母作比较，这句话最伤父母的心，要学会满足，学会感恩，从点滴做起，比如说，当父母亲忘记新科技和新事物使用步骤时，我们千万不要厌烦他们、嫌弃他们笨，要时时牢记小时候父母怎样耐心地解答我们那一个又一个为什么。父母要的其实很简单，就是自己的孩子可以多多陪伴在他们的身边，他们便会感到温暖，陪伴是对父母最长情的告白。

【沟通是件艰难而又幸福的事】①

在我的童年回忆中可能没有“宠爱”两个字，直到现在，心里还会幻想被爸爸抱着，被妈妈宠着的感觉，每当看到小朋友跟爸爸妈妈手牵手的时候，打心底地羡慕，更多的是一种心酸。这是我20年来埋藏在心底的感受，很少说出来。我的父母一直是我生活崇拜的对象，却不是给我心灵慰藉的对象，除了给我足够的物质生活条件，他们从来没有真正了解我的内心感受，很长一段时间，与父母的沟通成了一件极其困难的事情。

一直以来，尽力把自己伪装成听话的好孩子，不希望父母为自己操心生气，压抑自己，束缚自己，做父母想看到的事情，只是为了让他们开心。无数次想象父母能够认识到一个真实的我，一个渴望自由，充满活力，渴望保护的我，而不是虚伪的，一直被架着“好孩子”的框子，墨守成规，故作坚强的我。每次跟父母的交流其实很容易，无外乎“挺好的”，“没什么事”，“你们忙你们的吧，我自己可以”……客客气气，简简单单，很难说出自己的真实想法，有时会刻意地把自己真实的想法夹杂在这单薄的语言中，却从未引起他们的注意。有时候一整天都不愿跟爸爸妈妈说话，感觉就是浪费时间，只想把自己关在自己的世界，自己跟自己说话。一旦跟爸爸妈妈有冲突，没有达到父母期望的结果，换来的永远是“我是错的”的结局，不被理解、不被接受的感觉甚至让自己想过离开这个家，去寻找一片自由的天空。我想要被理解，想要让爸爸妈妈知道一个真实的我，可是却很难做到。

随着年纪越来越大，我开始反思我与父母之间出现的问题，也在积极努力地改变。

我们未能很好地互相理解，导致我的内心的隐形依赖强烈。由于小时候的成长环境对我的影响，凡事都要靠自己的观念根深蒂固，从而形成了独立、强势的自己。我曾经讨厌现实中的父母，总是希望有个理想中的父母，希望被理解却又害怕与父母交流，从而形成一种恶性循环，越来越封闭自己。

而我自己为满足父母的要求给自己巨大的精神压力，未能正确地认识自己，给自己戴了太多的面具生活。其实我承认自己过于贪恋“好孩子”的光环，虚荣心、自尊心很强。每次看到父母为家庭忙碌，知道他们为生活奔波的不容易，只能要求

---

① 本文根据《心理访谈与健康成长》课程班11－12春No. 105张常钰自我成长分析改编。

自己把每件事做好来取悦父母，一旦未达到要求，就会有强烈的挫败感，并且心理承受能力差，又害怕他们对我失望。面对挫折，我也很容易逃避，因为好强心不允许别人看到自己软弱的一面而选择逃避，也会消极地否定自己。这些问题一直存在却没被正视，也没有主动与爸爸妈妈沟通。

现在离开家很多年，越来越想家，越来越想父母，我也慢慢意识到，与爸爸妈妈沟通是一件多么幸福的事情。

我应该积极主动地找父母好好谈一次话，想说什么就说什么，给父母呈现一个真实的自己，不要怕父母会不会认为这些想法幼稚可笑，尽管把我的真实感受说出来，告诉父母我渴望安全感，我并没有想象的那么坚强，我不想被束缚，希望他们能放手让我做自己喜欢的事情，并给予我鼓励和支持。表示自己愿意听取父母正确的意见指导，但也希望他们了解我的想法，一块儿分析问题的利弊，换位思考，互相体谅。可以要求跟爸爸妈妈一起出去旅行一次，跟妈妈一起做一顿晚饭，跟爸爸一起看看电视，讨论最近的时事，从点点滴滴的小事来化解沟通的尴尬。

当然我也要好好地分析自己，正确地认识自己，适当降低自己的要求，制定规划要实事求是，做不到不要强求，也不需要看别人的眼色做事，只要尽心尽力，问心无悔就好。我也要合理地控制自己的情绪，调整好自己的心态，以积极的态度面对问题，悦纳自己，给自己制定适当的规划，坦白自己内心的感受。当与父母产生的问题得不到解决时就不想积极面对从而选择逃避，是不明智的，要做到不责备，不逃避，不委曲求全，丢掉追求完美的包袱，远离虚荣，让自己活得开开心心，让父母知道女儿值得自己骄傲。

总之，我感恩我的父母给我的一切，无论成长道路上曾经经历了什么，我爱他们，我会尽全力去回报爸爸妈妈，沟通是一个桥梁，越过了这个阻碍，我们将得到全新的生活与爱。

【做主动的儿子】①

人们常说：母爱如水，温柔而细腻；父爱如山，缄默而威严。我和母亲之间的关系要好于父亲，父亲确实“缄默”，家庭亲情很淡。

父母是农民出身，没有受过好的教育，也没有特别好的教育方式，在他们的观念里，农村孩子的出路就是读书，父母要做的就是提供物质帮助。

上小学的时候，我在班上虽然和同学交往不太多，但性格很开朗，那时候父母都在家务农。

初中，我进入一个封闭式的学校；父亲外出务工，除了清明、春节等重要的节日，其他时间都不回家。那时候虽然每个星期或每两个星期放假一次，但却不能见

① 本文根据《心理访谈与健康成长》课程 15 – 16 春 No. 018 何洋自我成长分析改编。

到父亲。第一次住校，我不适应，渐渐变得不太愿意与人交流。父亲偶尔会（基本上不）往家里打电话。而每次打电话，除了问考试，就是说在学校把身体养好。后来我习惯了，有事也不跟他说，我们之间的距离开始拉大。

高中由于学习压力增大，心情特别压抑、出现心理问题。但父母都很少关心我的心理状况，我把很多事情埋在心里，也没有和同学、老师说。

高三毕业那个暑假，父亲准备在当地找份活做。那段时间，我心情很低落；父母就讨工资交学费的事弄得不愉快。一天晚上，父亲说了一些很刺激的话，我对父亲积累多年的不满情绪一下子爆发出来。我哭着数落父亲这些年忽视对家庭和我的关心，他把头蒙在被子里不出声。

大一报到，作为一位从没来过上海的外地学生，从没坐过动车的我自己买票坐车，找学校。第一次来学校，母亲打工没有送，而且连火车站都没有送。刚来上海听不懂上海话，公交车差点儿坐过站，当时我就很羡慕有家长送的同学。到学校之后，他们也不会主动打电话询问我在学校过得怎么样，每次都是我主动打过去。我赌气，一个学期都没有回去一次。大一上学期，有段时间我感到很孤独。

上完这堂课之后，我有很大收获。我运用课上学到的理论知识重新审视我的父母，得出三条结论。

第一，对父母不应有过高的要求。父母的文化程度不高，在他们的观念里，学生好好学习，父母提供物质上的帮助就够了。举个例子，他们对于学生自杀事件是无法理解的（几个月前，我母校发生过这样一起事件，我跟我妈说过），因为他们认识不到与孩子进行情感交流的重要性，所以不可能对孩子的心理问题有所认识。可能是观念，又或许是性格的原因，但不论怎样，我应该主动同他们交流。

第二，家庭内部关系。父亲在新疆务工，母亲当地打工兼照顾我的学习和生活，我和母亲关系比较近。之前，有事我会和母亲说，却把父亲边缘化了。那节课程让我很有感触，所以现在有什么重要的事情，我会先跟父亲商量。

第三，找到满意的方面。①回望这么多年的家庭生活，父母很尊重我的决定，他们从来不给我设定目标，从来没有要求我按照他们的想法成为一个什么样的人。②我记得很小的时候，父母常争吵。母亲性格要强，有时候会和父亲发生肢体冲突。但自我上初中到现在，父母之间尽管也会有磕磕碰碰，但没有肢体冲突；我和父母也没有过争吵。

个人认为，这三条结论对今后处理与父母之间的关系将有重要的借鉴价值，而且经过一段时间的操作，我发现确实有效果。

专题5 化解压力 直面人生

成长引导

引导主题：化解压力 直面人生
引导内容：压力来源及反应、解压策略及方法
引导环节：

- 案例导入："虐猫"事件
- 理论概要：知识点解析
- 自我探索：我的压弹
- 心声分享：面对压力

引导目的：了解压力的产生及影响；建立化解压力的策略与方法。

案例导入："虐猫"事件

【案情概要】2005年9月，复旦大学惊曝研究生虐猫事件。

一名研究生三年级学生，自7月开始至事发时，仅BBS上网友送给他的猫咪数量就有近20只，也就是说，平均每9天他就会领养一只猫。而无一例外的是，这些小猫的下落最终都"不知所踪"。一只叫"小秋天"的白底黑纹的小猫被同学在他寝室里发现时，右眼流血、脖颈皮破带伤，关在笼子里，而伤口都是新的，还在流血……同学们愤怒了，质问他为什么？最初他竭力为自己辩护，表示这只猫当时从花鸟市场上买来时就已经带伤了，然而网友经过调查后马上证明他在撒谎。他最终承认，白猫的受伤是出自他之手。他表示，当天由于其他原因心情烦躁，但是白猫在旁边不停叫唤，为了让它安静下来，就想把它抓起来。由于担心被猫爪子抓到手，他便顺手拿了一把剪刀引起猫的注意，没想到在比画的过程中不小心划伤了猫的眼睛……

记者采访时，见到张某，站在记者面前的他，斯斯文文，说话有条有理，实在让人无法将他与虐猫这种残忍事件联系在一起。记者：你为何领养20几只猫？他：我是喜欢小猫的，因为它们看起来是那么可爱，不过我的喜爱之情只能维持一时，如果要我长时间照顾它们我就会厌倦。记者：你为何要打猫、遗弃这些猫？他：有

时候我遇到事情不顺或者心情郁闷的时候，会动手打小猫出气；领养之后一旦厌倦了就把它们遗弃了。

小张虐猫的真正原因是什么？央视·心理访谈节目作过探访，小张开始养猫、打猫的这段时间，是学习压力巨大，精神焦虑不忍受的一段时间。小张说，巨大的压力让他极其焦虑，小猫成了他发泄压力的一个渠道，往往在某个时候，想要惩罚它一下，或想要打它几下，然后再把它扔掉。2004 年6 月至2005 年9 月，在养猫的这段时间要做的 11 件以上的事情，包括：①选修了 9 门课程，成绩 7A2B；②写硕士论文；③出国考试 GRE、TOEFL、TSE；④自学了 17 本跨专业的英文教材；⑤办理申请留学手续；⑥考证：上海高级口译证书、EMO 网络存储认证；⑦报考 3 个国外的资格证书；⑧在几家公司做兼职；⑨为一位世界跳水冠军辅导英语口语；⑩担任研究生会宣传部部长，担任系刊主编。

心理专家认为，张某并非一个“心理变态”的人，虐猫是其心理重压下的非理智行为。

所有接触张的人都认为，张给人的印象非常不错，清秀而得体，文质彬彬。1981 年出生的张某，1998 年考入复旦大学数学系学习，本科读了五年。

张父接受媒体采访时曾说，张从小家境很好，外公是老干部，其又是高级知识分子。张自己也非常争气，从初中、高中到大学都是直升，学习上一直很上进。他从小到大没受过什么挫折，平时性格也很健康，能和同学打成一片，但有时候比较内向，碰到事情喜欢搁在心里。其母也认为，张是一个非常单纯的孩子，和家里的保姆都能和谐相处。她说，家里的保姆离开的时候，谁的照片都没有要，只要了他的照片。

【评析要点】一个单纯、高智商、平素并非歹毒恶狠的名校研究生，为何如此虐待动物？是缘于过大的压力无处排遣？“虐猫”成了他释放压力的一个有效方式？面对巨大的生活压力有无人性又有效的释放方式？

理论概要：知识点解析

5.1　压力及压力源

5.1.1　压力的含义

5.1.1.1　压力

压力的物理学概念：（1）物所承受的与表面垂直的作用力。（2）制伏人的力量。

从这个意义上讲，压力对于人而言，是与生俱来的，胎儿期的受压，出生时的挤压；与外部环境互动过程中躯体感受到的多种压力。

这种躯体压力有方向、有强度，躯体能感受到的压力都是有形的，人们能够清楚地知道压力的来源、大小，并能知道对压力的应对和逃避的方式。

5.1.1.2 心理压力

心理压力是个体在生活适应过程中的一种身心紧张状态，源于环境要求与自身应对能力不平衡，这种紧张状态倾向于通过非特异的心理和生理反应表现出来。

一般适应征候群表现为：①发现了事件并引起警觉，同时准备战斗而进入警觉阶段；②全力投入对事件的应对，或消除压力，或适应压力，抑或退却的搏斗阶段；③消耗大量生理心理资源，最后筋疲力尽的衰竭阶段。

心理压力，有事件、有强度，但无形。第一次经历到持续负重，再到重大变故、重大丧失……

过度的压力总是与紧张、焦虑、挫折联系在一起，久而久之会破坏人的身心平衡，造成情绪困扰，损害身心健康。许多身心疾病的起因：癌症、心脏病、溃疡病，患者往往具有同样的特点：努力拼命工作，总是担心工作不完美，担心自己能力不够，经常有无助感等。

5.1.2 压力源的内涵

5.1.2.1 压力源及其种类

压力产生的原因，称为压力源。指的是具有威胁性或伤害性，并因此带来压力感受的事件或环境。

心理压力的产生原因是复杂的，每一个人的压力都有所不同。但总的来说，可以将引起压力的原因归为四类：生活事件、挫折、心理冲突和不合理的认识。

心理学家在研究中，对造成压力的各种生活事件进行分析，提出了四种类型的压力源：躯体性压力源、心理性压力源、文化性压力源、社会性压力源。

躯体性压力源，如躯体创伤或疾病、饥饿、性剥夺、睡眠剥夺、噪声、气温变化等。这类压力源是指通过对人的躯体直接发生刺激作用而造成心身紧张状态的刺激物，包括物理的、化学的、生物的刺激物，如过高或过低的温度、微生物、变质食物、酸碱刺激物等。这一类刺激是引起生理压力和压力的生理反应的主要原因。

心理性压力源，是指来自人们头脑中的紧张性信息。例如，心理冲突与挫折、不切实际的期望、不祥的预感以及与工作责任有关的压力和紧张等。源于人们由于错误的认知结构、个体不良经验、道德冲突、不良个性心理特点造成的内心对压力的认知。如果过分夸大压力的威胁，就会制造一种自我验证的预言：我会失败、我应付不了。长此下去，会产生所谓的长期性压力感。

文化性压力源，文化性压力源最常见的是文化性迁移。即从一种语言环境或文化背景进入另一种语言环境或文化背景中，使人面临全新的生活环境、陌生的风俗习惯和不同的生活方式，从而产生压力。若不改变原来的习惯，适应新的变化，常常会出现不良的心理反应，如出国留学或移民，到异地求学或就业……如果缺乏对环境改变所应有的心理准备和调整能力，在异域文化背景下就难以适应。

社会性压力源，主要指导致个人生活方式上的变化，并要求人们对其做出调整和适应的情境与事件。社会性压力源包括社会生活中的重要事件，也包括个人生活中的变化。个人生活的改变常常会给人带来压力，由自身状况造成人际适应问题。生活中的压力源可能存在于人们自身，也可能存在于环境中。但是，人类最主要的压力源是人，人际关系是造成压力的最主要来源。

国内学者研究，大学生校园压力源有十五项（李虹，梅锦荣；2002）：学习、就业、人际关系、生活、恋爱关系、经济、社会、考试、家庭、生活及学习环境、未来、能力、个人（成长、外表、自信）、健康、竞争；七项（周少贤，2009）：学习、人际交往、经济压力、恋爱、社会工作、日常生活、前途。

5.1.2.2　压力源霍曼和瑞希的研究

心理学家（霍曼和瑞希）列出了40多种大部分人都可能经历的生活事件，并对其进行压力强度评定，对压力调整给予指导。

表1　生活压力事件评量表（霍曼和瑞希）

序	事件	圈选	压力指数	序	事件	圈选	压力指数
1	配偶去世		100	22	丧失抵押品赎回权		30
2	离婚		73	23	工作责任改变		29
3	分居		65	24	子女离家		29
4	入狱		63	25	有法律上的问题		29
5	亲近的家人去世		63	26	杰出的个人成就		28
6	本人受伤或生病		53	27	妻子/先生开始/结束工作		26
7	结婚		50	28	入学或毕业		26
8	被解雇		47	29	居住情况改变		25
9	婚姻的调解		45	30	个人习惯改变		24
10	退休		45	31	与上司起冲突		23
11	家人的健康状况改变		44	32	工作时数或状况改变		20
12	怀孕		40	33	搬家/转学		20
13	性的问题		39	34	休闲/宗教活动改变		19
14	增加新的家庭成员		39	35	社交活动改变		18
15	工作的再适应		39	36	借款或抵押次要财产		17
16	经济状况改变		38	37	睡眠习惯改变		16
17	亲近的朋友去世		37	38	家人相聚次数改变		15
18	工作性质改变		36	39	饮食习惯改变		15

续表

序	事件	圈选	压力指数	序	事件	圈选	压力指数
19	与配偶争执次数改变		35	40	度假		13
20	借款		31	41	过年		12
21	抵押重要财产		31	42	轻微违法		11

注：150↓低度压力，—199↓轻度压力，—299↓中度压力，300↑高度压力。

表2 生活压力事件评量表（霍曼和瑞希）

生活压力指数	未来两年内 罹患与压力有关的疾病的或然率
150 以下 （低度压力）	很小
150～199 （轻度压力）	30%
200～299 （中度压力）	50%
300 以上 （高度压力）	80%

5.2 压力产生及其对人的影响

5.2.1 压力的形成机制

5.2.1.1 压力感产生的一般过程

压力感产生的过程，也即压力源到临床相过程，可分为三个阶段：（1）对压力的响应阶段。（2）中介系统的增益或消减过程：压力的相对强度和性质。中介系统包括三个子系统：①认知系统：评估压力的性质及可控度，影响人对行为的自我控制；②社会支持系统：亲密的和可信任的关系，是压力的有效缓冲器；③免疫系统：功能状态好，可缓解和降低应激后果的躯体化症状。（3）临床相阶段：及时型症状和滞后型症状。

所以，压力感产生的过程，表现为：响应压力——增减效应——压力感症状。

5.2.1.2 因人而异的生活事件压力

心理压力一部分是由已经发生或即将发生的生活事件引起，如未完成的作业、即将来临的考试、必须面对的冲突等。这些心理压力的大小，虽然有一些客观标准来衡量，但归根结底，它们对人的影响有着非常明显的个体差异。

同样一件事，在某些人眼里，简直不足挂齿；而在另一些人看来，却是天大的事。是举重若轻，还是举轻若重，与一个人的人格有关系。那些对自己要求过多、过严的人，就容易把小事放大，小压力也就成了大压力。好事坏事都能带来压力。

5.2.1.3 内心的平衡打破形成压力

好事之所以会形成心理压力，是因为我们内心的平衡被打破。

我们每个人都有一个现实的自我和理想的自我。这两者之间会有一些差异，理想的自我一般会比现实的自我更好一些。

“好事”接近理想的自我，能承受；“好事”超过理想的自我，怀疑自己，不能承受，并且把这种不信任投射到他人身上，认为别人也不相信自己，于是就会产生来自想象中的、不被信任的心理压力。

5.2.1.4 人际关系形成压力

即使没有大的事件发生，普通的人际关系也会造成一定的心理压力。

只要是两个或两个以上的人在一起，身处其中的人就不可避免地会有压力，只不过这种压力有明显和不明显之分。

人际间的压力主要来自这样几个方面：相互竞争，希望自己比别人表现优异；控制他人而不要被他人所控制；力图使自己的言行符合他人的标准；想取悦别人以便达到某种目的等。

所有这些，在程度很轻的时候都很正常。但是，在程度较重，以至于让自己或者别人感觉到不快的时候，就成为问题了。

5.2.1.5 内心冲突形成压力

即使没有外在事件造成的压力，由内心冲突造成的压力一样令人难受。

这样的压力首先表现在价值观层面。

一个人在成长的过程中，会接触到不同的价值观，某一些价值观是和另一些价值观相互对立的。我们的心灵就成了这些价值观斗争的战场。例如，任何人都可能受过利己和利他的教育，虽然前者多半是通过非主流渠道，但一样会对人产生重大影响。在某种情形下必须作出决定的时候，压力就产生了。所以一个没有稳定价值观的人，他面对的心理压力比一个有稳定价值观的人要大得多。

其次是生理需要和社会准则之间的冲突。

来自生理需要和社会准则之间的冲突，也就是一般所说的灵与肉的冲突。

生理需要有“为所欲为”的倾向，社会准则的作用就是要限定这种倾向。冲突由此产生。

这是每一个人都有的心理压力，区别仅仅在于，一些人将生理需要巧妙地转化为高级的需要，以适应社会准则的要求，从而达到相对和谐的状态；另一些人则在社会规则的空隙中，维持一种不与现实冲突的平衡；还有一些人，则直接对抗社会规则。

5.2.2 压力对人的影响

心理压力是魔鬼与天使的混合体，它既能带给人很多好处，更能带给人巨大的伤害。

5.2.2.1　压力是天使

说压力是天使，因为它也能带给人很多好处。

好处之一，调动应激，提高效率。在心理压力之下，我们能够保持较好的觉醒状态（高度紧张的情绪状态），智力活动处于较高的水平，可以更好地处理生活中的各种事件。曾经见过一幅漫画，画的是：一个人坐在文件堆积如山的办公桌旁边，右手拿着笔，左手拿着一枚定时炸弹，漫画的题目叫作：我只有在巨大的压力之下才能高效率地工作。

好处之二，激发潜能，创造佳绩。在心理压力没有大到我们不能承受的程度时，它可以是一种激发潜能的原动力，而且有可能是最好的原动力。所有的竞技活动，就是以目标或对手作为压力，激发运动潜能，创造好成绩。

5.2.2.2　压力是魔鬼

说压力是魔鬼，因为它会带给人心灵和躯体的双重伤害。

压力过度，会影响人的身心健康，产生负面的情绪、生理的反应、身心的疾病，甚至人格的扭曲。

在压力大到我们的意识想不出好的应对方式的时候，压力就会渗透到潜意识（一些潜伏的、无法被觉察的思想、观念或欲望）层面。

潜意识层面对压力的处置主要有两种方式：用心理症状来表达压力，以躯体化方式来释放压力。

用心理症状来表达压力，如抑郁、强迫、恐惧、焦虑等。例如，一个马上要参加一次重要考试的学生，可能会出现严重的焦虑症状。这些症状提示，心理的压力太大了，已经达到出问题的程度了，大到该休息的程度了，或者说大到该看心理医生的程度了。

以躯体化方式来释放压力，就是躯体化。也就是说，把心理问题转变为躯体问题，变成身心疾病。有很多严重影响人们健康的疾病，就是由心理因素导致的，如高血压、胃溃疡、慢性头痛等。以胃溃疡为例，很多胃溃疡患者都是工作或生活压力很大的人，他们在精神上往往表现得很坚强，但是，强大的心理压力在他们相对薄弱的胃上寻找到了突破口，胃壁上的溃疡就是这一突破口的象征。

5.3　心理压力的调整与化解

面对压力，个体可能会有意识地、主动地寻找一些适合自己的措施来解决它。科学研究也帮助我们建立了一些有效调整与化解心理压力的科学方法。

5.3.1　“妙招”减压837

5.3.1.1　多法减压

“五法”减压也即缓解压力的5项训练。①学会丢包袱，按轻重缓急次序；②降低预期，善待自己，放低标准；③远离虚荣，减轻拖累；④给自己留一点儿思考的时间，认清压力事件；⑤不要忘了休息，放下重压，轻装上阵。

“六法”减压[①]。①注重过程淡化功利法。建立合理的、客观的自我期望值，奋斗目标要合理，有时做事可往最坏处着想，但要向最好处努力。②换位思考认同法。正确认知压力，灵活调整自己的心态。例如，当你遇到不公平的事情、不协调的人际关系、不愉快的情感体验时，试试换位思考。③音乐与生理保健法。各种声音通过耳朵被人感受，如他人的赞扬声、指责声、议论声等都会影响你的心态，因此，你可以多听些优美的音乐，缓解不愉快的心情。养成良好的生活与自我保健行为习惯极为重要，同时，创造和谐的家庭氛围更不容忽视。④推移时间遗忘法。时间是解决问题的最好办法，积极忘记过去的、眼前的不愉快，随时修正自己的认知观念，不要让痛苦的过去牵制住你的未来。⑤自信自主激励法。相信自己是最好的、最可以依赖的，每桩伟业都由自信开始。⑥顺其自然自我解脱法。学会自我放松，在适当的情况下，找信得过的人想说便说，想休息便休息，想娱乐便娱乐，实在不想做事时可暂时放下，可以追求卓越，但无须要求十全十美。

“20 招”减压[②]。①一吐为快；②开怀大笑；③听听音乐；④阅读书报；⑤重新评价；⑥大喊大叫；⑦与人为善；⑧不要挑剔；⑨留有余地；⑩学会躲避；⑪免当超人；⑫放慢节奏；⑬作些让步；⑭遇事沉着；⑮逐一解决；⑯熄灭怒火；⑰做点好事；⑱眺望远方；⑲换个环境；⑳外出旅游。

5.3.1.2 “置换”减压

置换，是用一种精神宣泄替代另一种精神宣泄。

自我以一种可获得的对象替代另一种不可获得的对象，或者以不致引起焦虑的对象或行为替代会引起焦虑的对象或行为，这就是置换。

通过置换，个人的真实欲望既得到部分满足，又不致在精神结构内引起太明显的冲突。

置换是一种运用得相当频繁的防御机制。

置换的结果有不同的意义。一些置换性宣泄是无害的，体育运动、摇滚乐、交谊舞、跑步等是典型的例子。在这些活动中，性冲动和攻击冲动能得到一些满足。

“置换”可以减压，我们每个人都可以找到自己的方式，用一种压力缓解另一种压力。

5.3.2 “压弹”减压

5.3.2.1 压弹与减压

压弹，原本是物理学概念，泛指物体受压时的反弹。借用物理学概念的“压弹”，在心理学上指个人面对生活压力和挫折的反弹能力，即指个人面对生活逆境、

---

① http://baike.so.com/doc/523088-553777.html#523088-553777-3.

② http://baike.so.com/doc/523088-553777.html#523088-553777-3.

创伤、威胁及其他重大压力的良好适应能力，是国际心理学界倡导的一种积极理念。

从字面上剖析，是压与弹的完美结合。一个人面对压力，必须要有耐受和排除的能力。耐受，是指人能受得了，承得住；排除，是指还能转危为安、化险为夷。这两者之间是相辅相成的。压弹，是压与弹两方面的结合。

如果把压弹看成承受力与反弹力的组合，则以承受力（耐受）为纵坐标、反弹力（排除）为横坐标，可以将压弹状况划成四个区域：

①区：高承受力、高反弹力——乐观进取（双高），如霍金（身残志不残）；

②区：高承受力、低反弹力——逆来顺受，如阿Q（只能摆平自己，不能摆平别人）；

③区：低承受力、高反弹力——烦躁主义，项羽（有气概，每战必胜，一被击溃则觉得无颜见江东父老）；

④区：低承受力、低反弹力——自我挫败（双低），马加爵（为琐事把自己的同学杀了）。

压强有一个典型效应，即弹簧效应：压力轻了，不起作用；压力重了，弹不起来。

只有压力和弹力正好匹配，一压一弹，才能良性互动。

5.3.2.2 五种能力培养

“压弹”减压需培养五种能力：主观幸福感、乐观人格、认知调整意识、幽默化解能力、主动求助意识。

①培养主观（自我）幸福感。

就是幸福在我心。无论外界人怎样看我，我自己看清自己。自己的自信心不跟着别人的评价而改变。

别人说你好话、歹话，你都能心平气和。对自己有信念，才能做到心平气和。

要有主观幸福感和自己的信念，是为别人活着，不是为自己活着。

培养主观幸福感，就是不要太把自己当回事或不当回事。太把自己当回事，是自恋；太不把自己当回事，是自卑。所以该你自信时，你就自信，培养主观幸福感。

现实中，缺少这种功夫的人很多。如马加爵，因为别人说了一句，“连打牌都玩假的，做人也太差，怪不得谁过生日都不请你”，就把同学一个个“办了”。

②培养乐观人格。

就是看问题总是从积极的正面的角度来归因、解释，感应自己。

经典案例：在无人穿鞋的岛上推销鞋。有两个学生去一个岛上推销鞋，一个人说：此岛无生意可做，因为岛上的人都不穿鞋；而另一个学生则说：此岛鞋的生意无边，因为他要给岛上的人宣传穿鞋的好处，一旦接受此观念，鞋就会有销量。

甜柠檬理论（抬高已实现需求的价值）、酸葡萄理论（贬低无法实现需求的价值）以求心理平衡、心安理得。

积极的人和消极的人的思维图表对比，惊呆了许多人！

③培养认知调整意识。

认知调整，就是看问题用一个新的角度，多一个角度。

“杞人忧天”的故事：讲的是有一个人得了焦虑症，担心出门天会掉下来砸了自己，整日不敢出门。后有人对他说，其实天上飘的只不过是云，如果掉下来砸在你身上，只是轻轻地一飘就过去了，根本不会把你砸成什么样。认知这么一调整便走出来了，一看天是没有掉下来砸到他。系统脱敏就解决了。

同样的事情，不同的看法，视角不一样，认知不一样，情绪就不一样。

④培养幽默化解能力。

幽默，简单地说，是一种创意，是一种智慧，是一种人格状态。

一项调查：问中国人最理想的人格特征是什么？有：谦虚、勤奋、努力、创新、幽默。幽默放在最后。

再问与创新有关的最重要的因素有哪些？有评判精神、想象力、独立研究能力、想象力、幽默。

而美国人最重要的人格因素之一，就是幽默。

幽默感的最高境界，是苦恼人的笑。苦恼时能笑得出来的人，是幽默九段高手。

不仅要会欣赏别人幽默，还要会自己幽默。当你有幽默感以后，你的免疫力就提高了，幽默是人生健康的维生素，要好好享用它！

⑤培养主动求助意识。

求助，是一种智慧。该求人时，即求人。英语中有句谚语：God helps those who help themselves. 上帝帮助善于帮助自己的人。

谋事在人，成事在天。自己不先帮助自己，上帝怎么能帮助你呢？

“压弹”减压，培养了这五种能力，由此可达到“心灵旺盛”的境地。

心灵旺盛的人，能够维持主观幸福感。

心灵旺盛的人，在任何情况下都会对自己的生活感到满意，都会觉得生活有目标、有意义。

心灵旺盛的人，感到自己有能力适应压力。

努力培养自己的压弹能力，成为一个心灵旺盛的人！

自我探索：我的压弹

请根据所列命题，进行自我心理成长探索。

自我探索：《我的压弹》

意义：化解压力 直面人生

要求：1. 澄清自己的压力源及现行应对的方法；

2. 构想有效应对压力的改进策略和方法。

心声分享：面对压力

【慢慢认识到压力是自己给自己添加的】①

在成长过程中，总是有这样或者那样的压力。可能会因为考试来临而感到压力，怕成绩不理想，无法选择好的学校；可能会因为竞选主席团而倍感压力，怕选不上又怕自己无法胜任该项工作。面对压力，每个人总是有自己的方法，或者去逃避，或者去迎面直对。我选择后者。

进入大学以来，感觉自己的压力很重。主要来自三个方面：父母、爱情、学习。

1. 父母的压力：父母在我高二的时候离婚了，我一直想通过自己去联结他们双方，但是我这个纽带却没有成功。高考的失利，更是让我没脸见他们。后来，通过与他们交流，知道他们复婚是没可能的了，那我也只能去接受这个现实。从小到大，他们没逼着我干过任何事，唯独就是他们离婚时，让我选择跟谁一起生活。这么多年过去了，我感觉这是一件我无法忘记的事情，这似乎也是一种在我心中无法排除的压力。都说时间会掩埋一切，他们离婚5年了，对我来说早已经习惯这种生活，但是有时候一想到，我的父母离婚了，内心就无法再平静下去。这可能就是一种压力吧。有时候我想，如果当初自己高考成功了，结局是不是就不会这样，虽然只是幻想，但这样让自己更加内疚很闹心。后来，我感觉，这完全是我自己给自己添加的没必要的压力。虽然他们离婚了，只不过是分开生活，他们还是我的父母，这个永远不会变，我应该试着去理解他们，去原谅他们，他们有他们的生活，我也该有我的生活。他们为了我已经付出很多了，我不能再奢求什么，或许我过的快乐就是给他们的最大安慰，也可以消除他们内心的内疚，我想是这样的。

2. 爱情的压力：我和我对象从小就认识，已经交往了6年。在我心里其实已经把她当作自己的另一半了。去年暑假，也去她家里见过父母了。也可能就是因为这样，使我压力更大了，不管我俩最后是否能走到一块儿，最起码现在我的压力已经形成了，认为那就是一种责任。我记得我的一个承诺，那就是结婚的时候蜜月是要到巴黎的。显然，这与我现在的情况极不符合。一种是内心的满怀期待，另一种是

① 本文根据《心理访谈与健康成长》课程班12－13秋No. 009郝凡森自我成长分析改编。

现实的无可奈何，真的让我倍感焦灼啊！我周围的朋友也说我过早地承担了这份压力，其实完全没必要的。但是，这种压力也让我转化了一下，现在已经成为一种动力，每当我懈怠的时候，看到我俩的合影，便会暗示自己，你该做什么，不该做什么。有时候自己也在想，是不是自己对自己的未来没信心，答案是否定的。我有信心去好好经营这段感情，并且最终完成自己的承诺。

3. 学习的压力：高考的失利真是备受打击。但是当初没想选择重读，不是无法承受重读的滋味，而是不想失去那一年的“机遇”。我始终坚信的就是事在人为！进入大学以后，感觉自己的专业并不是自己当初所想的，我没有转专业，而是报了第二专业辅修班。利用周末的时间去学习，这样 4 年下来我就有 2 个学位，付出也算有所收获。估计每个大学生都有自己学习的压力，除非那些高中真的学“伤”的同学，大学以来一直放纵自己，整天游戏人生。一想到现在的学习是决定未来的时候，我就备感压力，身上的责任真的挺重，不过我会将这些转化为一种无形的动力，促使自己熬过艰难的时刻，更所谓，守得云开见月明嘛！

其实总结以上三方面压力，我感觉压力其实主要是自己给自己“添加”的。父母离婚虽然给我重重的一击，但是回过头看这几年，我感觉那些自甘堕落的人只是拿着这个理由去放纵自己罢了，是你自己不要强罢了。可能每个人有每个人的承受能力，不过我感觉当初在我看来是致命的打击，现在回想，已经没那么大的压力，我有我自己的生活，何必去勉强他们过他们不想要的生活呢？爱情的压力更是如此，没有谁会永远陪在你身边，有些人因为失恋自杀或者沉沦，我也有些看不起他们，你可以因为感情受挫而情绪低落，但是这不应该是永久的。你可以给自己一个适应自己生活的时间。毕竟连最亲近的父母有一天都会离开我们，更何况那个只是当初和你素昧平生的人呢？关于友情，或许应该做到，该留的留，该放手的放手。有些人注定不是你的菜，无论你如何付出如何讨好，他也不会跟你真正交心，那又何必去勉强自己呢？至于那些真的从心底去关心你的朋友，一定要好好珍惜，千万不可做对不起人家的事情；关于学习，我认为能做到的就是，从哪跌倒就从哪爬起来，天生我材必有用！要时刻保持一种积极的心态：革命尚未成功，同志仍需努力！我常常告诫自己，有些时候，重要的不是结果，而是你努力奋斗享受那个过程，只有那个时候，你才真正了解你自己的潜力到底有多大。

【在压力中前行】①

我一直觉得自己的压力挺大的，它来源于生活的各个地方，作为学生的我们，大概学习上的压力是主要的吧。

小学的时候成绩就不好，胆子也很小，那时候老师也经常体罚我们这些成绩不

① 本文根据《心理访谈与健康成长》课程班 13 – 14 春 No. 114 黎小暖自我成长分析改编。

好的学生，在我的记忆里，我的童年里没有动画片，没有老师的赞赏，没有朋友，没有父母足够多的爱，我一直活在各种各样压力的阴影中，一年级的时候因为考试不及格被罚抄试卷十几遍直到晚上十一点是家常便饭，我性格内向不爱说话也导致几乎没有朋友，自己感觉平时学习挺认真可就是学不好，三年级的转学让我到了一个新的环境更是让我很不习惯，成绩依旧不理想，这样的情况持续了好多年，导致我从小就胆小没自信的性格。

家里有个妹妹成绩很好，这也是我的压力来源之一，家里的人总是把我和她作比较，简直是天差地别，她不仅学习好，能歌善舞，朋友有很多，也一直是家里的骄傲，所以经常觉得自己什么都不会，也没有什么特长，所以不管在学校还是在家都有无形的压力在一直压着我。

包括到后来的高考，虽然家人不会给我施加压力，但是我是一个很要强的人，会给自己定一个目标，每次成绩不理想就会对自己很生气，或者会抱怨为什么努力了就是没有收获？看到别人比自己好也会有嫉妒心理，但是我一直告诉自己不要放弃，要坚持下去，不管结果如何都要不断地努力，为高考付出的努力也许是这一辈子都不会忘怀的一种精神，每天除了吃饭睡觉就是在为考试而战，加上自己的心态一直都比较悲观，所以高考的成绩对于我来说已经算是满意了。

进了大学，朝着我的目标一步一步地迈进。在上海读大学，虽然一开始只是大专，但我没有浑浑噩噩地度过那些年，我知道自己想要什么就会去努力奋斗，但是我也无时无刻不在给自己施加很大的压力。先选择了自学考试，以一种不服输的态度要求自己一定要拿到本科文凭，那时候的我真的很努力，我没想到大学也会过得那么辛苦，双休日都在上课，报各种辅导班，冬天的时候甚至天还没亮，早饭也来不及吃就在匆匆地赶路，这样度过了大学两年，到了大三再准备更为重要的专升本，我习惯性地为自己铺好今后要走的路，所以我一直朝着我想要达到的目标努力，虽然每次看着周围的同学过着舒服潇洒、无忧无虑的日子会羡慕，会问自己为什么要活得那么累，但是同时自己心里会有一个正能量在提醒自己，我要和他们不一样，努力了总有收获！

我如愿以偿地来到上政继续我的学业。人总是不容易满足，起点不一样就会用不同的眼光去看未来，也许我习惯了给自己施加压力，没有目标的日子反倒会让我心里很空虚，也许是这里的学习氛围比较浓厚吧，每次看到图书馆有那么多人埋头苦学，我也觉得应该在这最后两年拼一把，包括在上学期进入考试周的时候，真不知道哪来这么大的动力，起早贪黑，每天只睡四五个小时，早上很早就在图书馆排队，在图书馆一坐就是一整天，很多同学都说只求过就行，可是我好像给自己定了比较高的目标，我想要考好，我想要证明我不比别人差，我想要拿奖学金，可是班里的学霸太多，真的压力山大！

在这里，一年的时光已经匆匆流去，有时感觉自己真的很累，时时刻刻把自己的那根弦绷得很紧，不允许自己放松，只要一刻不学习就会有深深的罪恶感。有时候小伙伴们邀请一起出去玩也提不起兴趣，很多人都说我“你的人生太没有乐趣了，只在图书馆里度过”，有时候我也会这么想，有句话说“读万卷书，不如行万里路”，所以也想出去走走看看，不想被压力压得喘不过气来。

压力时时刻刻伴随着我，如影随形，它有时候可能是一种强大的动力，但有时候也许会把自己压垮，所以我了解到保持一个良好的心态很重要，我接下来的考研目标我会努力，但同时也要学会适当释放压力，长时间把自己放在一个强大的压力下肯定会起负面作用。而压力的释放可以有很多方式，如出去走一走让心静一静，或者跑步，睡上一觉，听听歌，写日记发泄都对我来说是比较好的释放压力的方式。

因此，我觉得一个人的成长并不完全只靠学习知识，心理的成长更为重要，还是范老师那句话点醒了我“你尽力了吗？尽力了不管走到哪都是最好的结果”，所以告诉自己努力吧，一切都会是最好的安排！

附：起初选这门课就是觉得自己有“强迫症”（当然现在我知道不能这么随意给自己贴标签），以前的我总是很压抑自己，有好多年写日记的习惯，一天不写就难受，现在我学会了要放下，在强大的压力下要适当放松自己。最后引用范老师的一句话，“人生要是达到坐在黄连树下也觉得甜的境界那就是幸福的了”，所以通过这门课的学习我感悟最深的就是，心态很重要，只要有乐观的心态就没有什么过不去的坎，给自己加油！

【直面无形的寝室竞争压力】①

在我成长的过程中，大学的寝室生活是特别的，因为一星期的大部分时间都需要与其他三位室友共同度过，所以在这抬头不见低头见的狭小空间里，彼此之间的差异被放大化了，他人与自己的比较也就越发明显。因此我也对寝室生活从最初的好奇与兴奋逐渐过渡到了习惯和不安，而这个不安对我而言就像是寝室中无处可寻却又真实存在的一个叫作“竞争压力”的无形之手。如果过分在意这些压力，这只手就会将你越勒越紧甚至窒息；如果不主动面对并选择逃避，这只手就会将你引向迷失乃至推人万丈深渊。

这个无形的竞争压力的成因是多重的，它有个人因素的影响、学业成绩的对比、社会工作的比较等方面。班级中我们是大家心目中的“优质寝室”，因为我们四个女生长相姣好，能力较强并且相处融洽，我也非常感慨自己能有这样的同伴。我们四个小姑娘都来自上海并且家里的经济条件也都相当，所以非常幸运的是我们不存在地域和生活习惯上的不适应而导致的矛盾。

首先最让我介意的一件事可能就要属我的身高了。因为在四个人中间我是身材

① 本文根据《心理访谈与健康成长》课程班 13－14 春 No. 002 张海琴自我成长分析改编。

最为矮小的，我没有其中两位室友高挑的身材，而且和我最为亲密的室友婷婷也比我高出了足足六厘米。有时当四个人共同走在校园里的时候，我会觉得自己十分突兀。加上相对其他三位室友，我的着装显得老气，于是就不占有任何优势了。所以当别人夸赞室友的相貌时我常常感到落寞，久而久之也就落下了抱怨自己这个缺憾的毛病。

外表的压力虽然很让我纠结，但相比在实打实的学业和工作两个方面，就小巫见大巫了。我一直认为自己是一个能力颇强并且学习优异的人，只可惜因为高考失利没有如愿进入自己想去的学校。但是直到在这个寝室中学习和生活了一年后，我才真正意识到她们其实与我有着共同的经历，甚至她们在很多方面都比我更为优秀。我自恃英语水平高，然而我那位毕业于外语学校的室友已经轻轻松松地过了高口笔试，而我仍在中口口试阶段停滞不前。我自恃在学二外方面非常得意，然而我的一个室友已经可以无障碍地用韩语对话交流了。我自恃文笔还不错，然而同我关系最好的婷婷已经在课堂上淋漓尽致地展现了她在专业方面强大的语言逻辑和思辨能力了。我自恃工作能力强，在学院接下了外联一职却已经力不从心，然而还是我的密友婷婷，她不仅将实践部活动搞得有声有色，而且还游刃有余地穿梭在院报和校多媒体工作室的工作中。于是我变得异常敏感，特别在意大家的成绩，因为那个曾经自恃完美优秀的我被现实击得粉碎。我很痛恨自己会嫉妒室友的成绩，但是我又不甘成为那个剩下的平庸者，所以这个压力在我反复的矛盾中慢慢集聚，使我无奈并且面临着挑战。

在寝室的小环境中，室友们就像是一面镜子，我们总是从那里看到自己，而我又总是在有意或无意中“喜欢”放大自己的弱点。但是在这面镜子中，我常常看到的是室友们美好的一面，却忽略了仔细看自己。所以我也逐渐意识到这些无形的竞争压力都是自找的，我本是充满活力的，这些让我痛苦的根源需要转变并且也许可以成为另一种快乐的起点。

缓解压力找回快乐最为关键的一点是对自我的认同，也就是保持自我的本色。既然我已经来到了这个世界，我应该庆幸自己是独一无二的。我虽然矮小，这也是不能改变的事实，但是我并不是毫无优点可言，矮小的身材也许更能让人怜爱，并且我遗传了父亲一双很好看的眼睛，记得室友们也一直羡慕我有着欧式双眼皮呢。所以接受不可避免的事实有时是对自我的一剂良药，要乐于承认事情发展的结果。因为能够接受事物发生的事实，就是能克服随之而来任何不幸的第一步。当我们不再对这些不可避免的事实作无谓的反抗和纠结后，我们就能省下精力创造出更有意义和价值的生活。也许真的是这样，学会认同喜欢自己可以让心情变得轻松起来，可以把注意力放在自身优秀的品质上，继而也能更好地培养优点，淡忘缺点。

前面有提到“我一直认为自己是一个能力颇强并且学习优异的人”，所以我并不是一个生来就自卑的人，只是在和他人的对比中感到了差距。由此产生的嫉妒心理并不是一种罪过，而是一种正常的心理起伏，这需要我自己去化解和调和。首先我需要正视自己，不要以为自己一无所有。别人所拥有的成绩自始至终是他们努力得到的，而我的生命中只有两个目标，一是追求我所要的，二是享受我所追求到的。换一种思考的角度其实我所拥有的成绩比想象中还要丰富——我已通过了中口笔试；我很认真地学习着第二外语；专业课上我的 PPT 演讲一直都很出彩；一年中我为学院外联拉来了不少赞助。所以我应该很自豪地告诉自己，我的成功是不可能被复制的，我应该尊重自己的劳动成绩。找到自己的闪光处，其实也与真诚地去赞赏对方的能力是分不开的。看到别人的优点说出赞美，这不仅是一种处理双方关系的良好方式，也是激励自我重塑自信的一个妙方。

压力给平淡的人生增添了一点意外的“乐趣”，无形的寝室竞争压力可能随时都会产生，不过我坚信压力的痛苦是自找的，在我亲身实践的过程中，我也意识到自己的这些弱点可以被挑战。

【回顾高三的重压生活】①

回顾高三的重压生活，难忘自己的抗压经历。

高三的复习压力有多大？我相信经过高三生活的学生、老师和家长都是有目共睹的，老师每天都会布置试卷、订正试卷，学生回家写作业写到很晚，家长半夜醒来发现学生还没睡。但是我觉得应该并非所有人都如此，毕竟每个人的学习成绩参差不齐，有的学生可能觉得压力不是很大，有的学生可能就会感受到沉重的学习压力，所以“高三的复习压力到底有多大?”这个问题就要因人而异了，但是可以确定的是，基本每个人都有学习压力，只是程度不同罢了。

在我上高三的时候，整天也是围着试卷转，要么做试卷，要么订正试卷，要么分析试卷来查漏补缺，白天的课程都是同一学科连续上两节课的，如语文连续上两节课之后，数学再连续上两节课，一个上午就过去了，下午也一样，晚上回家后拿出试卷做作业，我一开始都是不做完作业不睡觉的，因此经常做作业做到凌晨 1、2 点，但是这样做就会使自己得不到充分的睡眠，白天上课有时就会打不起精神，有时会打瞌睡，结果导致上课没听进去老师讲的知识，试卷上的题目就不会做了，要么和同学讨论，要么晚上又要熬夜去苦思冥想题目怎么做，有时思考了半天也没想出解题思路，越急越想不出，越想不出越急，熬到凌晨 1、2 点甚至 3 点，等身体实在撑不住了才放弃做作业去睡觉，第二天起来身心疲惫，早上 7 点半左右又要去学校上课，听课效果就受到了影响，形成了恶性循环，使自己的身心处于焦虑与疲劳的状态。

后来我自己觉得这种情况不行，晚上不能那么晚睡，不能非等做完作业才睡觉。

---

① 本文根据《心理访谈与健康成长》课程班 15 – 16 春 No. 024 孙建自我成长分析改编。

于是我晚上做作业做到11点多就去睡觉了，因为听说晚上11点身体的各个器官都要休息了，大脑也处于极度疲劳状态，这时候身体是最需要休息的，此时如果熬夜做作业，那么工作效率将是最低的。同时我也决定了，如果在一道大题中有三个小问，假如我只能做出前两道小问，第三小问想了10多分钟都没思路，我就放弃不做了，因为睡眠最重要，身体最重要，既然不是自己能解决的事就不做了。第二天早上5、6点的时候，我再起床去做作业，把剩下的做完，如果那个第三小问我还是一筹莫展，不思考了，直接写“不会做”三个字。由于晚上11点睡觉，早上5、6点起床，在最该睡觉的时候我睡觉了，所以第二天起来后精神好多了，不像之前一段时间那么累了，白天上课更清醒了，听课效果也随之改善了，晚上做作业也就更顺利了，作业负担对身体的压力影响也减轻一些了。

通过上述例子，我想说明以下问题：①我所遭遇的重大压力是作业负担重、题目做不来、焦虑、睡眠不够、第二天身心疲劳、影响第二天听课效率，形成恶性循环，使自己的身心处于焦虑与疲劳的状态。②可能的不利后果是因熬夜导致生病。③我的成因剖析是做作业的方法不对，我原本是做完所有作业才睡觉，后来我改为晚上11点睡觉，早上5、6点起床继续做作业。④策略的意义是将做作业时间与最佳睡眠时间错开，化解了作业压力对自己身心的影响，使熬夜、睡眠不足对自己的身体影响降到最低，改善身心的焦虑与疲劳的状态。

【用正确的态度对待压力】①

现代社会，“压力”一词高频出现，越来越受到人们的关注。从我个人的体验出发，经过大学这几年的成长，我亦稍稍感觉到来自不同方面的压力，思考了一些成长中必须思考的问题。

先来看“压力”这个词的定义：压力是个人在面对具有威胁性刺激情境一时无法消除威胁、脱离困境时的一种被压迫的感受，此种感受经常因某些生活事件而持续存在，即演变成个人的生活压力。我对照自己的生活，发现了一些符合的情况：①单纯的学习生活中，我会因为想保持好的成绩而有压力。记得第一个学期期末，由于没经历过大学考试，不清楚大学考试的模式和难度，所以我压力很大，复习的第一周内持续出现失眠的状况。②现如今，我和多数同学一样忙着找工作、实习，在工作的过程中我会出现不适应的情况，也引起了生活中的压力感，特别是当我发现社会和自己所想象的有差距时，心理上会产生诸多的不安情绪，影响到正常工作水平的发挥。

从这两个例子来看，我的生活压力来自：一是生活的改变；二是理想与现实的差距。

---

① 本文根据《心理访谈与健康成长》课程班10－11秋No.002潘星芸自我成长分析改编。

首先，在上面提到的两个事件中，我的生活都是处于转变的状态，人的社会角色和行为方式也会跟着转变。前者是刚从中学考上大学，学生的身份没有改变，学习的氛围却改变了，导致了学习习惯和学习行为的改变。学习的方式转变得比较自由。平时没有老师过多约束我的学习，偶尔是会偷懒的，到了期末的时候就变得心虚起来，生怕平时没有学好。而学习成绩又不想落后于人，所以变得紧张起来。后者是我即将毕业，遇到了综合性的生活问题，有改变的因素，也有理想和现实差距的因素，导致了生活压力。我虽然心里知道社会和学校、工作和学习有差距，但是没有充分的准备，心理上仍然不能完全接受。再者，以前是学生的时候，犯了错还有老师帮你改正，有了问题还有老师能一一解答；工作以后如果犯错就会受到指责，却没有人告诉你应该怎样把工作做得更好，只有暗自揣摩。日积月累，在工作的琐事中形成了内心的苦闷。

想清楚原因后，我积极思考并尝试解决它们。

解决第一个压力，我的做法是：①告诉自己这一次考试即将发生，过多的忧虑和后悔都无济于事。②我只有按照老师的思路和自己认真看书来弥补平时上课的疏漏，并和学习一直很认真的同学互相探讨和切磋。③摆正心态，即使考得不那么理想，只要尽力就好。④把这次的经历当作鞭策自己的教训，以后改变自己的学习方式和行为。⑤对自己成绩的期望要和平时学习的情况相联系，不要妄想有不劳而获的事。⑥下次可以请教学长、学姐，了解大学考试和中学的区别，了解那个使自己紧张的东西，知己知彼才能百战百胜嘛。

这个问题的解决方案主要是针对我不正确的学习心态制定的。也就是说，正确面对压力，了解压力的来源，并且尽力而为，在当时的情况下考试只能在短时间内突击，效果肯定不太理想，所以别勉强自己做力所不及的事情，以此减少压力。但是学习是需要一定的压力来推动的，所以，我的方案中有一条是和学习好的同学进行探讨和切磋，这样能看到别人的认真给自己一点鞭策。总的来说，减少过度的压力才能使自己投入到复习的状态中，复习才会有效果。

学习压力问题在我的策略得到执行以后，效果很好。那个学期我的考试成绩还可以，复习时和同学一起勉励的方法收到了很好的效果，加深了我对课程问题的理解，再加上我用心记忆，考试没有我想象中那么困难，并且成绩排在第二、第三名。以后多个学期的学习中，我吸取了教训，挤出时间预习，又和学长、学姐了解课程的情况，学习效率提高了不少。第二年还拿到了奖学金。所以说，不要过分担心学习的问题，只要肯努力学，有良好学习习惯就能取得满意的成绩。以一颗平常心对待学习的压力，不要夸大，也不要轻视。

解决第二个压力，问题比较复杂，我目前的方法是：①自己要正确面对工作压力，提高心理承受能力。应该认识到工作并不总是一帆风顺的，困难是不可避免客观存在的。因此，当遇到困难时，不应该退缩，要无畏地去正视它，解决它。②应采取积极态度对待压力，并且学会努力自我调控。那就是压力可以磨炼人的意志，激发人的智慧和潜能，把压力看成是生活的挑战，成长的机会。巴尔扎克说过："世界上的事情永远不是绝对的，结果完全因人而异。苦难对于人才是一块垫脚石，对于能干的人是一笔财富，对于弱者则是万丈深渊。" ③可以运用自我暗示法缓解压力和调整不良情绪，主要通过语言的暗示作用。比如，忧愁时，提醒自己"愁也没有用，还是面对现实，想想办法吧!"也可以用身体放松法。因为生活压力影响情绪，同时使身体疲惫不堪。这时一定要努力使自己放轻松，做一些不是很激烈的运动。④学会观察，努力客观地认识工作现实，清楚了解工作事务，不要靠别人的提醒而是暗自学习，提高自己的业务水平。⑤和同事保持良好的关系，不要与人发生正面冲突。平时大家联络感情时也要活跃一点，给他人一个好印象。良好的人际关系在遇到挫折时会有帮助，也会减少平时不必要的摩擦而影响工作情绪。

对于以上减压的方案，主要是自我调控。也就是说，一个人的情商很重要，在工作压力面前，学会控制自己的情绪是很必要的。为了控制情绪，心态要放轻松，每天工作开始前想一想开心的事情，工作结束想一想自己成功的地方，给自己信心。

按照这个方案，效果还没有完全显现出来，因为我只是做了很多事情让自己面对压力要放轻松，而如何克服那些让我产生压力的挫折，也就是提高业务还做得不够。工作的压力就要在工作中摆平它，年轻人要有上进心，所以我需要更加努力去做事。

一个健康的个体是应当承受得起一定的压力的，如果我们正确面对压力，先对生活有一个预判，面对来自各方的困难压力时调控好自我情绪，生活压力也不尽然都是灾难。

【化解压力，摆脱负面情绪】①

就在11月，家里发生了件事，对我产生了很大的影响。一向身体很好的妈妈得了甲状腺腺瘤，需要住院动手术，知道消息后，我无论什么时候都常常走神，动不动就落泪。幸运的是，在这不久后，17号的《心理访谈》课的第九讲的内容就是讲述如何化解压力，让我受益匪浅，学会如何化解压力，虽然效果不是立竿见影的，但也让我摆脱了一大半。

妈妈住院给我带来了很大的影响，此种属于亲人健康状态发生改变而带来的压力。平时周末回家都是妈妈给我照料一切，本来热闹的家因为妈妈住院，爸爸去医院照料而变得冷清。妈妈不在的那个周末我很不习惯。这次的事给我带来的有好的也有不好的影响，正面影响是让我更努力地读书了，平时在寝室就知道看视频的我有了学习的动力，因为不想让在医院的妈妈担心和失望，这就是在心理压力下，我

① 本文根据《心理访谈与健康成长》课程班11－12秋No.096季晓雯自我成长分析改编。

们可以保持较好的觉醒状态。然而负面影响就是提到关于妈妈的事就忍不住哭起来，让我的神经变得比平时更脆弱，同学都不敢像平时那样开玩笑，我觉得影响到了我的生活，这是很不好的方面。

这种压力是可以寻求方法去化解的，课上我学到的积极的缓解压力的措施有："五法"减压、"置换"减压、"压弹"减压。还有消极的措施，看了人家的案例后，我很震惊，"虐猫"那个案例让我记忆深刻，那也是我第一次鼓起勇气举手发表意见，发现了化解压力的重要性。"五法"有按轻重缓急的次序丢掉包袱；善待自己，放低标准；远离虚荣，减轻拖累；给自己一点思考的时间，认清压力事件；好好休息。"置换"就是找一种压力来缓解另一种压力。"压弹"就是去适应生活的逆境、创伤、威胁及其他重大压力，俗话说，如果你改变不了环境，那么就去适应它！承受力和反弹力都很重要。我们要培养主观的幸福感，不要太把自己当回事或者太不当回事。要培养乐观的人格，看问题总是从积极正面的角度来归因，解释或来感应自己。要培养认知调整意识，从一个新角度来看问题。要培养幽默化解能力。要培养求助意识，该求人时即求人。

对于我的问题，我找到了四个合适的方法。一种是置换，我认为很多人潜意识里就会用这种方法，我投心于学习可能也有这部分原因，那时英语四级考试将至，我一有时间就背单词做试题，这时候就可以不去想妈妈怎么样了。其实，那时候我还可以去看一场我喜爱的曲棍球比赛，让比赛的紧张气氛代替我的现实压力。那时候我还经常乐观地想，那只是个小手术，医术这么发达是不会有事的。再换个角度想想，妈妈平时都这么忙，休息时间都很少，这次权当是一次放大假了，回家我也有做家务表现的机会了。再者，我有向室友倾诉我对妈妈的担心，说出来比一个人憋在心里静静哭来的好受多了。

11 月 15 日家人打来电话时我当场就哭了，后两天就有点六神无主。然而心态调整后，18 日我去医院看妈妈的时候情绪就可以得到好点的控制了，而不是一到那边就号啕大哭徒增父母的担忧，去的路上还买了蛋糕，希望妈妈可以快点好起来。我经历了这次，也更尊重妈妈了，从来没有离开过妈妈的我也更深刻地体会到妈妈对我来说是多么的重要。

【学着跨过每一道坎】①

这个学期对我来说，是一个永远难忘的时段。在这期间，我一下子面临很多问题，如毕业、择业、独立等巨大的压力。特别是告别对父母的依赖和学着去化解各种压力，给了我特别大的感触。

在我刚找到自己人生的第一份工作时，我以为一切都很顺利和幸运，可是没有

① 本文根据《心理访谈与健康成长》课程班 11 – 12 秋 No. 131 曹冰洁自我成长分析改编。

想到这正是我麻烦的开始。当我来到一个陌生的工作环境时，我一开始并不适应，因为公司不同于学校，这里没有任何人会主动来关心和照顾你，你必须自己去寻找解决问题的方法和积极主动地与别人交流，这时候我就发现我的独立能力是欠缺的，加上实习培训的时间与期末考试的时间相冲突，我就不得不两边奔波还要缺席多数的培训课程，这让我的压力变得巨大。

之所以会欠缺独立能力，是因为从小由父母安排一切惯了，加上自己接触社会的时间比较少，使得自己锻炼独立能力的机会也很少。我觉得自己还像一个没有长大的孩子，懂的事情太少了，所以面对社会陌生的一面时就手忙脚乱了，自己根本就无法独立决断选择，无法独当一面。而且，我以前遭遇的挫折相对少，让我一下子在面对那么多的问题时就感觉压力巨大，自己又不懂得如何化解压力，使得我前一段时间内非常迷茫、心事重重。

然而，我知道自己必须解决目前的问题，既然这些麻烦是必须经历的，那么我就必须把它的压力减到最低。所以，我先确定自己向往的就业方向，当我坚定了自己想做什么的时候，我的眼前就豁然开朗了，我开始学着自己为自己规划将来、自己为自己判断对错、自己为自己决定一切并且对自己所作的选择不后悔。既然压力是无法避免的，那么我就努力把它化为最小值。我整理出自己将要完成的事项，计划好自己的日程表，当这一切都井然有序的时候，我感觉自己比之前轻松了不少。我想，自己一定能够跨过现在所处的这道坎。

庆幸的是，这段期间，父母和朋友给了我不少心灵上的支持。我觉得，告别依赖不是指自己完全脱离父母的帮助，而是通过向父母请教经验来提高自己的能力，学会一个人独立处理事情，慢慢成长为能独当一面的人。化解压力更加重要，最好的方法就是做足准备工作，当一切都安排妥当的时候，那些压力也就渐渐地消失了。另外，还可以用其他兴趣来放松一下紧绷的神经，也能够释放一下压力。

通过自己寻找的方法，我发现我现在的学习和生活都很有规律，学校的学习没有耽误，实习的任务也尽量完成。虽然劳累是不可避免的，但是井然有序的日程让我的目标变得非常明确。当然，我不可能马上成长为一个独立的人，但我觉得我的独立解决能力在一点点地增长，而我的压力也适量地减少了。我希望通过自己的安排，能够安然地跨过目前这道坎。

专题6 应对挫折 直面人生

成长引导

引导主题：应对挫折 直面人生

引导内容：挫折来源及影响、挫折反应与应对

引导环节：

- 案例导入：肖申克的救赎
- 理论概要：知识点解析
- 自我探索：《我的挫折与应对》
- 心声分享：走出逆境……

引导目的：了解挫折产生及对人的影响，学习面对挫折的自我调节方法。

案例导入：《肖申克的救赎》

【案情概要】故事发生在1947年，银行家安迪（Andy）被指控枪杀了妻子及其情人，安迪被判无期徒刑，这意味着他将在肖申克监狱中度过余生。

瑞德（Red）1927年因谋杀罪被判无期徒刑，数次假释都未获成功。他成了肖申克监狱中的"权威人物"，只要你付得起钱，他几乎有办法搞到任何你想要的东西：香烟、糖果、酒，甚至是大麻。每当有新囚犯来的时候，大家就赌谁会在第一个夜晚哭泣。瑞德认为弱不禁风、书生气十足的安迪一定会哭，结果安迪的沉默使他输掉了两包烟，但同时也使瑞德对他另眼相看。

好长时间以来，安迪不和任何人接触，在大家抱怨的同时，他在院子里很悠闲地散步，就像在公园里一样。一个月后，安迪请瑞德帮他搞的第一件东西是一把小的鹤嘴锄，他的解释是他想雕刻一些小东西以消磨时光，并说他自己可以想办法逃过狱方的例行检查。不久，瑞德就玩上了安迪刻的国际象棋。之后，安迪又搞了一幅影星丽塔·海华丝的巨幅海报贴在了牢房的墙上。

一次，安迪和另外几个犯人外出劳动，他无意间听到监狱官在讲有关上税的事。安迪说他有办法可以使监狱官合法地免去这一大笔税金，作为交换，他为十几个犯人朋友每人争得了两瓶Tiger啤酒。喝着啤酒，瑞德说多年来，他第一次感受到了自由的感觉。

由于安迪精通财务制度方面的知识，很快使他摆脱了狱中繁重的体力劳动和其他变态囚犯的骚扰。不久，声名远扬的安迪开始为越来越多的狱警处理税务问题，甚至孩子的升学问题也来向他请教，同时安迪也逐步成为肖申克监狱长沃登洗黑钱的重要工具。由于安迪不停地写信给州长，终于为监狱申请到了一小笔钱用于监狱图书馆的建设。监狱生活非常平淡，总要自己找一些事情来做。安迪听说瑞德原来很喜欢吹口琴，就买了一把送给他。夜深人静之后，可以听到悠扬而轻微的口琴声回荡在监狱里。

一个年轻犯人的到来打破了安迪平静的狱中生活：这个犯人以前在另一所监狱服刑时听到过安迪的案子，他知道谁是真凶！但当安迪向监狱长提出要求重新审理此案时，却遭到了拒绝，并受到了单独禁闭两个月的严重惩罚。而为了防止安迪获释，监狱长却设计害死了知情人！

面对残酷的现实，安迪变得很消沉。有一天，他对瑞德说："如果有一天，你可以获得假释，一定要到某个地方替我完成一个心愿。那是我第一次和妻子约会的地方，把那里一棵大橡树下的一个盒子挖出来。到时你就知道是什么了。"当天夜里，风雨交加，雷声大作，已得到灵魂救赎的安迪越狱成功。

原来二十年来，安迪每天都在用那把小鹤嘴锄挖洞，然后用海报将洞口遮住。安迪越狱后，领走了部分监狱长存的黑钱，并告发了监狱长贪污受贿的真相。监狱长在自己存小账本的保险柜里看到的是安迪留下的一本圣经，第一页写道"得救之道，就在其中"，另外，圣经里边还有个挖空的部分，用来藏挖洞的鹤嘴锄。

经过40年的监狱生涯，瑞德终于获得假释，他在与安迪约定的橡树下找到了一盒现金和一封安迪的手写信，两个老朋友终于在墨西哥阳光明媚的海滨重逢了。

【评析要点】冤狱19载，年轻的银行家忍受入狱初期的凌辱，凭着对银行财务知识的精通，在狱中，不仅为自己赢得了生命的安全、些许的自由，更为狱友争取到了物质、精神上的利益。也正因为对财务的精通，使得男主角最后彻底击败残暴、阴险的监狱长，并且使自己获得物质上的自由。那六年每周不懈的申请信、用那"600年也挖不出隧道"的鹤嘴锄日日不懈掘出的隧道、雷电声中用石块砸破的下水管道、边呕吐边匍匐爬过的500码长的恶臭的下水道……这一切无不深深刻画着两个词：坚韧和毅力！

理论概要：知识点解析

6.1　挫折及其来源

6.1.1　挫折与挫折源

6.1.1.1　挫折的含义

心理学意义上的挫折，是指人类个体在从事有目的的活动过程中，指向目标的行为受到障碍或干扰，致使其动机不能实现、需要无法满足时所产生的紧张态度或消极的情绪反应。

人的需要、最佳唤醒水平、认知、期望和归因可以成为行为的动机。动机一旦产生便引导人们的行为指向目标。但这种指向目标的行为，由于受到社会政治经济等主客观条件的制约，并不是任何时候都能达成目标的。也就是说，行为的结果受到了阻碍，达不到目标的情况是常有的，这就形成了挫折。

例如，为了通过英语六级考试，你每天都在背英语单词、做练习，却收效甚微，最终还是没能通过考试；同学有了困难，你热心帮助，反被他误解遭抱怨；自己很喜欢一个女孩子，对她千好万好，可是人家根本不动心等。这些情况下，你可能会产生失望、沮丧、痛苦的心理状态和情绪反应，此时你就经历着挫折。

6.1.1.2　挫折的构成

挫折由挫折情境、挫折认知和挫折反应三个因素构成。

挫折情境，是指对人们有动机、有目的的活动造成内外障碍或干扰的情境状态或情境条件，又称挫折源。构成挫折情境的可能是人或物，也可能是各种自然条件（如气候、灾害、意外等）、社会条件（如政治、经济、人文等）。而往往以人们的生活境遇表现出来，如考试不及格、交往受挫、失恋、出国不顺利等。

挫折认知，是指个体对挫折情境的知觉、认识和评价，是一种主观上的评价，预期过高或自我估计不当的认知方式，容易引发挫折认知。带有鲜明的个性心理特征。

挫折反应，也称挫折感受，是指个体由于挫折情境伴随着挫折认知而产生的心理感受和情绪状态等。通常是紧张态度或消极的情绪反应，如烦恼、紧张、焦虑、愤怒等负面情绪交织而成的心理感受，即挫折感。

在挫折情境、挫折认知和挫折反应三个因素中，挫折认知是核心因素。挫折认知是主观上对挫折情境的一种评价，它直接决定着个体对挫折情境的反应以及挫折反应的性质和程度。

6.1.1.3　挫折源解析

1. 挫折源的含义

导致挫折产生的原因即挫折源，大致可分为两种，一种是外在因素（客观因素）；另一种为内在因素（主观因素）。

（1）外在因素（客观因素）

外在因素，是指个体自身以外的自然因素、物质因素、社会因素。

自然因素，指时间、空间的限制及天灾人祸所引起，如他乡游子因距离远而无法与家人团聚；急于赶时间却遇交通阻塞；气候干旱致使农作物歉收；战争使人家破人亡。

物质因素，指由于物质的缺乏或故障，使人们无法满足需求而形成的挫折，如建筑工地因停工待料而误工期。

社会因素，指个体在社会生活中遭受到各种人为因素的限制或阻碍，包括一切政治的、经济的、道德的、宗教的以及一切风俗习惯，如相爱的恋人，因受世俗门当户对观念的干扰而不能终成眷属。

（2）内在因素（主观因素）

内在因素，通常是指个体本身能力的其他条件的限制阻碍或干扰个体行为获得满足而形成的挫折。主要包括以下方面：

自身生理缺陷。因生理缺陷、疾病及身体、容貌等方面的限制无法达到目标而产生挫折，如患色盲者无法成为画家，智商低下者难以取得优异成绩。

期望水平过高而能力有限。个体因能力不足，无法顺利达到目标而造成挫折，如对自己学习成绩的期望水平超过了自己能力所及的范围，虽然作出了很大的努力，仍达不到所期望的水平，从而产生失败感。

个体动机冲突。当个体所追求的目标不止一个却又因事实限制，不得不放弃一些自己所喜爱的人、事、物所形成的挫折。个体动机冲突包括双趋冲突、双避冲突、趋避冲突、双重趋避冲突等形式。

当以上因素导致个体正确合理的需求不能满足或目的达不到时都会引起挫折感的产生。

2. 大学生挫折源

有调查表明，大学生的挫折感主要来源于三个方面：

学习中的挫折感。或来源于专业因素（专业不理想，难学等），或来源于课程因素（课程没意思，厌学等），或来源于教师因素（教师不负责，不尊重等），或来源于考试因素（成绩不佳，挂科等）。

生活中的挫折感。或来源于自尊心受挫（竞争压力大），或来源于情感受挫（失恋），或来源于健康受挫（疾病），或来源于丧失性挫折（痛失亲人、机会等）。

交往中的挫折。来源于没有朋友、孤独感、人际关系复杂等。

6.1.2 挫折的种类

从不同的角度，挫折可分为不同的种类，一般情况下，我们从挫折的现实性、严重性、持续性以及挫折的性质和内容等角度出发将挫折分为不同的类型。

6.1.2.1 不同性质的挫折

从挫折的性质和内容的角度，可将挫折分为需要挫折、行为挫折、目标挫折和丧失挫折。

需要挫折，是指由于各种原因造成个体的需要无法得到满足时的情绪状态，包括需要冲突和需要受控两种情况。需要冲突是指个体在特定条件下，因若干种需要发生矛盾冲突又未能妥善解决而造成的挫折。需要受控是指个体认为自己的合理需要被外界条件阻碍不能满足而体验到挫折。

行为挫折，是指个体在需要与动机冲突解决之后，在一定动机支配下，并且有了行为的意向，但是由于各种条件的影响，行为无法付诸实现的情绪状态。

目标挫折，是指个体已经开始了行动，但是在行动过程中由于遇到无法克服的干扰和障碍而不能达到目标时的情绪状态。

丧失挫折，是指个体自认为本来应是自己所有的东西，却在一定条件下丧失了，这时行为者所感受到的无力挽回的情绪状态。

6.1.2.2　一般挫折和严重挫折

从挫折的严重性角度，可将挫折分为一般挫折和严重挫折。

一般挫折，是指人们在日常生活和工作中遇到的不影响人生大问题的小挫折，如塞车、父母责骂、某科考试不理想、提出的意见上司没采纳等。它对人的身心影响不大，时过境迁，容易忘记，并且可以通过个体的自我调节得到缓解。

严重挫折，是指与自己关系极为密切或意义重大的事件上产生挫折，如父母病故、配偶死亡、婚姻破裂、受到严厉处分、失业、犯罪等，将对人的身心产生巨大影响，并引起强烈情绪变化，并且仅通过自我调节很难控制。

如果几个一般挫折同时出现或相继出现，往往可以转变成严重挫折，所谓“屋漏偏逢连夜雨，船破又遭打头风”。一般而言，一般挫折和严重挫折是相对而言的，同样的事，对某些人看来是一般挫折，但对另外一些人看来，却是严重挫折。

6.1.2.3　短暂挫折和持续挫折

从挫折的持续性角度，可将其分为短暂挫折和持续挫折。

短暂挫折，是指持续时间较短、暂时性的挫折，对人的身心影响不大，经过一定的自我调整就可以解决。

持续挫折，是一种长时期持续不断的挫折状态，这种持续的紧张感与挫折感，对人的身心健康十分不利，甚至可能导致人格障碍。

6.1.2.4　实际挫折和想象挫折

从挫折的现实性角度，可将挫折分为实际挫折和想象挫折。

实际挫折，是挫折已经降临，挫折情境是真实的。它对于人的影响是有形的、有限的、可以估量的，只要人们能够正确地认识和面对就能有效地处理。

想象挫折，是挫折并未降临，是个体主观想象未来可能出现的挫折，这种挫折也许不会发生。想象挫折的影响是无形的、无限的、不可估量的，它会随着人的想象而泛化。想象挫折比实际挫折对人们的影响更大，它常常在行动之前就把人击倒。譬如，一个认为自己能力和学习都不如其他人的学生，在还未与人交往前，先想象自己肯定会失败，别人不会接纳自己，而不敢去交往。但实际情况未必像他想象的这么糟。

6.2 挫折产生及其对人的影响

6.2.1 挫折产生的机制

6.2.1.1 荷尼的冲突说

法国精神分析学家荷尼认为，有三种冲突使现代人更多地产生挫折感：第一，竞争与合作的冲突；第二，满足与抑制的冲突；第三，自由与现实的冲突。

竞争与合作的冲突，产生挫折感。一方面，在现代社会中，无论是求学、就职、婚姻、事业或其他社会活动，人人都进行激烈的竞争，往往打败别人才能成功；但另一方面，人们从小受到的教育要求大家协力合作，谦让、牺牲等，由此构成内心冲突。

满足与抑制的冲突，产生挫折感。科技的发展、工商的发达，大大刺激了人的各种欲望，并强烈地要求获得满足。但经济上的条件限制和道德上的约束又抑制了人们的一些欲望，造成了内心冲突。

自由与现实的冲突，产生挫折感。现代社会大力宣扬自由，误导人们认为任何事都能以个人的自由意志决定。但是，事实上无论什么事，如升学、就业、择偶等，处处都会受到现实条件的限制。人们常常无能为力，难以把握，易形成冲突。这些内心冲突不断加强并积累，结果导致个人越来越难以适应社会、适应他人而产生挫折感，甚至导致行为失常。

6.2.1.2 挫折阈与挫折承受力

面对内外的挫折情境，人们是否一定会产生挫折感，在什么时候会产生挫折感，与他的挫折阈及挫折承受力有关。

挫折阈，是指引起个体产生挫折感的最小刺激量。不同的个体挫折阈不同。现实生活中，面对同样的挫折情境，人们的反应有明显差异。有人反应轻微、持续时间短；有人反应强烈、持续时间长。这与每个人的挫折阈有关。

挫折承受力，是指个体遭受挫折时免于心理失常的能力，它反映个体对挫折的可忍耐、可接受程度，所以也可称耐受力或容忍力。

挫折阈与挫折承受力的关系是，挫折阈的高低与挫折承受力的强弱成正比。

挫折承受力较强者，其挫折阈必然高，挫折反应小，挫折消极影响小；挫折承受力差的人，其挫折阈必然低，挫折反应大，情绪消沉低落，甚至一蹶不振。

挫折承受力包括挫折耐受力和挫折排解力两个方面。

挫折耐受力是指人们受到挫折时经受得起挫折的打击和压力，保持心理和行为正常的能力。挫折排解力是指人们受到挫折后，对挫折进行直接的调整和转变，积极改善挫折情境，解脱挫折状态的能力。挫折的耐受力和排解力是两个既有联系又有区别的概念。两者的联系在于它们都是对挫折的适应能力，共同组成挫折的承受力。耐受力是适应的前一阶段，是对挫折消极被动的适应，表现为对挫折的负荷能力，为排解力提供基础；排解力是适应的后一阶段，是对挫折的主动适应，表现为对挫折情境的改造能力，是对耐受力的进一步发展。耐受力是接受现实，能够减轻挫折情绪反应的强度；排解力是改变现状，促使需要的满足和目标的实现。挫折承受力是人类心理生活中最基本的内在品质之一，是一个人个性结构中的本质因素，也是人的自我表现意识的核心部分。

6.2.1.3　影响挫折承受力的因素

挫折承受能力不仅因人而异，即使是同一个人，对待不同的挫折情境，承受能力也不一定相同。这是因为个体的挫折承受力受许多因素的影响。心理学研究认为，一个人挫折承受力受生理条件、个性心理品质、过去的经验与学习、对挫折的知觉判断、社会支持等因素影响。

（1）生理条件影响挫折承受力。从神经类型上说，神经类型属于强型、平衡、灵活性高的人，比弱型的人挫折承受力强。从身体素质上看，身体强壮的人比体弱多病的人更能抵抗挫折。同样是失去亲人，身体健康者更容易经受住悲哀、忧伤、痛苦，而体弱多病者则易在悲哀、忧伤中使自己的身心状况进一步恶化。

（2）个性心理品质影响挫折承受力。与生理条件相比，一个人是否具有优良的个性心理品质，对于挫折承受力更为重要。有目标有意志的人，抗挫折能力强；抑郁质的人对挫折的体验比其他类型的人要深刻。

（3）过去的经验与学习影响挫折承受力。生活经历丰富，有过成败、苦乐、得失、顺逆等种种体验的人，往往能够把困难与失败视为常事，其挫折承受力必然高。而一个从小一帆风顺，涉世未深的人，其挫折承受力必然比较低。挫折承受力和个人的习惯或态度一样，可以经过学习而获得。

（4）对挫折的知觉判断影响挫折承受力。心理学原理表明，影响人们行为差异的重要因素之一是认知差异。对挫折这一客观刺激的知觉与判断也同样因人而异。对挫折情境有正确认识、对挫折损失作客观评价的人，往往比那些对挫折判断有误、认识偏颇的人更能抵抗挫折。

（5）社会支持影响挫折承受力。社会支持（伴侣、朋友、同事和家庭成员在精神上和物质上对个体的支撑和帮助）是应对挫折的一种缓冲。当个人感到有可以信任的人在关心、照顾、爱护自己时，就会增强克服挫折的毅力和信心，从而提高挫折承受力。社会支持的积极效应主要是通过缓冲挫折事件对身心健康的消极影响实现的。一方面，社会支持者会提供给受挫者信息，从而影响个人对挫折事件的评估或改变他对应对策略的使用；另一方面，社会支持提供的情感支持可以增强个人对自己能力的认识，促使个体采用积极的方式解决问题。

6.2.2　挫折反应的走向

关于个体的挫折反应的走向，国外学者有诸多“挫折理论”，一般有挫折的情绪化反应与挫折的理智性反应两大走向。

6.2.2.1 国外学者的挫折理论

关于个体产生挫折感后，其行为走向的趋势，国外学者研究形成了不少“挫折理论”：

“挫折——驱力”理论（弗洛伊德，阿德勒，荣格等精神分析学派）认为，人的一切行为动机都是指向追求征服、追求优势的。如果这种驱力受到挫折，就会形成自卑感。自卑感如果得不到补偿，则会产生反社会行为或诱发精神病。

“挫折——攻击”理论（Dollard J. 等）认为，攻击行为是由于个体遭受挫折而引起的，并称“攻击永远是挫折的一种后果”。这一结果包含两个基本点：第一，攻击行为的发生总是以挫折的存在为先决条件；第二，挫折的产生必然会导致某种形式的攻击。

“挫折——倒退”理论（Barker R. 等）认为，挫折会引起行为的倒退，出现与其年龄不相称的幼稚行为；挫折反应也会干扰正在进行的行为，或导致动机的变化，使个体的行为受到妨碍而无法进行。

“挫折——奋进”理论（Amesl A. 等）20世纪50年代，在动物和儿童行为实践的基础上，提出了该理论。Amesl A. 等认为，当人受到挫折时，会出现努力奋进的情况，具体表现为机体一时性的反应率提高或完成某种任务的能量增强。

6.2.2.2 挫折的情绪化反应

一般人多数情境下出现的是消极的情绪化反应，如焦虑、攻击、退化、固执、冷漠、逃避甚至自杀等。大学生常见的挫折情绪性反应更为显著。

（1）焦虑。人们在受挫，一时无能为力的情况下，会产生焦虑情绪。焦虑是一种混合着特殊心理体验和生理反应的情绪。心理体验主要表现为担忧、害怕、焦灼不安；生理反应是一系列与植物神经活动特别是交感神经兴奋相联系的活动异常，如心跳加快、血压升高、呼吸改变、出汗等。

（2）攻击。攻击是一个人受到挫折后产生的强烈的侵犯和对抗情绪反应。有直接攻击、转向攻击两种情形。直接攻击，是把愤怒情绪指向对其构成挫折的人或物，多以动作、表情、言语等形式表现出来。一般来说，自信、年幼无知、缺乏智力、一帆风顺、简单鲁莽、易冲动的人容易采用。转向攻击，是把由于挫折所引起的愤怒和不满的情绪转向发泄到自我或与挫折源不相关的其他人或事物上，如自伤、自残、伤害他人、损坏公物、寻衅斗殴，或者踹门砸窗、破坏公物等。转向攻击有三种常见情形，第一种是当个体察觉到引起挫折的真正对象不能直接攻击时，就把愤怒的情绪发泄到其他人或物上，被迁怒的往往是亲人或弱者。第二种是当挫折的来源不明时，找不出真正构成挫折的对象，于是就将这种闷闷不乐的情绪发泄到毫不相干的人或物上。第三种情况是当一个人的意志薄弱、缺乏自信或悲观失望时，易把攻击的对象转向自己，如埋怨自己能力不强、机遇不好、命运不佳或生不逢时等。

（3）退化。退化是指遭受挫折时，表现出与自己年龄和身份不相称的幼稚行为，这种成熟倒退的现象就叫退化。例如，有的中老年妇女钱包被偷走以后，坐在地上号啕大哭，甚至躺在地上打滚；有的领导因受到某种挫折而对下级大发脾气，或为一点小事而暴跳如雷。这实际上是一种防御应对。因为当人们遇到挫折后，如果以成人的应对方式面对挫折，就会产生心理上的紧张、焦虑和不安，受挫折者为了避免出现这种情况，往往会放弃已经习得的成人的正常行为方式，而恢复早期幼儿的方式加以应对，从而减轻内心的心理压力。退化的另一种表现是易受暗示性。其最常见的表现是人在受挫后，对自己丧失信心而盲目地相信别人，或盲目地执行某人的指示。青年在遇到挫折时导致一系列的不成熟的行为表现即属于这类。

（4）固执。在心理学上，固执就是指个体在受到挫折后，采取刻板的方式盲目重复某种无效行为，尽管情况已经变化，这种行为并无任何作用，但是刻板式的反应仍在继续进行。另外，过多过严的惩罚和指责，也可导致固执行为，如因违反校纪受到严厉批评的学生，不见其改过和收敛，反而类似的不良行为反复发生。固执行为的最大特点是非理智性，企图通过重复无效动作对抗挫折。

（5）自卑。自卑是指人们在受挫后产生的轻视自己的心理。台湾著名学者吴武典认为，自卑反应乃是基于错误的自我评价，或由于长期的挫败，往往有过度的内疚感和羞耻感，表现在行为上是拒绝自己、孤立自己，有时则采取自我吹嘘或轻视他人的防卫方式。

（6）冷漠。冷漠是指当个体遭受挫折后，所表现出来的对于挫折情境漠不关心与无动于衷等情绪反应。这是一种十分复杂的行为表现方式，同个体过去的经验密切相关，是采用攻击而招致更大的挫折后的无奈表现。冷漠中包含着暂时压抑的愤怒，表面显得冷淡退让，内心深处则隐藏着很深的痛苦，是一种受压抑的情绪反应。

（7）逃避。逃避是个体不敢面对自己所预感的挫折情境，而逃避到比较“安全”的环境中去的行为。其主要类型有三种。第一种是逃向另一个“现实”中，如学习受挫就放弃学习，向娱乐、谈朋友上倾注精力，以学习之外的活动避开因学习压力给自己带来的焦虑和不安。第二种是逃向幻想世界。受挫后，沉迷于不切实际的幻想之中，以非现实的想象方式暂时摆脱现实问题的困扰，求得平静和安宁。第三种是逃向疾病。即在面临挫折或担心受挫时，以生理疾病为由，逃避挫折情境，以减轻心理压力。

（8）自杀。自杀是一个人遭受挫折后的一种极端反应方式，也可以看作受挫折后针对自身的一种典型的攻击行为。

6.2.2.3 挫折的理智性反应

挫折的理智性反应是对挫折的积极反应方式，主要表现在以下三个方面：坚持目标、调整目标、改换目标。

（1）坚持目标。经历挫折，经过审慎分析，认为目标是现实的正确的，挫折是暂时的，就可将挫折视为磨炼意志的经历，努力排除障碍，克服困难，坚持不懈，朝着既定目标矢志不渝地迈进，直至最终实现自己的愿望和目标。

（2）调整目标。经过一再尝试仍不能成功，达不到预定目标，说明目标不现实，无现实条件，就应当调整目标，变换方式。这种目标的重新审定和转移，不是惧怕困难，而是实事求是的表现，同时也降低和避免了由于目标不当难以达成而可能产生的挫折感和焦虑情绪。

（3）改换目标。遭受挫折后，经过认真的分析，得出原来的目标和行为是错误的，应当吸取教训，放弃它们，重新设置正确的切合实际的目标，采取相应的行为，鼓起勇气，继续追求。

6.2.3 挫折对人的影响

6.2.3.1 挫折具有普遍性

挫折是人们生活的一部分，是普遍存在的一种社会心理现象，它的产生既是必然的，又是偶然的。人生不可能一帆风顺，每个人的一生或多或少都会遭遇挫折，它普遍存在于社会生活中，是不以人的主观意志为转移的，这就是挫折存在的客观必然性。因为大千世界中客观事物纷繁复杂并不断发展变化，人们要正确认识它，需要一个循环往复、不断深化的过程；而且人们要实现动机和目标也需要一个积聚力量、实践探索的过程；某一动机和目标能否实现，还需要具备相应客观条件和环境以及主观认识水平的提高。自然界、社会中的万事万物，无一不是在曲折中前进，呈螺旋式上升。因此，人们的主观愿望不能决定挫折的存在与否，它是客观存在的。但是什么时候遇到挫折，会在哪些地方或走到哪一步，在什么问题上遇到挫折，遇到什么样的挫折是不能选择的，这就是挫折存在的偶然性。

6.2.3.2 挫折具有两重性

挫折对人的影响具有两重性。挫折在对人产生消极影响的同时，也对人的成长和发展起到积极的推动作用。

一方面，挫折会使人产生消极情绪反应，影响个体实现目标的积极性（使人不安、烦恼、消极、信心不足，胸无大志，得过且过，无所作为）、降低个体的创造性思维活动的水平（情绪状态的剧变会直接使神经系统特别是大脑功能处于紊乱、失调状态）、减弱自我控制能力而发生行为偏差（应激状态时，感情易冲动，自我评价、约束、控制力差，言语、行为偏激极端）、有损于身心健康（紧张、焦虑等负面情绪；发展为应激状态；易致身心疾病），甚至对生活丧失信心。

另一方面，挫折又使人得到教益和启发，接受经验和教训，对面临的问题有更清醒、更深刻的认识，从而正确认识自我和评价自我，重新调整确立适合自己的奋斗目标，并积极加倍地努力，以使目标得以实现。更重要的是，挫折可以激励个体培养坚强的意志和克服困难的毅力，激发人的进取心、创造能力和智慧，使人更加成熟、坚强，激励人在逆境中自强不息、奋起拼搏，为争取成功而不懈奋斗。

6.3 应对挫折的策略与方法

应对挫折的策略与方法，可以从提高个体挫折承受能力及构建有效的社会支持系统两个方面形成合力。

6.3.1 提高个体挫折承受能力

6.3.1.1 学会合理归因

在生活中，人们对行为的成功与失败进行归因是一件很平常的事，然而在这一过程中形成的归因倾向对人的心理承受力有很大影响。心理学家研究表明，在归因中，有些人倾向于情境归因，认为外部复杂且难以预料的力量是主宰行为的原因；有些人倾向于内部归因，即认为自身的努力、能力是影响事物发展与行为结果的主要原因。一般来说，进行内部归因的人对自己的行为有更多的自我责任定向与积极态度，但是从对失败的归因方面来看，由于他们倾向于把原因归于主观因素，就容易造成自我埋怨、自我责备。如果这种自责、悔恨过多，就会给他们带来挫折感和心理损伤。因此，学会合理归因，避免归因的片面性，避免过多自责带来的挫折感；再次，要积极采取措施，主动改变挫折情境因素，从而有效应对挫折。

6.3.1.2 调整自我抱负

自我抱负水平是指个人对未来可能达到的成功标准的心理需求，是指人们在从事某种实际活动之前确定的活动目标或规定的标准。如果一个人给自己规定的标准高，那么他的自我抱负水平就高；如果规定的标准低，那么他的自我抱负水平就低。可见，自我抱负水平是自定的标准，仅仅是个人愿望，与个人的实际成就不一定相符合。一般而言，自我抱负水平直接影响个人的学习和生活。一个抱负水平较高的人，往往对自己的要求也较高，因而其学习、工作的效率也就很高；一个抱负水平低的人，对自己的要求也较低，缺乏积极性、主动性，因而其学习、工作的效果也就较差。但是，个人的自我抱负水平必须建立在对自己的实际能力有正确认识的基础之上。如果一个人的自我抱负水平总是高于自己的实际能力，那就很难达到预期的目标，很容易遭受挫折。

在现实生活中，不少人遭受挫折都与自我抱负水平的确立不当有关。

学会根据自己的实际能力正确设定生活、工作目标，调整自我抱负水平，是应对挫折的有效方法。如果在目标实施过程中，发现自己确定的目标不切实际，前进受阻，就要及时调整目标，改进实现目标的方式方法。这样就可以在成功中体验到愉快，逐步提高自信心，并在失败和经受挫折后不断总结经验教训，最终战胜挫折，取得成功。

6.3.1.3 增强挫折认知

首先，正确地认识自我和评价自我。根据自己的学习要求、成长要求，恰当地分析自身的长处和不足，对自己的不足要有正确的认识，这样才能扬长避短、取长补短，实现自我价值。另外，要根据外在条件和内在条件的变化及时调整自己的期望水平、抱负水平，避免一些无谓的“碰壁”、“撞墙”。

同时，对挫折两重性要有全面认识。挫折对人的影响虽然有消极的一面，如影响个体实现目标的积极性，降低个体的创造性思维水平，损害个体的身心健康；但处理得当，对人也会有积极的影响，如能增强个体情绪反应的力量，增强个体的容忍力，提高个体对挫折的认识水平等。因此，辩证地看待挫折的两重性，就能变不利因素为有利因素，化消极因素为积极因素，促使挫折向积极方面转化。

6.3.1.4　构建积极的心理防卫机制

心理防卫机制，是指挫折发生后人在内部心理活动中所具备的有意或无意地摆脱挫折造成的心理压力、减少精神痛苦、维护正常情绪、平衡心理的种种自我保护方式。

受挫后的心理防卫机制有很多，积极的心理防卫机制，如能量宣泄法、置换法、注意转移法、心理暗示法以及能缓解受挫后心理紧张、焦虑和保持其身心健康的其他有效机制。

升华，是一种积极的、最富有建设性的心理防御机制，是指个人把不容易实现的欲望变为能实现的，被社会、道德法律所允许的，具有较高境界的目标，以满足其需要，缓解心理紧张。据说，失恋后的歌德以自己破灭的爱情为素材，写出了世界名著《少年维特之烦恼》，这样既消除了恋爱受挫而产生的焦虑，又使个人获得了成功的满足。可见，升华是最具社会意义的置换。

6.3.1.5　寻求社会支持

应对挫折，还需要学会积极寻求社会支持的能力。在遭遇挫折时，除了自我积极应对之外，应努力寻求社会各方的支持，使自己能感受到来自他人的关心和支持，增强抵御挫折的能力。组织资源的支持、人际友情的援助、家庭亲情的呵护，都是提高人们应对挫折能力的有利资源。

培育理性应对挫折的意识和方法，坚守“坚持总会有结果！东方不亮西方亮！通向罗马的路不止一条！人生总有路可走！走到哪儿都会有精彩！”的人生信念，就能像那只勇敢去大山顶看整个山谷的小毛虫一样，久经历练，在重生中实现梦想！

6.3.2　构建有效的社会支持系统

6.3.2.1　应对挫折的学校支持

高校开设心理健康教育的相关课程，通过专业系统的课程学习，让大学生了解自身发展规律，调整心态，学会心理保健方法，培养良好的心理品质。还可以采取专题讲座、校园网、板报宣传、心理剧演出等形式向大学生宣传心理健康知识，使大学生正确对待挫折，并运用心理疏导方法调整自己。

在高校心理咨询与辅导中心，配备具有相当专业素质和思想品质过硬的教师为学生做心理辅导。学生一旦遇到挫折陷于消极情绪无法自拔时，便可来到中心寻求帮助。心理咨询师可运用专业手段帮助学生分析问题，指导他们找到摆脱困境的对策，保持心理平衡，缓解心理压力。在每年新生入校时，必须对新生进行心理健康普查，掌握大学生心理健康状况的全貌，把有严重心理问题的同学筛选出来，进行跟踪控制，以减少极端行为的发生。

高校通过校园文化建设，为大学生成长营造良好氛围。通过校园文化建设，优化育人环境，并结合专业特色开展丰富多彩、寓教于乐的校园文化活动，给学生提供放松身心、适当宣泄的机会；让大学生在活动中建立和谐的人际关系，营造自己的情感社会支持系统，在遭受挫折和困难时可以获得鼓励、支持和信任，从而增强战胜挫折的勇气和信心。

高校提供社会实践活动，使大学生经受生活的历练，提高挫折承受力。高校应多给大学生创造社会实践的机会，并在社会实践活动中有意识制造一些“劣性刺激”，让大学生多吃些苦，学会如何面对生活和生存，做好迎接各种挫折的心理准备；还可以组织学生参观烈士纪念馆等活动，烈士的人生经历就是一本挫折教育的好教材，把对革命烈士的学习与挫折教育结合起来，能达到更好的效果。

6.3.2.2　应对挫折的家庭支持

家长要当好孩子的“思想顾问”，进入大学后，家长也不能放松对孩子的教育，应经常与孩子沟通，及时了解孩子在校学习、生活情况，既做长辈，更做朋友，让大学生遭遇挫折情境时，能及时与家长交流，寻求帮助。家长可帮助他们分析问题所在，提供建议，最后由孩子解决问题。家长也要加强自身道德修养，提高心理素质，为孩子做个好榜样。家长还应积极营造民主平等、和谐温馨的家庭氛围，让大学生保持平和心态，积极乐观面对生活。

6.3.2.3　应对挫折的社会支持

当今社会在快速发展经济的同时，更应重视精神文明建设，国民素质的提高，营造一种文明礼貌、遵纪守法、助人为乐、诚实守信的社会氛围；还可招募社会志愿者，在社会的各个领域宣传挫折教育思想，提高人们的思想认识。

自我探索：我的挫折与应对

请根据所列命题，进行自我心理成长探索。

> 自我探索：《我的挫折与应对》
>
> 意义：应对挫折　直面人生
>
> 要求：1. 澄清自己的挫折源及现行应对的方法；
>
> 2. 构想有效应对挫折的改进策略和方法。

心声分享：走出逆境

【在迷惘中重新起航】①

自从进入大学以来，我思考过很多次自己的学习以及未来，从最初的迷茫，到如今重新找回自信和目标，可以说确实改变了很多。

我的个人经历可能有些特别，小时候在学习上的顺风顺水使我有些自负，从初中起我开始因兴趣而自学计算机编程，几度获得信息学竞赛的奖项，高中时更是幸运地获得了世界信息学竞赛二等奖，获得了以高中生的身份前往美国麻省理工学院学习的机会。那时候我甚至觉得整个世界都是围绕我转的，我梦想着能顺利进入麻省理工读本科，然后成为一个能够改变世界的 IT 人物。

可惜，我没能把握住这个机会。最后的测试中我输给了竞争者，我只能回国高考，和所有同学朋友一样，去走一条苦读的路。但那个时候，离高考只剩下 3 个月。

最后的结果可想而知。高考的不尽如人意在一段时间里打击了我，曾经一度想过放弃自己的梦想，我告诉自己：你就是一个普通人，你一辈子也只能去做一个普通人。

我曾经的自负荡然无存，也许这是一件好事，但随之而来的却是更可怕的自卑。我开始逃避过去的一切，在以前的老师和同学面前抬不起头，他们嘴里对我的惋惜在我看来倒像是一种嘲笑。我消沉地接受，然后将自己封闭起来，我不参加同学的聚会，甚至不回他们的短信，哪怕只是一句简单的问候。

然而一些帮助在我最需要开导的时候来临了。我幸运地选上了这门《心理访谈》课，每一次课上的学习都让我有了一些感触，尤其是讲到学业以及选择未来的时候，似乎是触及了我的伤疤，但却真的深有感触。诚然，一门课是不可能完全解决我存在的问题的，我知道我需要交流。

于是我和室友以及父母分别进行了长时间的交流。我将自己内心的压抑毫无保留地释放出来，同时室友和父母也和我分享了他们的经历和自己的想法。室友们个个都对未来充满希望，父母也教会我如何直面自己的挫折。

随后，我开始主动联系以前的同学朋友，向他们敞开心扉。让我高兴的是，他们一直像从前那样敬佩我，他们对我说："是金子，不管在哪都是会发光的；更何况，在我们眼里，你一直光芒四射，从未黯淡。"

我真的好高兴，但如今听到这些话，已经完全不会产生以前自负的感觉了。我发现我学会了谦逊，忘记了自卑。

自我的思考也很重要。我开始重新规划自己的学习方向和目标，有时候也会惊

---

① 本文根据《心理访谈与健康成长》课程班 10－11 春 No. 095 徐旻迪自我成长分析改编。

喜地发现，其实自己曾经的梦想一直在那个位置，没有变远。以前想成为IT精英，如今更可能成为会法律的IT精英，这不是很好吗?

我开始相信自己。总结下来，其实这样的解决方式是很成功的。首先，我需要直面自己的现实挫折，不应该去回避，而是应该将它释放出来，然后向朋友父母敞开心扉，多加交流，接着自己重新思考审视。

短短一年时间能将我改变，能让我重新找回梦想和目标，我真的真的很高兴，也真的真的很感激朋友同学父母。

我想我的明天一定会更好!

(附后：通过这门课的学习，我真的很感谢老师以及分享经历的同学，同时很遗憾我没能有勇气去分享自己的经历，但我想说的却有很多很多。思考学业，择业准备是我印象最深的两个主题。我存在的问题可以说与之息息相关，我从最初的自负到自卑，到现在的自信而谦逊，其实在很大程度上是受这门课的影响的，尤其是在解决自身问题的方法上。记得课上老师分享的视频中那位男学生说的：学习时遇到的困难需要和朋友分享，但更重要的是自我审视规划。我就是根据这句话去解决自身问题的。最后，我想再次谢谢范海鹰老师，是您给予了我们这样一个平台和机会，去学习解决自身问题的方法，可以说，这很可能成为改变我一生的契机!)

【走出高考失利的颓废】①

高考失利，踏入这所大学不免有些心灰意冷。带着些许的不甘开始了我的大学生活，同时种种的问题也随着我大学生活的延续而出现。其中最主要的就是我对于学业的认识与思考。大一一年我对于学业提不起丝毫的兴趣，所代替的就是沉迷于电脑游戏，这使得我的成绩并不是很可观。同样我也控制不住对于游戏的欲望，无法有效地控制自己的行为，只是日复一日地沉迷于游戏之中。

如今回想起来，也许和这两方面有关：①我无法直面我的失败，并没有脱离我对于高考失利的失落，而是凭借游戏来转移我对现实的失落。②玩心大作祟，我没有很大的自制力来克制自己对于游戏的瘾，继而无休止地继续我对游戏的追求和热爱，从而忽视了自己的学业。

所以，在大学的第一学期结束后，我也痛定思痛，对于自身作了极大的反省，我的大学生活不应该在游戏中度过，我决定让我的大学生活更加精彩、充实。

所以我做的第一点，就是去直面我的失败。而大学第一学期给予了我充分的时间来缓冲，我加入了社团，加入了学校勤工助学的部门，从而丰富和充实自己的课余时间。而我所得到的回报是让我学到了很多东西，无论是人与人之间的关系，还是对事情的处理以及对于工作经验的积累，都给予了我很大的发展与进步。我想也

① 本文根据《心理访谈与健康成长》课程班13-14春No.034赵喆晨自我成长分析改编。

许这才是大学洗礼我们的真正原因。因此，我用汗水和快乐洗刷着我高考以后的不甘和失落，我也真正地得到了成长，得到了进步。

针对第二点，对于游戏的自制力差，我选择了图书馆作为我业余时间要去的场所。而事实证明，我也的的确确喜欢上了这个安静、典雅、有着浓厚学风的地方。第一次踏入图书馆，我就感受到了其中的学习氛围，每一个人都安静地在桌子旁看着书，做着作业，或者是对着电脑写着论文。当我坐下拿出书时，脑袋突然空旷了很多，少了份烦躁，多了份静谧。我想这就是图书馆的魅力所在。我选择用安静来替代我曾经浮躁的心，选择用书本来抑制我较差的自制力，而我也收获了意想不到的效果，也感受到了一所大学自己所独有的底蕴和风格。

每每我走出办公室，或是走出图书馆，心里总是有股说不出的充实和喜悦。每每看着我曾经通宵达旦在上面打游戏的书桌，我也感慨着我决定的正确性。我真正地走出了寝室的这片小天地，而跨入了学校这个大社会中。我感受到了这才是真正的大学生活。而只有迈出我们坚定坚实的步伐，我们才会得到改变，克服自己成长道路上的问题，收获自己改变后的喜悦，收获自己生活充实后的幸福和美满。

我的心理成长同样磕磕碰碰，但无时无刻不充斥着成长的气息。只有我们才能真正让自己得到改变，我相信事在人为，我也始终相信自己所坚信的改变，一定会付诸现实。虽然只有短短半个学期，但这更加坚实了我以后的道路，我也会坚定我对于大学生活的选择，在以后的生活中迈出一个又一个坚实的步伐。

（附：上了范老师的心理访谈与健康课，我所被打动的是老师分享的经历以及老师成功的道路，它不仅贴近我们日常的生活，同时也激励着我。老师所独有的不服输的性格同样给予了我很大的鼓励和动力，让我学会了直面困难，直面挑战。固然，每个人的人生不可能一帆风顺，坎坷和曲折是我们必经的路程，而从老师的经历中，我们看到了她的心路历程，也给予了我们一种参照，来对比自己的心理状态，并使得我们不断地改变、进步，从而在大学生涯里，使自己的心理有着巨大的成长和飞跃。所以每当坐在教室里听着老师对于自己的事、对于他人事情的诉说，心里也总是在作着选择，是选择放弃还是选择坚持，是选择安逸享乐，还是选择紧张踏实。一个又一个的选择同样也不断地坚定着我心中真正的方向。所以我感谢范老师给予了我不断选择的机会，让我在这节课中能真正地思考自己的大学生涯、自己的现今、自己的未来，给予了我最理智的判断，来确定我的行为规范，奠定我以后人生的方向。）

【挫折让我不再骄傲和自负】①

首先，先允许我介绍一下我曾经的经历，导致我曾经的骄傲和自负，在一番磨

① 本文根据《心理访谈与健康成长》课程班 10－11 春 No. 020 何念怡自我成长分析改编。

炼之后，造就了今天的我。

我的初中是竹园中学，当时进那个学校是2000人中选200人，我很幸运，成为其中的一员。在初一的时候，代表学校参加了“华罗庚”数学邀请赛，并且获得了全国三等奖的殊荣。紧接着，我参加考试从300多人中脱颖而出成为新闻晨报记者班中一员，并且在随后的两年里接连受邀去香港TVB和《新加坡联合早报》总部采访，其间有大约5篇采访稿登报。在整整初三的一年里，在全年级218人中，我始终保持在年级40名左右，而我们那所学校在前一年市重点录取率是37%，区重点录取率是78%，我曾经一度认为我就是进市重点的料，甚至极端到觉得不进市重点就是人生的失败，还不如直接进职校算了。我那时候的梦想就是进复旦附中，觉得要是好好发挥是完全可以的，所以我很自负地推掉了建平的推优名额，希望凭借一己之力来实现自己的梦想。

中考成绩揭榜那天，我永生难忘，我知道我没有发挥好，但一直认为起码是个市重点吧，应该不会那么离谱。原来是东昌中学，那个我随意填上去的学校。

那一天我觉得整个世界就是昏暗的。为什么？明明我平时发挥都很好，为什么会这样？怎么可能？考试之前老师都说我进市重点没问题的。考试时候的画面一遍一遍地在脑海里重现，炎热的天气，父母的翘盼，考前整晚的失眠，卷子上的一字一句都那么清晰地出现在脑海中。我难以接受自己的失败，这种从未预料到的失败。整整三天，我把自己一个人关在房间里，什么都不吃，不出房门，总是哭累了睡，醒来想着、想着又哭累了再睡，满脑子想的都是老师对我的信任，父母对我的希望，都被我就这样生生毁掉了。

但紧接着在接下来的三年高中，我曾代表学校参加区物理竞赛和上海市“东辉杯”诗朗诵比赛并获得了三等奖，带领的心理社获得了“上海市优秀社团”。尽管最后在高中获得的荣誉很多，但我一直心里明白我没有任何改变，我还是很自负，所以最后选加一的时候没有选择物理而是化学，仅仅是因为很儿戏地觉得物理没有挑战性，我相信我的智商。

而最后高考所有的败笔都因化学而起，又很儿戏地填志愿，错过了中国地大，错过了林业大学，很戏剧性地超了20多分进了这个学校。

一直到那时候，我才突然冷静下来，为什么会这样？想了很久，我的自负和骄傲一直都支配着我，好像在掩盖着什么，我知道那不是完全真实的我，但一直不知道确切的原因。在范老师的《发现自我》的课程中，我想起了很多小时候的事情。

我天生斜视，刚出生时父母带我跑遍了上海所有眼科医院，都无法医治。我已经忘了多少次因为别人这样嘲笑我而和人大打出手，记得幼儿园的时候我一巴掌把一个男生的脸扇肿了，小学的时候和男生打架一拳打得对方鼻子出血。我很自卑，很敏感，很害怕，害怕别人提起这个，很担心别人因为这个对我另眼相看，所以我很敏感，敏感到任何人一个眼神的变化我都能感觉得到，任何一个语气和神态的改变都会让我惴惴不安。最后我发现，只有我读书比所有人都好的时候才没有人嘲笑我。于是，我努力读书，超过所有嘲笑我的人，慢慢地读书好成了一种习惯，慢慢地我学会用自己的骄傲和自负遮盖自己，用别人难以抵达的荣誉去掩盖自己。这样，起码我不是一无是处，起码嘲笑我的人成绩没有我好，起码我很强，只有强大了才不会有人欺负我。这样的信念一直支撑着我。其实我是怯场的人，我很害羞，很害怕在众人面前演讲，但是不知道为什么一直逼着自己上台去发言，去争取，其实那天上场朗诵比赛的时候，站在台上，眼前一片漆黑，我什么都看不到，只知道很机械地朗诵完下台了，掌声雷动。但没有人知道，那短短5分钟的诗，我在那之前的一个礼拜天天晚上在厕所一个人练到凌晨2点钟，所有人都以为我很有天赋，随意地就能做好一件事情，但是我很努力仅仅为了证明自己。

我知道自己的骄傲，知道自己的自负，因为这个，我把自己的高中和大学生活都生生地毁掉了。今年五月中旬，我有一个在美国亚利桑那大学读历史的同学回国，我们在咖啡吧里从下午三点一直聊到晚上八点，聊到我的自负和骄傲的时候，他说道，你为什么要在自己身上背那么多包袱，要知道你已经比同龄人好太多了，为了显示你的聪明和无所谓，你把自己的未来当作儿戏，亲手把自己困入看似怀才不遇的境地，实则都是作茧自缚。

那么多年，我习惯了别人仰视的眼神。其实尽管现在已经没有人再嘲笑我了，但是那个包袱却好像乌龟壳一样，难以卸下。

在《面对挫折》课程中，我学到了很多，在对号人座之后，我尝试了尽量找到问题的重点，尽管整体看来自己的心理状态好像很复杂，但其实究其原因很简单，我无法接受我现在没有获得理想成绩的挫折，因为我习惯了自己的优秀。

尝试了重新调整自己的目标，我的目标不应该再是考什么名牌大学，而是以后工作和生活的安排，我猛然发现中考失利后我没有及时调整好心态，依然把自己的目标定位在一个遥不可及的位置，每天沉浸在过去的辉煌和懊恼中，再也没有给自己订下什么其他计划，于是，大一上半学期慢慢荒废了。接着我又看了《哈佛女孩》，结合自己现在的状况，我很快找到了适合自己的方法。我意识到我不应该继续纠结在过去的失败和玩世不恭中，过去再怎么失败都无法代表将来，而无论读书读得多好，我们都是为了以后有一份好的工作，能让父母安度晚年。我知道这所学校不是太好，但我可以选择继续考研，出国深造。学习法律是因为生活实际的需要。我选择在空余时间攻读上海大学的金融学学士学位，只有这样才能帮助我更加彻底地看懂、理解法条。再而，现在人才竞争激烈，只有多掌握一门语言，以后才能多一条出路，我选择了法语，而且，世界上很多法律原著都是用法语书写的，只有阅读原版才能更好地理解。而打板球不仅仅是为了争取荣誉，每天早上不得落下的6点开始的训练既可以锻炼身体还可以锻炼自己的意志，其实到最后每天早上的准时训练已经不仅仅是为了训练，更是一种责任。于是，我现在的生活是，上课，图书馆复习，打板球，法语，自考。看到一本书上说，每天的一点点小进步就会是很大的进步，今天的我要比昨天强。

从彻底想通的那一天起，过去所有的枷锁都解开了，我再也不为过去纠结和难过。

在这样满满当当生活几天之后，我突然感觉到自己进大学以来的迷茫都不在了，我知道我每天都在向那个不会让自己后悔的未来慢慢迈进。每天都过得很充实，因而我也没有闲暇时间去后悔过去的一切，压在心头一块沉甸甸的石头已经无影无踪，每天很累很充实很快乐。我看到的不再是过去的灰暗，而是未来的灿烂和光明。

现在的我很感谢范老师的课程，一番波折下终于解决了困扰我整整一个高中的问题，让我从过去的挫折中走了出来，也慢慢敢于面对自己过去的一切，能够很清醒地了解自己的缺点和不足，也不再逃避。正是这样，使得我更有信心去面对以后，而一直以来斜视带给我的困扰和不安也一并解决了，我不再害怕，不再迷茫，更有信心创造属于自己的未来。

【从容应对挫折，获取幸福人生】①

长风破浪会有时，直挂云帆济沧海。人的一生不会是一帆风顺的，会遇到各种各样的挫折，选择消极地应对，挫折会成为你的绊脚石，选择积极地应对，挫折就会成为你的垫脚石。挫折人人有，我也不例外。

就我这学期而言，我就遇到了一些挫折，例如，考会计从业资格证差三分，毛概申请免考没有通过。当这两件事同时发生的时候，我当时的心情都不知道如何描述。当然，凡事既然发生了就有原因，也有办法去解决。

经过分析，我觉得需要从主观和客观两个方面找原因。从主观上讲，准备会计从业资格证考试时间比较紧，我书都没有看完，出现这种结果也是理所当然；毛概论文免考申请没过，虽然我也付出了努力，认真地写了论文，还不断修改，并且认真地写了免考申请，但我可能还没有达到免考那些同学努力的程度。从客观上讲，考会计从业资格证是下午一点，我还从学校坐了两个多小时的车去考场，可能身体不太适应，而毛概免考没过可能是因为给的名额太少，所以我没被选上。

分析完了原因，就要找解决方式。我是从调整心态，转移注意力这两方面去解决的。首先，调整好自己的心态，会计从业资格证考试虽然没过，但是我在没看完书的情况下，只差三分，机会还有很多，下次再去考一定能够通过；毛概免考虽然没过，但在整个学期的学习中，我学到了很多知识，懂得了许多道理，并且由于平时表现出色以及积极申请免考，老师在平时分中也有加分，再说了，虽然他们免考，但是我通过自己的努力，在期末考试中也不一定就比他们差。第二，转移注意力，

① 本文根据《心理访谈与健康成长》课程班 14－15 春 No. 025 张文博自我成长分析改编。

我在周末的时候和朋友一起出去吃了个饭，聊了一下别的话题，并且出去转了转，看了看风景，尽量不提这些事情。还有就是把注意力集中在自己擅长的事情上，找回自信心。

在经过自我心态调整和转移注意力后，我看得开了，也放得下了。现在又是一个生龙活虎的人。路还是要走的，不能遇到点挫折就被打败，要越挫越勇，这样人生才会更加精彩。

在我看来，应对挫折，主要的还是主观方面起作用。经过内心无数次的争斗，只要自己看开了，一切都不算什么。该经历的必须经历，该面对的也必须勇敢地面对。挫折会使你变得更加强大，挫折会让你的人生更加精彩。

【挫折因它练就不懈而美丽】①

自出生以来，我遇到最大的挫折便是第一次高考失利。原本成绩中上水平的我，在高三的时候一落千丈，对学习也完全失去了兴趣。高考那几天，虽然一次次麻痹自己，让自己相信还有希望，还企盼“回光返照”的那一天，还觉得“奇迹”可以出现在我的身上。然而一切都未能如愿，世上没有掉馅饼的美事，几乎是年级倒数的分数击溃了我苦苦筑起的虚假的“堡垒”。现实是如此的可怕，我看到父亲失望的眼神，我看到母亲伤心的泪水，我听到同学低声的嘲笑，我听到老师惋惜的叹气声，我感到绝望正一点一点吞噬我的自尊心。那一刻，我真的不知道该怎么办，我把自己关在房间里，对着黑乎乎的窗帘一次次反省。我甚至不敢去参加同学会，我怕别人对高考的谈论会击溃我早已脆弱不堪的自信心。

直到我表哥过来给我讲了他的经历：从小爱画画的他一直梦想进入中国美院，他也很努力，艺术课成绩一直很优秀，只是文化课稍稍有些不如意。2012 年的夏天，他也没有进入美院，可他并没有因此绝望，他放弃了别的学校的录取名额，毅然决然地选择了高复。2012 年 9 月，他只身一人来到杭州，开始了一年的高复生活。功夫不负有心人，第二年，他如愿考入了美院。哥哥说：“挫折并不可怕，可怕的是你还没有去面对它就早早放弃。你要相信，上天带给你挫折，都是为了让你更好地成长。”9 月，我也开始了我的高复生活，老师的帮助，父母的支持，同学的鼓励，让这个“黑色高复年”变得异常美好。我找回了学习的自信，成绩也渐渐走上正轨。第二年，我进了重点线，并考上了上政。而我美好而快乐的大学生活也终于向我开启大门，我一下子觉得幸福其实也不过如此。

人生需要挫折，有挫折的人生才能让你在拼搏中体验征战历程中的美。人生对每个人都是公平的，人生好比两瓶必喝的啤酒，一瓶是甜蜜的，一瓶是酸苦的，你先喝了甜蜜的，其后必然是酸苦的。你只不过先喝了酸苦的，又何必作茧自缚、耿

---

① 本文根据《心理访谈与健康成长》课程班 14－15 秋 No. 058 陶婴自我成长分析改编。

耿于怀呢？但能否将酸苦的化为甜蜜的，关键在于你如何把握。如果你甘于酸苦的，那上帝也无可奈何；反之，如果你敢于拼搏，勇于争取，那你就有希望品尝甜蜜的。无论何时你都应明白：命运不是掌握在别人手中，而是自己手中。

每个人的心底都有一座活火山，它无时无刻不在运动；一旦达到爆发的极限，它将划破黑暗，照亮一切，辉煌你的人生。而促使它爆发的是永不衰竭的进取心，永不熄灭的对人生的渴望和追求幸福生活的激情。如果你真的热爱生命，那么就该走出挫折的困境，像狂信者那样投入生命的浪潮中去。挫折因它练就不懈而美丽！

【新的开始，我选择，我释怀】①

高考分数只超过重点线10分，选择一本还是二本这个难题摆在了我和我父母的面前。我想选择一本，但我可以选择的40所大学多数都在北方，而爸妈坚持反对我去北方，最终我妥协了，在上海读这所二本学校。初来大学，我的情绪很低落，没能选择想上的大学，也没能选择自己喜欢的专业，而且当我听到许多分数比我还低的同学都上了一本大学，一时间我埋怨自己，埋怨父母。心情沮丧和失落，专业课上睡觉，不参加任何活动，空闲时间上网睡觉就是我大一第一学期的真实写照。

我失落，因为我失去了一次自己选择的机会；我悲观，因为成绩比我低的同学读了比我好的大学；我不安，因为我觉得自己根本学不好法律这门专业。我的情绪不稳定，我被挫折死死地踩在脚下，我对未来倍感压力。直到期末，紧张的复习氛围才让我排斥的态度得到改变，我开始背书，死记硬背，虽然最后平均绩点也上了3分，但我觉得整整一个学期，我什么都没有学到。那时，我才恍然清醒，我已经荒废了原本应该好好经历的大学新生活。

首先，我开始改变，我不责备任何人，我不逃避既成的现实。我向好朋友倾诉，以此来发泄心中的不满，尝试参与课外的活动，与大学同学出去玩，渐渐地，这种埋怨的情绪被我遗忘了。其次，面对所受的挫折，我选择调整我原有的目标。想读设计专业的我被选择读了法律专业，但我并不能因此完完全全放弃自己，既然选择了，就不能浪费。我定下了对法律培养出兴趣，并通过司法考试的目标。有了目标，我的大学生活立刻就有了意义，有了目标，我就会坚持达到目标，我也坚信了那一句话，通向罗马的路不止一条。最后，对于我承受的压力。法律是一门需要好口才的专业，而我是一个偏安静的人，法律专业需要看大篇的文字，但我一看到满满都是字的书就犯困，我害怕毕业就是失业发生在我身上。于是我决定尽力而为，我相信尽力了就不会后悔。没有什么是做不到的，有志者事竟成。在忙碌的学业中，我会抽时间运动和休息，适当放松自己，我也知道，弦绷得太紧是会断的，大学生活多了许多自己的时间，只要合理安排，学业的压力就会减少许多。

---

① 本文根据《心理访谈与健康成长》课程班11－12春No.034周锴自我成长分析改编。

如果上天注定我不能成为自由的雄鹰，我也要做一只小小的蜗牛，向着自己的目标前进，永不言弃。每一次挫折都留下一处伤痕，每一处伤痕都让我更认清自己，更确定自己前进的方向。我相信，青春是有无限可能，无限美好的。新的开始，我选择，我释怀。

【做一朵在逆境中盛开的花】①

在逆境中成长，学会应对挫折，是我们每个人必上的一课。

就拿我自己来说吧，当初高考填志愿的时候没有考虑清楚，就草率地填了一个自己并不喜欢的专业，心想怎么也不会进这个专业。可偏偏有这么巧的事，差了几分进了这所学校，并且进了这个自己并不喜欢的专业。

收到录取通知书的时候，我还信誓旦旦地和家人说没关系，一切都会好的。可是当我真正接触了这个专业的东西后，我才发现自己真的对它提不起一点儿兴趣来，而且我很固执地认为将来我的职业和这个专业一定搭不上边。家人了解了我的情况后也曾劝导过我："现在毕业生工作和专业不对口的情况很普遍。你当前无段担心工作的问题，只要一心把学上好就行了。"但是，这些话未能奏效，因为我发现我还是对自己专业的学习不感兴趣，屡屡产生厌学的情绪。

这种情绪在我上高中的时候也有过，那时候我就读的高中是一所普通高中，就历年毕业生考上大学的比率来看并不乐观，于是有段时间情绪一直不稳定，心情低落，甚至有几次都没有去上学，还开始迷恋上了网络游戏。后来父母把电脑托姑姑保管，打消了我玩游戏的念头。老师也发现了我的问题找我谈话。老师说我这个年纪有点厌学情绪她能理解，但是一定要克服这种情绪，它不但会影响你的学习，还会影响你的生活。后来，我尝试在学校里多接触接触同学，认识了很多好朋友。朋友多了，你就会发现其实上学并没有你想象中那么痛苦。有什么不开心的事，我会向朋友倾诉，有空还会打电话互相问候。渐渐地，我的情绪也稳定了下来。

我以为那种厌学的情绪不会再产生了，谁知道一进入大学，接触到一个新的陌生的环境，它不约而来了。看到同一专业的同学在认真地学习，努力朝自己当一位律师的目标奋斗着，我心里很不是滋味。虽然结交到数位朋友，但她们都是喜欢自己专业的，没有人和我有同样的苦恼，因此在这点上朋友似乎帮不上我的忙。我也意识到不解决自己这个问题不行。于是，我只好另寻解决这个问题的方法。我尝试过改换自己的目标，选择既来之则安之，去试着接受自己所学的这个专业，立志将来成为一名法律人士，可是每每看到那些教科书上令人费解的专业术语，我的情绪又开始消沉了。特别是经历了进入大学以来的第一次考试，成绩不太理想，原先那股好不容易鼓起的劲全消了。虽然我明白"只要功夫深，铁杵磨成针"的道理，可

① 本文根据《心理访谈与健康成长》课程班 10－11 春 No.018 钱奕阳自我成长分析改编。

是学习真的是要有兴趣，才能越学越好的，像我这样强迫自己接受不喜欢的专业，效果是不会比那些自主学习的同学好的。

寒假里，做会计的姑姑让我帮她打一份表单，恰巧那时我们刚学完 Excel，现学现用，我很快打好了那份表单。这时姑姑无意中提到了让我有空去学会计的事。我仔细地思考了一番，觉得我不善言语，而会计也无须一副伶牙俐齿；我比较内向，而会计也不用整天和人打交道；我比较细心，而会计正需要这一条件。初步判定，这份工作还是适合我的。我想，我可以去试试，读个会计上岗证。后来我又了解到会计也需要具备一定的法律知识。这使我开始正视自己的专业，其实生活中有很多问题都会用到自己的专业知识。学好自己的专业，虽然不一定将来要从事与专业有关的职业，但是确实能为自己的生活提供一些便利，至少我掌握了这些知识，就不会被人糊弄，我相信这些知识对我将来的工作乃至生活是很有用的。于是，我重新审视了自己的目标并制定了新的目标：首先，学好自己的专业知识，为将来的就业作保障。其次，争取在四年大学学习生活中考出一张会计上岗证，离自己喜欢的职业更近一步。还有，考过英语六级，学好英语真的很重要。

这次挫折并不是很大，可是它给我带来了很多收获。经历这次挫折，我找到了学习的动力，重新拥有了新的目标，还多了一次应对挫折的经历。我觉得，挫折就像人生的财富，积累到一定程度，人们就会变得富有。而逆境并不是一道过不去的坎，只要你有勇气寻找出路，总能走出逆境，收获成长。

【让信念在心底长驻】①

有一种力量能让孤独的胡杨挺立在茫茫戈壁，只为完成生命不倒的光辉誓言；有一种力量能让平凡的蚕蛹挣脱硬茧的束缚，只为开始生命中的第一次飞翔；有一种力量能让生命短暂的夏蝉放声歌唱夏天，只为创造生命中唯一的辉煌；这种力量，响彻大地，它便是信念。如何应对挫折？在我看来，就是要让信念在心底长驻。信念就像一只海鸥，在黎明前，大海仍然处于一片墨蓝和黑暗中，它用奋力的嘶鸣呼唤朝阳和彩霞，终于迎来万道金光，彩霞满天。

曾经的我，也在茫茫的学海痛苦地挣扎。我是一个对文字敏感也自恃很高的人，然而我在作文上跌倒已有七次之多。还记得高三的一模语文考试，我的作文遭到了冷遇，使我士气大挫。之后的每次语文考试中，我的作文分数仍然少得可怜。我陷入了迷茫，不知自己该走哪条路，遵循什么作文之法才能站上一片高地。幸好在这期间我曾经在两次作文大赛中获奖，它们成了我漂流在茫茫大海上的两块木板，在这两块木板上我重重地刻上了“信念”二字，虽然有七个名叫“失败”的铅球不断要将我拖下水去，几乎要把我推到绝望的境地，即使我已经身心疲乏，即使我也有

---

① 本文根据《心理访谈与健康成长》课程班 15 – 16 秋 No. 110 张怡磊自我成长分析改编。

过要放弃的念头，但我最终仍紧抓着这两块“信念”的木板。我可以失去一切，也可以再多一次失败的创伤，但我不能放弃信念的支撑，它是我纵横于学习之海、人生之海最可靠的浮力。面对失败，我没有惶恐不安、丧失信心和勇气，没有“我不行、我不会、我不可能做到”的想法，相反我越挫越勇，积极进取、敢于拼搏，一有空就找老师帮我润色修改作文。我努力游着，寻找着大陆。我坚信，心有信念，就一定能找到我的新大陆。

而古往今来，成功的人也是靠信念才登上成功之巅的。曹雪芹坚定信念10年不动摇写下中国古典小说的代表之作《红楼梦》；歌德坚定信念60年不动摇，成就了人类探求真理的皇皇巨著《浮士德》；托尔斯泰坚定信念37年不动摇打造出史诗巨作《战争与和平》。因为有信念，打工者出身的爱迪生通过上千次的实验跻身于世界伟大的发明家之列；因为有信念，8年顽强抗战，中华民族才取得了抗日战争的胜利。

过去，已经过去，事实已经发生，不可能改变，我们能改变的只有：满意地面对我们的过去！无论过去如何地令你无地自容、满目沧桑、心疼不忍回顾，我们都必须学会谅解自己、宽容自己，把往事放下。可以找一个借口为自己解脱，如对自己说：“所有人都会经历失败，每个人都不可能做到尽善尽美，是凡人必有过错，所以我要原谅自己，重要的是我要有信念，要将现在的生活过好！”也可以从过去失败的经验中看到积极的成分，也可用现在的行动来弥补过去，总之，要让自己对往事释怀，不能让过去的失败成为你未来前进道路上的羁绊，使自己尽量满意地面对过去，培养积极心态，适当地归因进行改变。

信念是永恒的坚持，信念是不惧一切的勇气，信念是执着不悔的追求。信念使人充实，信念使人奋进，信念使人伟大。让信念成为我们心中的太阳，永驻心间，温暖漫漫人生路！

专题7 珍爱生命 直面人生

成长引导

引导主题：珍爱生命 直面人生

引导内容：生命意义及态度、心理危机及干预

引导环节：

- 案例导入：死亡诗社：尼尔的悲剧
- 理论概要：知识点解析
- 自我探索：《临终遗愿》
- 心声分享：感悟生命

引导目的：培育积极的生命态度；了解危机干预的意义及策略方法。

案例导入：死亡诗社：尼尔的悲剧

【案情概要】死亡诗社（第62届奥斯卡金像奖最佳原创剧本奖），外文名Dead Poets Society，又译为春风化雨、暴雨骄阳，是由罗宾·威廉姆斯、伊桑·霍克以及罗伯特·肖恩·莱纳德主演的一部励志电影，故事讲述的是一个有思想的老师和一群希望突破的学生之间的故事。

威尔顿预科学院一向以传统、守旧的方法来教授学生，可是新学期来校的新文学老师基廷却一改学校的常规，让自己班上的学生们解放思想，充分发挥学生们的能力。告诉学生们要“把握当下”，并以该原则行事。在教学的第一堂课上，基廷并没有在教室里上课，而是领同学们看校史楼内的照片，让他们去聆听死者的声音，并去领悟生命的真谛。基廷甚至要求学生将课本中古板老套的内容撕去，自由的教学方式让学生开始懂得自己的兴趣、爱好、前途和目标。他的学生们甚至反抗学校的禁令，重新成立基廷曾于该校学生时代参与过的秘密小组——死亡诗社，在校外很远的山洞中探讨诗歌、人生。但不久后，学校发现这个小组，校方对基廷老师的教育方法十分反对。

基廷的学生尼尔热爱表演，并在一次演出上大获成功。但他父亲坚决反对，并将他带回家决定第二天让其转学。尼尔极度痛苦却无法倾诉，在当晚自杀了。小组

成员之一卡梅隆出卖了他们。校方逼小组成员在声明上签字，将责任推到基廷身上，将他开除学校。在老师要离开学校的时候，学生们站立在桌上，并说着："哦，船长，我的船长!"以表达老师传达给他们的信念会在他们心中一直存在着。

尼尔的悲剧是谁之过?

尼尔的死，让人隐隐疼痛。那样一个翩翩少年，品学兼优，老师眼里的好学生，父母心中的好儿子。但在严厉的父亲命令下，他退出了校报编辑，在父亲与梦想之间、在传统和改造之间艰难地作出抉择。在他的身上我们既看到一个寻梦者的浪漫和激荡，也能看到背负着现实生活压力的被束缚者的无奈和呻吟。当尼尔戴着精灵荆冠站在舞台上时，他是那么出色的一位演员，所有的掌声都为他响起，所有的赞美都送给了他，但是帷幕落下，他却不得不面对盛怒的父亲和含泪的母亲——他没有听从基廷老师的建议，在跟父亲说出自己内心真正的想法和再次隐瞒事实、偷偷参加表演之间，他选择了后者。他是那么孝顺的一个孩子啊！他不愿让父母失望，不愿看到父母伤心的泪水，但他又怎能放弃自己的理想?在他深爱的父母与他渴望的梦想之间，他无从选择，更无力选择。是呀，年少的他，怎能承受生命如此之重?最终，他只能选择逃避，选择放弃。在月光中，他脱下了自己所有的衣服，除去了这个压抑的现实世界对他所加的一切禁锢，在戴上了那个精灵荆冠向着自己的梦与理想行礼后，他结束了自己年轻的生命。只剩下床上那套父母为他准备好的睡衣和窗台上渴望自由的荆冠在孤独地哭泣。

尼尔的悲剧可否避免?

尼尔父亲与尼尔之间不像是父子关系，更像是军官与士兵的关系，是服从与被服从的关系，尼尔在回答他父亲的话时用的是低低的嗓音，说的是"Yes，sir"。

尼尔处在学校与父权统治的双重重压之下，而跟学校相比，尼尔更无法突破的是他父亲的"威权"。在学校里，虽然有这样或那样的约束，但尼尔本身是活跃的、充满激情的，尤其遇到基廷老师后，他的灵魂与基廷老师形成对接，如果说基廷老师在别的学生那里种下了一颗自由的种子，对于尼尔来说，这种灵魂对接使他在极短的时间内让这颗种子发芽开花，"抓住今天，及时行乐"，他的生命在他所钟爱的舞台剧上灿烂了一次。

然而，尼尔可以坚持自己的信念，却不能抵抗父亲的权威，他始终没有勇气去找父亲谈一谈。在演出之前，基廷老师问他有没有找父亲谈过，他一度闪烁其词，甚至喃喃自语，期望父亲在外地不会来看演出而躲过一劫。但是在演出中，父亲还是来了，尼尔开始有些惊慌，有些心虚，但第二场出场还是勇敢地出来了，激情地演出，勇敢地谢幕。演出的巨大成功让尼尔充满喜悦，他终于在远远地望着自己的父亲面前做了一次"自己"，而不是像他父亲要求的那样。

尼尔有中国人所谓的"孝"，始终不愿与父亲发生正面冲突，在谢幕时的台词里也期望父亲原谅自己。或者，尼尔还寄希望于父亲看在他演出成功的份上，让他继续他的舞台梦吧！但在父亲眼里，尼尔参加演出的举动无疑是向他挑战性的示威。他发怒了，直接把尼尔叫回了家，他要让尼尔以后上哈佛大学，学医。语气同样不容置疑、不容反驳、没有一丝回旋余地，这是他为尼尔规划好的人生。尼尔没有选择，只能服从。父子间有简短的语言冲突，尼尔企图反驳，但父亲的话盖住了他的，让他觉得以后的生活仍像以前一样根本不可能由自己做主，于是突然就什么都不说了。

父亲走了，懦弱的母亲无力安慰儿子（不清楚他们的家庭背景）。尼尔一直在重复一句话：我今天演得很好，我今天演得很好……那一刻，已经知道了他有要死的想法。他把这次演出的成功看成他此生唯一的一次做"自己"，是他人生全部的意义。既然以后不能做"自己"，那么以后还有什么意义呢？父亲不向自己妥协，只有自己向父亲妥协，这个妥协就是死。

【评析要点】尼尔死了，死是一个悲剧，然而对于尼尔来说，他找到自己人生意义的路径又能在哪里？假如你是尼尔，你会怎样？

理论概要：知识点解析

7.1 "三生教育"的意义

7.1.1 大学生轻生的态势

据统计，中国每年至少有25万人自杀，200万人自杀未遂，自杀成为青少年的头号死因，自杀也是大学生非正常死亡的主要原因。

近年来大学生自杀事件屡屡发生，并出现上升趋势。据不完全统计，2000—2010年全国各地高校近600例大学生自杀事件，仅2011年上半年就有40多起大学生自杀事件。

自杀的方式，有坠楼、服药、割喉、割腕、自刎、上吊、溺水、煤气中毒多种形式。

自杀的原因，或因生活压抑，或因学业压力，或因就业竞争，或因恋爱受挫，或因身患绝症，或因亲情缺失。

血淋淋的自杀事件背后是家庭的悲痛和社会的叹息感伤。

为什么一些年轻而单纯的生命，会这样轻视生命？

由此也唤起人们对生命意义与态度的思考，也呼吁对"三生教育"的重视。

7.1.2 "三生教育"的意义

"三生教育"是生命教育、生存教育、生活教育的简称。三者之间互为条件、密不可分、相辅相成，是一个有机统一的整体。

"三生教育"的内涵极其丰富、深刻，涉及教育工作的各个方面、各个层次、各个环节，是一个系统工程。它是素质教育的基础工程，是德育工作的基本内容，是社会主义核心价值观体系建设的基本要求。

7.1.2.1　生命教育的意义

生命教育，是帮助学生认识生命、尊重生命、珍爱生命，促进学生主动、积极、健康地发展生命，提升生命质量，实现生命的意义和价值的教育。

通过生命教育，使学生认识人类自然生命、精神生命和社会生命的存在和发展规律，认识个体的自我生命和他人的生命，认识生命的生老病死过程，认识自然界其他物种的生命存在和发展规律，最终树立正确的生命观，领悟生命的价值和意义；要以个体的生命为着眼点，在与自我、他人、自然建立和谐关系的过程中，促进生命的和谐发展。

7.1.2.2　生存教育的意义

生存教育，是帮助学生学习生存知识，掌握生存技能，保护生存环境，强化生存意志，把握生存规律，提高生存的适应能力、发展能力和创造能力，树立正确生存观念的教育。

通过生存教育，使学生认识生存及提高生存能力的意义，树立人与自然、社会和谐发展的正确生存观；帮助学生建立适合个体的生存追求，学会判断和选择正确的生存方式，学会应对生存危机和摆脱生存困境，善待生存挫折，形成一定的劳动能力，能够合法、高效和较好地解决安身立命的问题。

7.1.2.3　生活教育的意义

生活教育，是帮助学生了解生活常识，掌握生活技能，实践生活过程，获得生活体验，确立正确的生活观，追求个人、家庭、团体、民族、国家和人类幸福生活的教育。

通过生活教育，使学生认识生活的意义，热爱生活，奋斗生活，幸福生活；让学生理解生活是由物质生活和精神生活、个人生活和社会生活、职业生活和公共生活等组成的复合体；帮助学生提高生活能力，培养学生的良好品德和行为习惯，培养学生的爱心和感恩之心，培养学生的社会责任感，形成立足现实、着眼未来的生活追求；教育学生学会正确的生活比较和生活选择，理解生活的真谛，能够处理好收入与消费、学习与休闲、工作与生活的关系。

“三生教育”的意义，就是要通过整合学校教育、家庭教育、社会教育的力量，激发学生的主体认知和行为实践，最终达到帮助学生确立正确的世界观、人生观、价值观的目标过程。

7.2　关于生命的思考

7.2.1　生命获得——来之不易

千万分之一的受孕机缘，

巧然获得了生命的机会。

为此牺牲了千百万兄弟姐妹的先驱。

十月怀胎的艰辛，
几十年的含辛茹苦养育，
成就了今天的青春年少，
为此父母付出了真爱和心血。

7.2.2　生命本质——娇柔脆弱

根据（2008年）官方数据统计，中国每年有800多万人非正常死亡！排在前七位的是脑血管、呼吸系统、恶性肿瘤、心脏病、损伤与中毒、消化系统疾病、道路交通事故死亡。

单项统计：（1）每年自杀死亡者高达28.7万；（2）每年约有20万人死于药物不良反应；（3）每年医疗事故死亡约20万人；（4）每年死于尘肺病约5000人；（5）每年约有25万人死于结核病；（6）2008年全国共报告甲、乙类传染病发病354万余例，死亡1.2万余人；（7）每年道路交通事故死亡约10万人（居世界第一）；（8）每年工伤事故死亡约13万人；（9）每年触电死亡约3000人；（10）我国火灾年平均有2300多民众伤亡；（11）全国每年1.6万名中小学生非正常死亡，3000名大学生非正常死亡；（12）中国每年死刑执行近万宗；（13）各类刑事案件死亡年均近7万人；（14）广州每年产生约1200具无主尸体；（15）每年因使用不当导致农药中毒的死亡人数达上万人；（16）每年食物中毒死亡达数万人；（17）1986年因酒精中毒死亡9830人；（18）我国每年过劳死人数达60万；（19）经由不安全注射传播的肝炎和艾滋病，已导致39万国人提早死亡，并造成689万寿命年的损失；（20）每年癌症新发病例为220万人，因癌症死亡人数为160万人；（21）每年因食品污染导致5岁以下的儿童死亡人数在200万以上；（22）每年由室内污染引起的死亡人数高达11.1万人；（23）全国每年因装修污染引发呼吸道感染而死亡的儿童高达210万，其中100多万5岁以下儿童的死因与室内空气污染有关；（24）每年因空气污染死亡65万人。

合计877万人以上，扣除可能存在重复部分，同时考虑统计不全部分，每年非正常死亡远超800万人！

有人说，生命就如同玻璃杯，稍不经意，一瞬间，一刹那，就会碎去。

有人说，人生无常，我们永远都不知道下一秒会发生什么。

医学说，人的血肉之躯是那样的脆弱，一条血管、一根神经的损伤都可能会危及生命！

7.2.3　生命承担——负重艰辛

生命的承担，是在人生的付出与收获、顺利与挫折、幸运与坎坷中，去考验人们面对控制与放任、勇敢与懦弱、逃避与担当、力所能及与不可承受之重的智慧与勇气。

申力雯的《京城闲妇》关于生命力量的感悟中有段话：

人生就像一次旅行，旅途上有泥泞、黑暗、险峰，也有春光……无论你愿意还是不愿意，人生就是这样从一个驿站到另一个驿站的旅程。

懂得生命本身只是一个过程，人自然就心平气和。所谓命就是机会运气，谁也否定不了机会运气的力量。命运就是自己无法控制的一种冥冥之中的东西。如果命中注定有一个钢板压在你身上，你也得扛着。

人活在世界上，必须有一种承受力，承受幸福与痛苦的力量。不能因为一根稻草掉在头上，就要大哭大叫，即使你的脖子上套着一根锁链，你也别想拿下来扔掉，因为它可能已连着你的血肉，你唯有无悔地把它套上，平静地走向下一个驿站。

松下幸之助《谈人生》写道：

人的一生，或多或少总是难免有浮沉，不会永远旭日东升，也不会永远痛苦潦倒。

反复的一沉一浮，对于一个人来说是就是磨炼。

因此浮在上面的，不必骄傲；沉在底下的，更用不着悲观，必须以率真、谦虚的态度，乐观进取，向前迈进！

7.2.4　生命意义——思索定位

生命的意义是一个解构人类存在的目的与意义的哲学问题。这个概念可以通过许多相关问题体现出来，例如，“我为何在此?”“什么是生命?”“生命的真谛是什么?”

自古以来，人们对“生命的意义”各抒已见，争论不休。有的以为，生命的意义是从父母那遗传过来的遗传基因DNA的表象而已。有的以为，生命的意义本身就是它没有意义，而任何事情都可以成为它的意义。有的以为，生命的意义就是揭示诞生和死亡的过程。有的以为，生命的意义就在于它的价值和作用。

不同的人对于生命的意义会有不同的解读。

放羊娃的心思：大山里的放羊娃与记者之间的对话，引发人们对生命意义的思考。记者：你长大了想做什么？放羊娃：娶媳妇。记者：娶了媳妇做什么？放羊娃：生孩子。记者：生了孩子做什么？放羊娃：放羊。

世人的感悟：每个人由于生长的环境不同，对于自身的认识也会不同。山里人：性情纯朴，生活简单。在他们看来，日出而落，日落而息，和家人一起欢聚天伦即是最简单的幸福。城里人：习惯了繁华、喧嚣，有时是奢侈。对于生命，多半追求的是一种物质上的满足，然后是精神上的满足。每个人对于生命都有不同的思考，每个阶段也不一样。生命的意义的界定因人、因时而异。关键是你正在做的、你将要做的事情，是否会让自己感到满足、幸福、快乐。

共产主义者的理想：生命的意义在于为人民服务。为了人民，多少共产党人先天下之忧而忧，后天下之乐而乐；他们前赴后继，呕心沥血，抛头颅、洒热血，谱写了多少可歌可泣的感人故事。

一本书里说：生命的意义在于：不断获取知识和帮助别人，并从中体验快乐。个人的生命在求知、助人、快乐中度过，是一个可以适合任何人、任何阶段生命意义内涵的解读。

笔者也曾以“激发活力，快乐人生”为题，写下对生命意义的感悟：

全心全意为人民服务，是党的根本宗旨。

助人为乐，是中国人民的传统美德，是共产主义的精神境界。

作为一名肩负大学生心理健康教育职责的教师，要求自己的工作效率朝“春风化雨”般的目标努力。努力用自己的智慧、学识和对人生的感悟，凭借自己的爱心、责任心和影响力，去打开学生的心门，融化他们的心结，激发他们的活力，引导他们把自己培养成自信、自强、自尊，充满友善、充满爱心，敢于承担责任的人。

作为一名传授心理学应用技术的专业教师，要求自己的专业水平向着与国际接轨、国内创新的目标努力。努力用自己的知识、技能和治学精神，激发莘莘学子对专业的热爱，对职业的敬仰，同时以有效的方式向他们传授专业技能和知识。并且，还乐于用自己的专业技能为社会服务。

作为一名受党和人民多年培养的高级知识分子，要求自己与时俱进，不断学习，努力创新，回馈社会。坚持每天多学习一小时，每月至少阅读一本书籍，并不断把所学转化为所用，使思路常有新意，方法常有新招，解决问题的能力不断提升。

作为一名受党多年教育的共产党员，要求自己心系群众、服务社会、遵纪守法，恪守校规，在学校、在社区、在社会、在家庭都努力做到尽我所能、真诚友善、乐于助人，起到表率作用。

努力使自己能够在真诚、乐观、积极的人生态度和精神激励下不负使命，服务社会，体会人生的快乐；也使走近自己的人受到鼓励，得到帮助，从而激发出自身的活力，振奋工作，快乐人生。

让自己在生命过程中，不断激发潜能，体验快乐！（2006 年 6 月 13 日党建小结）

7.2.5　生命价值——自斟自重

生命的价值有感：

有一个生长在孤儿院中的男孩，常常悲观地问院长：“像我这样没有人要的孩子，活着究竟有什么意思呢？”

院长总是笑而不答。

有一天，院长交给男孩一块石头，说：“明天早上，你拿这块石头到市场去卖，但不是真卖，记住：无论别人出多少钱，都绝对不能卖。”

第二天，男孩蹲在市场角落，意外地有好多人要向他买那块石头，而且价钱越出越高。回到院里，男孩兴奋地向院长报告，院长笑笑，要他明天拿到黄金市场去卖。在黄金市场，竟有人出比昨天高十倍的价钱要买那块石头。

最后，院长叫男孩把石头拿到宝石市场上去展示。结果，石头的身价较昨天又涨了十倍。更由于男孩怎么都不卖，竟被传扬为“稀世珍宝”。

男孩兴冲冲地捧着石头回到孤儿院，将这一切禀报院长。

院长望着男孩，徐徐说道：“生命的价值就像这块石头一样，在不同的环境下就会有不同的意义。一块不起眼的石头，由于你的珍惜，惜售而提升了它的价值，被说成稀世珍宝，你不就像这块石头一样？只要自己看重自己，自我珍惜，生命就有意义，有价值。”

7.2.6 生命态度——积极乐观

积极乐观的生命态度，就是用真、善、美的心去感悟世界，感悟人生，用自信、坚定、热忱、奉献、助人的态度去体验人生。

金武官教授认为，怎样对待生命？可以用三活：活着、活长、活好来回答；怎样驾驭生命？可以用五要：一要以生命为本；二要遵循生命的波动曲线；三要让感觉来保卫生命；四要发展自我独立圆；五要培养美感来为策略。培养美感的内涵：第一，最重要的是对我们本身生命的美感；第二，对自然界要有美感；第三，培养对社会的美感；第四，培养对艺术的美感。

岳晓东教授认为，积极乐观的生命态度，可以通过培养主观（自我）幸福感来实现，就是幸福在我心。无论外界人怎样看我，我自己看清自己。自己的自信心不随着别人的评价而改变。别人说你好话、歹话，你都能心平气和。对自己有信念，才能做到心平气和。要有主观幸福感和自己的信念，是为别人活着，不是为自己活着。培养主观幸福感，就是不要太把自己当回事或不当回事。太把自己当回事，是自恋；太不把自己当回事，是自卑。所以该你自信时，你就自信，培养主观幸福感。

7.3 自杀心理危机干预

心理危机干预，本质上就是一个短期的心理援助过程，是对处于心理困境或遭遇到心理挫折而出现心理严重失衡的人予以关怀和支持，使之恢复心理平衡的过程。

自杀心理危机干预，就是在认识自杀心理危机本质的基础上，及时有效地给予自杀者心理支持，使其恢复心理平衡，放弃自杀行为的过程。

7.3.1 自杀心理危机解析

7.3.1.1 基本含义

心理危机，指的是人们在生活中遇到自己不能解决或处理的严重应激事件时，发生的严重心理失衡状态。

美国的吉利兰认为：危机是一种认识，当事人认为某一事件或境遇是个人的资源和应付机制所无法解决的困难。除非及时缓解，否则危机会导致情感、认知和行为方面的功能失调。

心理危机极易引发自伤、自杀、攻击他人、违法犯罪等行为。

7.3.1.2 激发事件

引发心理危机的应激事件（引起个体高度紧张的事件）可能来自个体外部（如自然灾害），也可能来自个体内部（如疾病）。

主要是生活中遭遇的挫折事件。

生存、就业、家庭亲情、社会认同等方面的欲求不能满足，目标不能实现，或者经历重大的丧失等。

大学生常见引发心理危机的应激事件：学习压力、环境适应不良、失恋、抑郁症等神经症的困扰及其他情况。

7.3.1.3 心理动因

自杀者为什么要轻生？

自杀者认为痛苦状况是无法逃避的、无法忍受的、永无止境的。

自杀最常见的原因是寻求解决问题的方法。

心理危机的发生，有当事人消极的认识介入，即个体认为这个应激事件是个人的应激能力和资源无法解决的。

尝试了所有解决其问题的方法，但都以失败告终。

想不出其他的解决问题的方法，尤其在其极度痛苦时经过多次的自杀行为，开始认识到自杀几乎是解决任何问题的一个好方法。

这种消极的认知，有应激事件对个体的影响，更与个体因素密切相关。

遗传素质、个性特征、生活经验等都会影响个体对应激事件的认识。

7.3.2 自杀心理危机干预

7.3.2.1 干预对象与依据

自杀心理危机干预的对象是：有心理危机的人，在有自杀“可能的”征兆出现之时。

这些有自杀“可能的”征兆，包括言语上和行为上的迹象。

言语上的迹象有：直接说出：“我想死”，“我不想活了”；或委婉说出：“我所有的问题马上就要结束了”，“现在没有人可以帮助我”，“没有我，他们会过得更好”，“我再也受不了了”，“我再也不会成为别人的麻烦了”，“我的生活毫无意义”等；或与人谈论与自杀有关的事情或拿自杀开玩笑；谈论自杀的计划，包括自杀的方法、时间和地点；流露出无助、无望的情感；与亲朋告别；谈论自己现有的自杀工具等。

行为上的征兆有：出现突然的、明显的行为改变，如中断与他人的交往，或危险行为增加等；有抑郁的表现，如情绪的改变、睡眠或食欲的改变等；有条理地安排后事，频繁出现意外事故，饮酒或吸毒量增加等。

7.3.2.2 干预目标与时机

自杀心理危机干预的目标是：改变心理危机者三个“无”中的一个或几个。针对问题是“无法逃避的”，要显示出问题是可以解决的；针对问题是“无法忍受的”，要显示出无法忍受的感受是可以改变的；针对问题是“永无止境的”，要表示消极的感受是可以结束的。

一般认为，自杀危机通常持续24~72小时，这也是心理危机干预的切入时机。

7.3.2.3 干预策略与要点

自杀危机干预的策略，可以用“科学化解、及时报告”来概括。

自杀危机干预的要点，一般有：①保持冷静，耐心倾听。②让他谈自己内心的感受。③要接纳他，不对其做任何评判。④不要试图说服他改变自己的感受。⑤询问他们是否有自杀的想法。“你是否有过很痛苦的时候，以致令你有想结束自己生命的想法?”（询问一个人有无自杀念头不但不会引起他自杀，反而可能会挽救他的生命）不要这样问：“你没有自杀的想法，是吧?”⑥相信他所说的话，任何自杀迹象均应认真对待。⑦不要答应对他的自杀想法给予保密。⑧让他相信别人是可以给其帮助的，并鼓励他寻求他人的帮助、支持。⑨要尽量取得他人的帮助以便与你共同承担帮助他的责任。⑩如果你认为他即刻自杀的危险很高，要立即采取措施：不要让他独处；去除自杀的危险物品，或将他转移至安全的地方；陪他去精神心理卫生机构寻求专业人员的帮助。如果自杀行为已经发生，立即将其送往就近的急诊室。

丛中博士①提出面对一个要自杀的人可以说的几句套话：①你有权利自杀。（含义：尊重、接纳他，明确是否自杀是你自己的事，你要对自己的行为负责）②自杀是每个人一生中都曾出现过的想法。（含义：你不是世界上唯一有自杀观念的人，你自己不必为有这样的想法而恐惧或自责）③自杀是一个遇到困难还没有找到解决办法时的一种想法。（含义：其实强调自杀是摆脱痛苦的手段而不是目的）④你遇到了什么困难让你痛苦得想到要自杀？这些困难具体是什么？（把话题引向深入，发现他的具体困难和痛苦是什么，他遇到了什么问题，为下一步提供心理援助打下基础）

要切记：自杀危机是一个复杂的事件，而非简单的事情。其间有多重矛盾的情感交织在一起，发现自杀危机，在积极科学干预的同时，一定要及时报告。

自我探索：临终遗愿

请根据所列命题，进行自我心理成长探索。

① http://wenku.baidu.com/view/3f85d228453610661ed9f4ab.html.

自我探索：《临终遗愿》

意义：珍爱生命　直面人生

要求：假定经体检确认你患了不治之症，按常规生命只有一年。

那么请你做如下两件事：

一、记下这一年中最想做的十件事：

1.

2.

……

二、写出想留给任何人的一段话：

(100 字左右)

认真投入去想，富有冲击力，会记住。

帮助进入情景（放音乐）

心声分享：感悟生命

【珍惜自己，活在当下】①

“临终遗愿”课堂遐想：

“把活着的每一天看作生命的最后一天。”——海伦·凯勒

凝视着手中的白纸垂头苦思，一向随性的思维瞬间回归本位，我知道，这一刻我认真了。

遗书，可真不是个吉利的东西。还有一年的生命是吗？老师你太狠了，不过，让我来想想。

周游列国？蹦极爬山？体力恐怕不行。

海吃胡喝？逛街购物？身体不许。

一见钟情？二见倾心？别耽误人家了。

陪爸聊天？给妈刷碗？嗯……省时省力不用钱，就决定是你了。

等等，还有那帮损友，好像，我不在了，没人欺负你们了？

直到生命余日不多时，我才发现，脑海里源源不断流泻出的，都是你们。检索一下，读到的满满都是爱，那你们是否也是如此呢？

一、我们去一次耶路撒冷吧，去看看那个传说中夕阳下的金色城市，如此震撼

① 本文根据《心理访谈与健康成长》课程班 10－11 春 No. 021 方圆自我成长分析及课程心得改编。

人心，哭墙前的朝圣者，撩起你心中沉淀的最后一丝寂静，你会发现，天堂其实不远。

二、我来做饭给你们吃吧，味道可能不好，第一次下厨，请多多包涵。

三、给爸妈买新衣吧，穿了那么多年的可以脱下了。

四、要不要捐献器官？貌似没有剩下什么好用的了，还是不要祸害人家了，那就挑个相对好一点的吧，质量不太好真是不好意思了。

五、打扮得漂亮一点，姐妹们我们合影吧！

六、去一次韩国，好想见见我的偶像啊，告诉他，坚持一辈子喜欢一个人真的很了不起，起码给我签个名吧。

七、妹妹要中考了，我来辅导吧，姐姐可是宝刀未老的。

八、爷爷奶奶外公外婆，跟我做操吧，有益身心健康哟。

九、吃完晚饭出去兜马路，别人一家都是这样的。

十、最后海葬吧，省钱又环保，时下流行的呀。

落完最后一笔，这张被左手揪了又揪的纸如同我的心情一样，早已满是褶皱了……一切其实都是空谈，活着，比什么都重要。人生充满了戏剧性，你无法预知下一刻是悲剧还是喜剧，潇洒一生，活在当下，名利于我如浮云。

也许我前面十多节课浑浑噩噩，但是这节课，我的心灵震颤了，我看到了听到了许多鲜花的凋零，那些前一秒还鲜活无比的生命，带着尘世未了的愿望，转身远去。

我们这一代，学着上一代追名逐利，没有发现身边人的渐渐疏远；我们这一代，吃喝玩乐，永远都不知道自己为谁而活着，只顾享乐。自私吗？答案不言而喻。对于父母来说，子女平安健康地过完这一辈子，就是他们最大的渴望，我们都还没有为人父为人母，无法体会那种心情。找不到工作，高考落榜，爸妈总是笑着说："没关系，我们养你。"朋友总是拍着胸脯说："没关系，将来跟着我混！"一句句，总是如此温暖人心。

而我，就像长不大的小孩，不会讲关心的话，不记得要吃早饭，总是等到别人瞪着眼睛一脸无奈地塞给你一个面包跟你说："早饭一定要吃，不然胃不好！"当我空闲时一个电话找过去聊天，一个一个的总是忙得团团转，于是电话一扔，哼，不理你们了！长不大啊，长不大，只知道一味地满足自己。漂浮于尘世，花花绿绿的世界总是吸引人的，但是身体是父母给的，自己若不珍惜，等到失去时才悔恨莫及。朋友有自己的学业与工作，如果你认真思索，就不应去打扰，什么时候才懂得体谅别人？也许就是从这节课开始吧……

所谓遗书，只有真正在写的时候，才发现自己对亲情友情的深深依赖，其实不想走……

那一天，心情是极其压抑的。

5月20日，给所有朋友发了短信：清晨第一时分，让我来叫醒你，道一声早安，说一句520。从那一天起，爸妈接电话接到厌烦，我却乐此不疲……

珍爱生命，是对自己也是对别人的尊重，我活着，所以你们也不能放弃。

母爱如水，父爱如山。怀有身孕的妇女想着八个月的孩子头朝地跳下，那是何种撼动天地的力量。

学会关心身边人，学会珍惜自己，活在当下，这是作为一个有知识有理性的成年人应当有的思想。当你看到朋友的展颜欢笑，看到父母的安享生活，你就得到了全世界。真的不要多，名利什么的，累赘而已，生活不就是平凡此生，遗憾不留。

老师有一句话说对了，“90后”并不都是脑残，我们也是21世纪有文化、有理想的青年，并不是一味追求着名牌爵位、满身铜臭味的刷卡一族，我们正在成长。

生命其实很脆弱，但是上帝眼里的众人们还是在这个水晶球一般的小小世界里奋力地活着，发光发热！

珍惜自己，活在当下。我心向往，愿你如斯。

【原来我还有那么多的事未曾做过】①

那节珍爱生命的心理访谈课上，老师让我们以《临终遗愿》的形式，记下了这一年中最想做的十件事：1. 拍一张全家福（爸爸、妈妈、奶奶）；2. 养一只小狗取自己的名字；3. 把所有美好的回忆全部记录下来，做成一部纪录片；4. 跟爸妈学做菜，然后亲手烧一桌菜与家人一起分享；5. 去次西藏，想在离天最近的地方，放声呐喊；6. 和心爱的人看一次日落，日出，一场雪；7. 献一次血，捐出自己的骨髓，帮助那些需要帮助的人；8. 给好朋友送一份自己制作的特殊礼物；9. 帮奶奶折纸钱，带她去看爷爷的墓碑；10. 给曾经所有帮助过，爱护过我的人写一封感恩的信。

原来我还有那么多的事没有做?！这是做完那堂主题为珍爱生命的实验后，看着自己所写下的内容时被自己震撼到的！

我突然意识到人的生命是如此脆弱不堪一击，对一个小小的临终遗愿幻想我都觉得可怕而产生莫名的恐惧感，心里反复地想着，慢慢进入状态后，我的心理变化是我是真的即将死去，于是一种强烈的思想让我一气呵成地写下了那十件最想做的事。当我写完后再看，我突然发现，这都不是什么大不了的伟大事情啊，这都是平日里应该做的却最为忽略的小事啊，为什么在拥有鲜活生命的时候我不去珍惜不去完成它，而是等到生命即将终结才会想到它呢?！我感谢这个实验，感谢这门课程，至少是它让我发现自己的疏忽，发现内心的另一个自己，另一个更完美的自己。实验不但没有让我消极，反而让我更加积极面对每一天，更加珍惜每一天的每一秒钟，感恩这个世界上曾经帮助过我的每一个人，而我也将用我自身的力量去帮助回报更

---

① 本文根据《心理访谈与健康成长》课程班10－11春No. 119马晓芬课程心得改编。

多的人，从身边的小爱开始不断地延续到大爱。

那节课后，我开始一件件地完成那些“原来我还有那么多的事未曾做过”的事！

【心理游戏催我泪下】①

我想如果不是因为那次课程需要，我是绝对不会想着要写一份遗书，我也是绝对不会想到自己有勇气给父母留下遗言。

生命的珍贵也许只有当最后一刻的到来，才能真正体会。我很惊讶，虽然只是一个心理游戏，可是在课堂上的同学没有人不是在认真对待。在写“10件想要做的事”时，每写一个心里就沉重一分，在写到给父母的遗言时，更是只写了几个字，就掉下了眼泪，再也写不下去。可是心中脑中真是满满的话语，只要想着，以后可能再也不能陪着父母，就欲语泪先流了。

大二的时候，我真正地感受过贴近自己的“离别”，不同于外公外婆、爷爷奶奶，老人的去世更多是带着一份对尘世的解脱，那次的“离别”是我们班的班长，曾经和她一起参加英语演讲比赛、曾经和她一起英语诗歌朗读、曾经为全班尽心尽力的班长。虽然不知道为什么她会选择放弃生命，但是我仍然为她感到惋惜，她可以说是当年外语系专科最有潜力的人，一天内一次性通过中、高级口译笔试，一等奖学金、优秀学生干部全包，任课老师包括外教都对她称赞有加，可以想象若是她还在，她会是多么优秀，多让父母感到骄傲……可是一切都晚了。

每个人的生命只有一次，每个人的能力是有限的，可是我们要找准自己的位置，做好我们自己，便是对自己的一生尽到最大的责任。生命是可贵的，人生只有单程票，乘上生命之车，就要向前飞奔，岁月无情，人生留痕，一旦逝去不会再生。我们没有理由不珍爱自己的生命，为爱自己和自己爱的人。

【我曾买好了刀片准备轻生】②

要说成长，20年了，种种体验其实都有过了吧，虽说是被父母所保护着，但毕竟我们生活在这个世界上，总是会有一些“突发”的事情。因此，“自我”的转变好像总是在不停地进行。

不过说要剖析的话，我就选一段记忆与体验最深的经历来说吧。

我不是应届毕业生，因为第一次高考的失常，无奈之下加入了复读的大军……

以前的我，开朗跳脱，永远停不下来似的，做事总是张扬高调。可是在这一年中一切都改变了……

① 本文根据《心理访谈与健康成长》课程班11－12秋No.128何湘芸课程心得改编。

② 本文根据《心理访谈与健康成长》课程班14－15春No.041谢祥兆课程心得改编。

高考的失利，好似让一直高调的自己瞬间成了一个备受关注的“笑话”，曾经的一些不友好的同学，在聚会的嬉笑、取笑，部分亲友之间奇怪的眼神……在这些不一样的刺激中，我变得沉默、冷眼待物。

起初的自己很委屈、很痛苦，也很无奈。毕竟，自己也不想得到高考失利的结果，好想好想在亲友间收到一句安慰，然而并没有……包括父母，他们虽没有指责，却在不停地埋怨……

在那一个月中，我首先是自我放弃了，因为我找不到自己继续生存的理由了，连父母都似乎不再爱我了。我甚至都买好了刀片，准备轻生。呵呵，可是搞笑的是，当一切都准备好了，并且刀片已经对准了左手的动脉时，我犹豫了。对的，我那时突然放弃了轻生的念头，仅仅因为一句话：我无法将世界让给那伙我鄙视的人。是的，我是一个十分骄傲的人，即使我失利，但我绝不会失败，因为我有其他人所没有的骄傲！也正是这时，依旧握着这刀片的我，拿起电话告诉了我爸：我要读书、我要复读！（之后刀片我收了起来，我的家人都不知道这段经历，他们也将一直不知道，一个永远的秘密）

复读的一年中，我不否认我有过松懈，但我能自豪地说，绝大多数的时间，我感觉到了活着的意义：充实的生活与纯净的奋斗。

其实在这一年中，自己也在反省，复读的人许多，为什么大多数人并未被“歧视”，而我却被一帮曾经被我死死压制住的人所戏弄。我不否认，这些人中，有的我得罪过，可是有些我很少接触的人也冒出来了。以往的高调，的确让我吃足了亏，也体验够了鄙夷与轻蔑。

这一年，我开始了忍耐与收敛，低调与平静。这个过程走了很久，除了自己的挣扎，还得到了很多好友的宽慰与劝解。自己也从开始的偏执转向了正常的努力，消去了刚开始的那个“阴暗”的想法。也正是从这段经历中，我学会了与好友谈心，也能通过好友对我的评价与建议去改善自己现有的不足。

在这个过程中，自己在不断地快速成长、成熟。

【生命的感悟】①

学完心理成长课程以后，我有很多感悟，也学会了很多处理事情的方法，但是让我印象最深的是珍爱生命。我有太多、太多的感悟。

我曾经看到过一场自杀事件。那是我们一个隔壁班的同学，爸爸妈妈离婚了，而妈妈比较有爱心，就收养了两个孤儿。而在他的心里，他认为妈妈不够爱他，或许也是因为爸爸妈妈离婚对他的伤害，他在清明节那天的凌晨写完遗书，爬到寝室楼楼顶，纵身一跃结束自己的生命。而我在第二天路过男生寝室时，看到了他的遗

---

① 本文根据《心理访谈与健康成长》课程班 11 - 12 秋 No. 054 杨晨曦课程心得改编。

体。虽然被蓝布盖住，但我还深深地记得他头周围的那一摊血迹。那是一个多么开朗的男生，还有100多天就要高考了啊。我记得当时我们整个年级都处于一种悲痛的气氛，我们有几个和他玩得好的同学都哭到崩溃，而我一整天都没缓过神来。他的妈妈来到学校，知道他自杀时，晕了过去。醒过来时，我们一栋教学楼都能听到那撕心裂肺的哭喊。这件事才让我对死亡有所认识。我才开始意识到，我们的一生和太多太多的人有着千丝万缕的联系，当我们试着结束自己生命的时候，会有太多太多的人为我们感到悲伤。

那天写生命剩下一年时，想要做的事和想要说的话，在这个过程中，我从头哭到尾，一直都停不下来。经历过生死，我有太多太多的感悟。当我真正投身于情境中时，我发现我写不出来我要做的事，不是因为我没有事想做，而是我发现我的人生需要做的事情太多，我根本无法将排出哪些事最重要。从我一出生，我的父母就在为我不停地付出着，我曾经看过一句话，“要是没生我，爸妈这些年养我的钱早够环游世界了”。为了给我创造更好的条件，父母对自己相当小气，对我却无比大方。而我却从未给过他们回报，我还没开始赚钱，却学会了怎么花钱。那一刻我在想，如果父母真的失去了我，那么他们这一辈子就只是经历了不断为女儿操劳，好不容易快要熬到女儿可以对自己有所回报时，却失去了她。我不敢想象那么爱我的他们如果失去了他们唯一的孩子，他们会怎样。所以，最美的东西就是活着，活着你才有机会去回报你的父母以及所有爱你的人。同时，生命的价值如此之高，我们不应该再碌碌无为了。

老师的经历颇具传奇色彩，让我很震撼，也给了我很多动力，我也该为我的人生闯一闯了。

最后就是，任何事都可以等，唯有孝不可以，所以就算是我们现在没有经济实力，也要尽我们最大的努力来孝顺父母，因为生命中太多意外，我们不要等无法实现我们孝心的时候才暗自后悔。

【珍爱生命】①

其实谈到这个话题我觉得挺羞愧的。在我高二的时候，压力过大导致我的神经过于敏感，受不了一点点的风吹草动，那时候不知道怎么了，什么都觉得很烦躁，然后有时候就冒出了还不如死了算了，一了百了的想法。而在一次考试失利被爸爸训斥后，这种想法就非常强烈，强烈得让我自己有点心惊肉跳，迫切地想做些什么让他后悔的事情。

但在今年的暑假里我忽然感觉生命是多么的脆弱和来之不易，它就像娇嫩的刚刚盛开的露水玫瑰在突来的暴风骤雨下一样七零八落，最后化为天地间的一丝尘埃，

① 本文根据《心理访谈与健康成长》课程班15－16秋No.081杨萌课程心得改编。

不见踪影。

因为我们另外学习的一门课还没有结束，所以在今年暑假开始后的第四天我还在学校，因为想妈妈所以给妈妈打了一个电话，我像往常一样问妈妈在干什么。妈妈和我说她在医院，我很着急问了妈妈是不是生病了，妈妈说不是她，就是陪人去看病，让我好好学习。在此其实我并没有想太多，因为妈妈的一个朋友身体不好，时常去医院都是妈妈作陪。可是等我回家以后，爸爸才告诉我，舅舅生病，是肾衰竭，还是急性的。我打电话给妈妈的那一天，就是舅舅下病危通知单的那一天。我完全没有想到一向身体健康的舅舅为什么会突然得这种病。医生说这可能是由毒物引起的。之后妈妈就带我去看舅舅，当看到他那一刹那，真的，其实不知道该说什么好，鼻头一酸，眼泪就在眼眶里打转，然后我就找了个借口走到病房的洗手间里洗了把脸。舅舅几乎瘦成了原来的一半，原本和善圆润白皙的脸变成了灰暗的皮包骨，眼眶下有明显的青黑，原来合身的衣服变得空荡荡的，昭示着短短几个星期内主人的巨变。舅舅和我聊了会儿天，他的语气中明显有点力不从心。我就在病房里坐着陪舅舅，舅舅一直盘腿坐在床上不知道在想些什么。印象中的舅舅总是乐呵呵的，就算是有一次被小偷偷了很多钱，他还笑嘻嘻地安慰我们说还好他人没事。那天之后，妈妈送我去外婆家，她自己又去照顾舅舅了。然后，在几天后，妈妈打电话给我，说她觉得生命太脆弱了，在那天死了三个人，两个由于血管变薄了没撑住死在血透室的手术台上，另一个很年轻的人受不了就放弃了……隔了几天，我和二姨去看舅舅，他的脸上似乎带了一些笑意，和病友聊得挺开心的。一直到现在，舅舅渐渐又和以前一样，和我们聊天开玩笑。

其实讲到这里的时候，我是挺有感触的，一开始完全接受不了，到现在的慢慢适应，是需要很大的自制力的，我很佩服我的舅舅。我现在觉得当时我的想法过于偏激，也许压力只是一个因素，但更重要的是我并没有经历过人生大变，缺少对生命的感悟。我体会不到那种对生命的渴望和执着。而且，我的想法有时乐观有时候又过于悲观。甚至在我的内心还很迷茫，到底什么是生命？今天，在课堂上，老师让我们大家写下如果现在还有一年的时间，你最想做的十件事情是什么？一瞬间，我脑子里闪过了我家人的身影，我在想如果这是真的，我的家人受得了这样的打击吗？我又能为他们做什么呢？想想在所有人面前都很坚强的妈妈却因为舅舅的病躲在书房里失声痛哭，想到一向快乐的家人因为舅舅的病变得寂寞和小心翼翼。究竟什么才是生命存在的意义？在当时我那种轻生的想法其实很草率，我并没有想过其实我可以用另一种方法精彩地活着。“生命”二字太过于沉重，没有谁可以轻率地说出我放弃它，我不想要它。

经历了这件事，我不能说我已经大彻大悟，只能说我不会轻易放弃这来之不易的生命。我并不是一下子就这样想通的，我的性格是一方面的因素，我其实有时候很悲观，但是现在当我的思想出现偏差的时候，我会对自己讲，生命如此美好，我还想看到很多很多东西，而且死了之后就吃不到好吃的东西了，那是很悲剧的事情。坚持不下去的时候，就想想舅舅，我也可以像他一样坚强乐观，我觉得如果一个人要学会珍爱生命首先要有良好的心态，多做一些有利于身心的事情。舅舅在很坚持地活着，他说他希望每一天都很快乐，他现在每天都坚持和外公一起出去散步。而且在我有一个愿望支持着我，我希望我能努力让我的家人过上更好的生活和我想看到一个奇迹就是舅舅能好起来。我觉得，有一个要实现的目标人们活着才有动力。我只能说，现在的我脑子里没有出现过那种想法了，以后我会牢牢记住生命来之不易，且行且珍惜。

【生死，如何抉择】①

“每个人都有一段悲伤，想隐藏，却欲盖弥彰”，一首歌这么唱道。

回想起那段时光，以前的我一定会这样描述：“仿佛乌云笼罩着整片苍穹，倾盆大雨来临前，闷热、阴暗，鱼儿窒息般地浮出水面，鸟儿痛苦地贴地飞行。”而现在早已走出阴影的我，文字也变得乐观起来：“那段时光宛如教导我人生意义的老师，她让我的灵魂近距离接触死亡，哀莫大于心死。灵魂，浴火重生，更加坚定、顽强，更加珍惜生命。”

生或者死，那时我犹豫了。

成因之一，便是成绩。那时高一，多次大考成绩不理想，父母抱怨我不好好学习，父亲甚至说气话，我们辛苦赚钱供你读书，你这样还不如不要读书了，直接去打工。后来父亲也多次表现对我成绩的不满。从小父亲是很威严的，每当父亲对我生气，我都会羞愧或是害怕（不过长大后害怕心理倒是没了）。

成因之二，便是情感。初中还是懵懵懂懂的少年，一入高中，荷尔蒙剧增，会有倾慕的对象。也许源于自己的另类，不敢主动接触自己爱慕的人，但内心极为想接近，即使只是一起说说话，散散步，也挺好。最后也由于自己交往方式不当，连朋友都做不成。

成因之三，便是另类。（至于如何另类，老师，请原谅我不想说，但是我已经对此释怀了。）

成因之四，便是性格。基于以上三个看似幼稚的原因，慢慢养成了悲观消极的性格，内向、孤僻。有同学直面评价，我除了孤僻，其他都不错。高中时，总会一个人在空间写写日志，排解孤寂，发泄忧伤。那时很羡慕有好多朋友或者有无话不说的好朋友（好兄弟）的同龄人，这样可以在心情不好时有人倾诉，而我只能写写日记，把所有无奈与悲伤化成万千文字与字符。

简言之，高中有很长一段时间是悲伤的、孤独的。但我却在父母面前强颜欢笑，

---

① 本文根据《心理访谈与健康成长》课程班 14 – 15 春 No. 034 罗涛课程心得改编。

基本不会在父母面前透露自己的心事。长期忧伤与压抑，当情感达到巅峰时，自己默默哭过，想过就此了结生命。有时站在高楼上，会想象跳下去会怎样，死是怎样的感觉。

当然也有应对的方式，沉迷于小说里，光怪陆离的小说带我进入虚幻的世界，渐渐淡忘了现实的烦恼，极度悲伤的情绪也得到了控制，尽管这种方式不好。有时候，忘却烦恼，时间也许是最好的解决方式。

第一次高考不出意外地失利了，只高了一本 10 多分。第二次高考，我远离了那个让我悲伤三年的高中，去另一所高中复读。尽管复读并没有提高成绩，依旧高一本 10 多分，但是悲伤不再，乐观取代。真心结交了一些朋友，能接受自己的一切，包括自己的另类。

感谢那段复读的时光，让我积极看待人生、看待命运、看待世界，成为心有阳光的健康青年。感谢那段悲伤的时光，丰富我的成长经历，让我心智更加成熟，现在能轻松应对生活中的不如意。

【让生命之花顽强绽放】①

生命，也是一个亘古不变的话题，无论是谁，都应该珍惜生命。谈到生命，我感悟最深的就是大学生或中学生自杀的案例。

课堂上，老师也给我们讲了许多案例，例如，马加爵事件，大学生带母上学因压力过大而自杀事件，因情场失意而自杀事件……

在我身边也有类似的事情，我高二时期，一名高一学弟就纵身从四楼跳下，当场身亡……当时我的内心久久不能平静。这件事轰动很大，对于他自杀的原因，老师也给我们作了解释，大概意思就是，他追求一名女生未果，失意而自杀……我不知道这个解释到底是否属实，毕竟外界还有别的传言，然而，无论什么原因，年纪轻轻就放弃生命，我内心是无法接受的。

我一直很喜欢一句话，“人最宝贵的是生命，生命对每一个人只有一次，我们的生命应当这样度过，当你回首往事时，不因虚度光阴而悔恨，也不因碌碌无为而感到羞耻……”生命是宝贵的，应当珍惜。

我一直这样想，无论你受到多大的侮辱，受过多大的折磨，历经过多大的苦难，都不应当放弃生命。我一直很无奈于那些轻生的人，我深深为他们感到悲哀，尤其是正处年少的学生们。多年来，多少学生自杀的实例，让我们惶恐不安，他们的原因很多，但无外乎有一点，即自我心理素质太差，我一直认为，一个能把生命都轻易丢掉的人，那他的心理承受力是有多差，他们太没有责任感，太没有担当。那些殉情的少年们，如果他们能再多想一点，为父母，为以后，为将来多想一点，又怎

---

① 本文根据《心理访谈与健康成长》课程班 15 - 16 秋 No. 079 徐盼盼课程心得改编。

么能够选择轻易离去呢？我们着实应当树立良好的心态，健康而坚强地活着。

一颗星陨落黯淡不了整个星空，那些想以死去证明些什么的人，在别人看来无疑是不理智的。我认为，生命其实不仅是自己的，也是父母的，本来生命就是他们所赋予的，我们丢弃了生命，那么他们也将痛苦不堪，人不能这么自私，我们要好好生活，健康成长。不仅为了自己，更为了疼我们爱我们的父母！

【“临终遗愿”触发我感悟生命】①

问到印象最深的教学环节的话，很多同学都会说到自我探索内容的“遗愿”，大家都很有触动，很多收获和感动。

对我来说，生命的最后一年看来是遥远无比的，比光年还遥远，从来没有想过最后一年该去做些什么，实际上真正到了最后一年也没有人会通知你“喂，你的生命开始进入一年的倒计时”。所以无论怎样看这样的假设都是不切实际的，可是这个活动却带给我们无限的思考。

音乐响起，大家开始动笔，嬉笑声归于平静，男生们交头接耳，刚睡醒的同学睁着惺忪的睡眼问同桌题目是什么。2 分钟后，似乎大家都进入了状态，多数人的第一句写道“生命还剩最后一年，要和父母家人在一起”。窸窸窣窣的纸笔声，音乐声适时的激昂或是压抑，扯动着大家的情绪。

听到有啜泣声，室友兼同桌眼圈红了。她写得工工整整，一排一排真的像是对世界最后的语言。我也被这肃穆的场景感染到，开始郑重地想，如果真的只剩一年……

无数的场景在脑中闪过，美好的、灰暗的，拥有过的、渴望的。好多人像忽明忽暗，记忆闪烁不清。家人朋友，学业爱情，梦想追求。10 件事如何能囊括得下？我写下了好多想做的事，去海边，去听喜爱的明星的演唱会，去旅行，去……

写下后又觉得不妥，最后一年是沉重的，怎么能这么轻松地用掉，于是用红色的大叉划掉，开始重新写下，拥抱爱人，和每个我爱的人表达我的爱意，记录我不丰满不伟大的短暂的生命。不知道为什么，还是觉得不妥。

最后只写下一条——静谧地等待。

虽然没有交给老师自己最满意最内心的答案，只是写上一些浅显的事，可是带给我的触动很大，其实也无非是对生活的反思，对自己的认知，对时间的珍视。无法表达出那一刻的想法，只觉得一条，好好生活。

最后的遗愿是要土葬，就像语文课本某篇里的一段话那样“在离家不远的地方，择一块墓地。虽说是离世，也离得不远。坟头和房顶日夜相望，说话声时时传来。这样的死没有一丝悲哀，只像是搬一次家。”

---

① 本文根据《心理访谈与健康成长》课程班 11 – 12 春 No. 018 范存橙课程心得改编。

【“95后”的“临终遗愿”】①

在2015—2016春季学期《心理访谈与健康成长》“珍爱生命”的课堂上，一群“95后”的学生们经历了一次《临终遗愿》的自我探索，在缓缓的音乐声中，大家慢慢沉静下来，随着“假定经体检确认你患了不治之症，按常规生命只有一年，那么请你做如下两件事：一、记下这一年中最想做的十件事：……二、写出想留给任何人的一段话：……”的命题，一个个凝神思索，徐徐落笔，叙述着生命终极前的心愿和情怀：对亲人的感恩与抱憾、对爱情的回味与憧憬、对友人的感激与释怀、对生活的眷念和无奈、对社会的回馈与奉献……面对模拟的“遗愿”与“遗言”心理游戏，许多同学抽泣得不能自持……

【No. 01】② 最想做的事：1. 拍一部小纪录片；2. 拍全家福；3. 给朋友写感谢信；4. 托挚友照顾父母；5. 身体状况允许的情况下一个人到处走走；6. 不敢做的事都体验一回；7. 尽可能满足父母的小心愿；8. 拜访父母的朋友；9. 好好道别；10. 捐献器官。

写给恐惧离世的自己：生命是爱是体验，赋予每一个降临的生命神圣意义，而每一个生命的终结都是对美好回忆的歌颂，死亡，离开，是自然轮回，不值得恐惧，不值得慌张，另一个世界是新的开始。

【No. 02】③ 最想做的事：1. 和所有的家人、朋友见一面；2. 去跳伞和潜水；3. 去舍不得吃的餐厅吃一顿；4. 给最亲的人一人买一份礼物；5. 旅游，去那些我想去的地方；6. 多陪爸妈；7. 捐献器官；8. 拍一张好看的遗像和一段葬礼视频；9. 坐第一排挺喜欢的明星的演唱会；10. 染烫一次头发。

亲爱的大家：我要走了。我知道这对你们而言挺难，对我来说也挺难的。很高兴你们在我生命中的出现，也很抱歉那么早要离你们而去。特别是我的爸爸妈妈，真的对不起那么早就要离开你们了，不能尽自己的一份孝心。希望在接下来的日子里，你们要好好保重，不要因为我的离开而过度悲伤。迄今为止的生活，谢谢你们给我带来的快乐。对于人生还有很多的遗憾，望大家能珍惜生命的每一秒，减少人生的遗憾，爱你们，别想我。

【No. 03】④ 最想做的事：1. 到一个风光好的城市居住；2. 量力而为地去旅行；3. 当面跟朋友们提前道别；4. 把自己的东西整理好，在离开的时候扔掉；5. 为自己选择长眠之地；6. 最后的时间留下独处；7. 跟最重要的人独处几个月；8. 收养一些动物并在有限的时间为它们找到主人；9. 尝试以前没有勇气做的冒险；10. 把

---

① 本文根据《心理访谈与健康成长》课程班11－12春No. 018范存橙课程心得改编。
② 本文根据《心理访谈与健康成长》课程班15－16春No. 01陈燕镧自我探索改编。
③ 本文根据《心理访谈与健康成长》课程班15－16春No. 02柏思诗自我探索改编。
④ 本文根据《心理访谈与健康成长》课程班15－16春No. 03苏嘉颖自我探索改编。

自己的回忆写下来，匿名发出。

留下的话：生命充满了意外，谁也不知道谁会先行道别，我并不对自己生命的即将消逝感到悲伤，因此你们也不必对我的死亡太过伤心。我虽然有许多遗憾，但所幸没什么后悔事儿。对于一些人，我有过过错，也有过亏欠，这些人，对不起。对于一些人，我被爱过，也被给予过，这些人，谢谢你们。这一辈子，我很尽兴，我走啦。

【No. 05】① 最想做的事：1. 做自己没有做过的极限运动（跳伞、蹦极、潜水）；2. 跑一次全程马拉松；3. 看最喜欢的明星的演唱会，坐内场第一排；4. 在 KTV 办一场自己的演唱会，给大家唱歌；5. 学自己喜欢的舞蹈；6. 每天写一篇关于自己的长微博；7. 重新看一遍自己喜欢的电影；8. 带父母吃遍自己觉得好吃的美食；9. 和父母一起摄影；10. 向自己喜欢过的人表白，拥抱身边的人。

给父母：特别感谢你们带我来到这个世界，你们付出了太多太多，很辛苦。你们知道我从小就是一个自我调节能力很强的人，对每件事情都很乐观，所以根本不用担心病情给我的影响。现在最重要的是你们自己开心幸福，记得我最最最最爱你们啊。回想起一路走来的点点滴滴，我觉得我超幸福！这一趟没有白来！无论到了哪里我依旧会这样乐观！

【No. 06】② 最想做的事：1. 想和父母弟弟出国旅游；2. 参加哥哥或者姐姐的婚礼；3. 和父母弟弟自驾游，去外面野餐；4. 根据自己的身体状况来健身；5. 去商场里面尽情地逛街，买漂亮的裙子；6. 和爱的人结婚；7. 和男朋友看一场电影；8. 去沙滩晒日光浴；9. 学会游泳滑雪；10. 养条金毛狗。

亲爱的老爸，希望你能尽快戒烟。亲爱的老妈，希望你能锻炼身体！两位记得随时将自己的药带在身边，要按时检查身体！我不在了你们不要伤心，这都是天意，我会在天上守护你们！弟弟：很开心还有你陪在父母的身边！你要好好学习，不能一起替你分担照顾爸妈的重任了！你一定要努力！加油！

【No. 08】③ 最想做的事：1. 我要走遍名山大川，一个人；2. 趁着还有活力，爬山，做极限运动；3. 努力写一本书，哪怕不出版，为了自己；4. 和以前的仇人说再见；5. 跟朋友一起，做那些年我们疯狂的事；6. 真真正正地和父亲长谈一次；7. 认认真真地为父母洗一次脚；8. 如果身体允许，带上父母，去他们想去的地方；9. 找一个宁静的地方待着，不想去医院；10. 死后，将我的器官全部捐出去。

我：你好，你自信，你阳光，你认为自己不比任何人差，于是你总是在前进。你想学音乐，想旅行，想健身，想学散打，想疯狂，但是不知道什么阻挡了你的路，

---

① 本文根据《心理访谈与健康成长》课程班 15 – 16 春 No. 05 赵洁自我探索改编。

② 本文根据《心理访谈与健康成长》课程班 15 – 16 春 No. 06 阿依沙拉 · 加勒太自我探索改编。

③ 本文根据《心理访谈与健康成长》课程班 15 – 16 春 No. 08 卓伟伟自我探索改编。

拖延了你的脚步。现在还有一年，虽然比之以前，你的时间太少了，但是，好歹要去做，不要迟疑，不要懒惰，不要再找借口，去做所有你想做的事。告诉自己，去做你想做的事，哭哭闹闹地来，安安静静地走，不留遗憾。

【No. 11】[①] 最想做的事：1. 跟父母一起去旅游；2. 吃父母做的拿手菜；3. 帮父母做一些力所能及的事；4. 跟儿时的同伴聚一聚；5. 跟自己的兄弟再一起打一次游戏；6. 回去看看曾经就读过的母校；7. 拜访曾经的任课老师；8. 跟女朋友在一起；9. 跟教练再打一次羽毛球；10. 去祖父母的坟前看看。

写给包容我的女朋友的话：阿文，在最后的时光里有些话想跟你说，我知道这时候你肯定会对我发脾气，那就发吧，有可能这是最后一次你对我发脾气了。我觉得，你是我最想留住的幸运，我们在一起5年多，我很庆幸能在我最好、最年轻的时光中遇到你，让我感受到爱情的甜蜜和苦涩。以后的路还很长，你自己要好好走下去，不开心或者遇到什么棘手的事时别忘了我经常对你说的话，人这一生说短不短说长不长，没有那么多的时间放在烦恼上，世界还是依旧那么的可爱。不管怎样，开心就好。对不起阿文，以后的路我不能陪你了，相信你会跨过这个坎。加油阿文，去实现你心中的梦想，让我看到你曾经对我许下的诺言。

【No. 15】[②] 最想做的事：1. 养一只宠物；2. 和父母旅游看海看草原；3. 看一场自己喜爱的明星演唱会；4. 回到高中母校看望地理老师；5. 给父母做饭；6. 陪父母聊天；7. 和朋友拍超美的照片；8. 挑战极限运动；9. 吃没吃过的美食；10. 力所能及地帮助别人。

给父母：我以为我们能一起走很远，但却很不幸我要先离开。我很抱歉也很不舍。我知道你们对我倾注了很多爱，但是我希望你们别为我的离去而难过，生命的来和去都很难受人控制。每一个人都要离去，我也只不过提前了一点。今后的日子，不要为我的离去而过分悲伤以至于忘了生活。你们当我先去过好日子，你们也要过更好的生活。我认为爱的最高境界不是肉体的陪伴，而是心灵的相惜，我们的心会紧紧地在一起，所以我并没有离开。最后我想说：我爱你们，贯穿我所有的生命。

【No. 16】[③] 最想做的事：1. 每天给爸爸妈妈做早餐；2. 参加哥哥和姐姐的婚礼；3. 参加最喜欢的作者的读者见面会；4. 坐在内场第一排看 BigBang 的演唱会并去后台拥抱；5. 环游世界并出一本书；6. 潜水；7. 跳伞；8. 朝拜布达拉宫；9. 登顶珠穆朗玛峰；10. 去南极和北极。

爸爸妈妈不要哭，我很骄傲是你们的女儿，下辈子也是。

【No. 17】[④] 最想做的事：1. 和妈妈去瑞士旅行；2. 学做一顿饭，给妈妈做一顿

---

① 本文根据《心理访谈与健康成长》课程班 15－16 春 No. 11 吴昊一自我探索改编。

② 本文根据《心理访谈与健康成长》课程班 15－16 春 No. 15 李云琪自我探索改编。

③ 本文根据《心理访谈与健康成长》课程班 15－16 春 No. 16 姜嘉迪自我探索改编。

④ 本文根据《心理访谈与健康成长》课程班 15－16 春 No. 17 张昕自我探索改编。

饭；3. 和分开的朋友们聚一聚；4. 看望小学第一位班主任，告诉她她对我有多重要；5. 把想看没看过的书和电影尽量多看一点；6. 和妈妈去看我喜欢的明星的演唱会；7. 和妈妈一起回爸爸的故乡，看看他的墓碑；8. 回姥姥家（农村）住上一段时间，最好能看到满山的苹果花；9. 把我以前偷偷写的但是始终没有发出去的情书给妈妈看；10. 把我的日记以及读书笔记给妈妈。

麻麻：我的大宝贝，不要伤心哦，你一直很坚强哒。总说自己笨，其实在我心里你是最棒哒。以前咱俩没少吵架，我不怨你了，你也原谅我吧。我永远爱你哦，我会在天上看着你的，所以你要开开心心的好好生活，不然宝宝下辈子就不做你孩子了。你要好好做饭吃，不能总凑合，你还要一直一直文艺下去，顺便帮我追个星吧。嗯，就这么多啦，最后，带着我的那份快乐好好生活吧。

【No. 18】① 最想做的事：1. 多陪在父母身边，同他们谈心；2. 去"外面"走走（不能是不切实际的心愿）；3. 拜访老师、同学；4. 重回故地，重温回忆；5. 去海边看看（长这么大，还没亲眼见过海）；6. 每天与父母合张影；7. 每天坚持记一些随笔或日记，为父母留下可回忆的；8. 坚强地活着（不会为了摆脱痛苦选择轻生）；9. 患病，尤其是等待死亡的日子是难熬的，用读书转移痛苦；10. 保持乐观心态，说不定会有"奇迹"发生。

爸、妈：你们带我来到这个世界，又不辞辛勤养育我，教我做人。感谢你们让我体会了生命的美好！与你们在一起很幸福，苦也尝得出甜的滋味。我不能继续陪你们，这是做儿子的亏欠……我知道，当我不在的时候，你们过得一定很辛苦，但我希望你们能够坚强地活着，为我看看外面的世界。最后，我想说：做你们的儿子，我不后悔！儿：洋。

【No. 19】② 最想做的事：1. 和爸爸妈妈说一句对不起与谢谢你们；2. 和爸爸妈妈去一趟北京旅行；3. 带外公外婆爷爷奶奶参观自己的大学；4. 和亲戚（舅舅、表哥、外婆等）一起搓一天麻将；5. 和心爱的人出国旅行一次；6. 养一条牧羊犬；7. 回自己的母校看望高中老师；8. 将自己所有的压岁钱捐给慈善机构（虽然不多）；9. 赶紧催表哥结婚，见到自己未来的嫂子；10. 亲手筹办好自己的葬礼，不要太压抑。

致我亲爱的爸爸妈妈：爸爸妈妈，当你们看到这段话时，也许我已经不在人世，你们不要哭，看见你们哭我会走的不踏实，新养的那条牧羊犬寄托了我对未来的希望。这辈子做你们的儿子我很幸运，但平时我太任性，不能体谅为人父为人母的辛苦，还一直要求你们为我铺平很多道路，自己没能为你们做什么，我感到很抱歉，如果有来生，我愿意继续做你们的孩子，加倍报答你们。爸爸妈妈我真的真的很爱

---

① 本文根据《心理访谈与健康成长》课程班 15 – 16 春 No. 18 何洋自我探索改编。

② 本文根据《心理访谈与健康成长》课程班 15 – 16 春 No. 19 茅佳豪自我探索改编。

你们……

【No. 20】[①] 最想做的事：1. 多和自己所爱的人——亲人、朋友相处；2. 每天都要快乐；3. 去自己想去的地方旅行，留下足迹；4. 拍一组照片，算是对自己短暂人生的一个见证；5. 想吃好吃的东西，也学做给家人吃，感谢他们为我做的每一顿饭；6. 养一只猫；7. 再去一次曾经充满回忆的地方，安静地坐一个下午；8. 对曾经伤害过的人道歉；9. 葬礼由我来规划，希望爱我的你们不要太悲伤；10. 我会努力去克服疾病所带来的痛苦，好好勇敢地活下去，但若真的难以忍受，请允许我结束自己的生命。

爸爸，我兑现了我对你的承诺：好好并且漂亮地活着。可是人生真的很短暂，我只剩下了一年的时间。有太多想要去做的事情还没有完成，真的觉得特别遗憾。

我知道在你的眼里，我是一个莽撞笨拙的孩子，你总是为我担心，但我已经长大。即使只有那么点时间了，我也会好好珍惜的。我和你一样都不善言辞，有很多话总是到嘴边也说不出口，在此请允许我对你作最后一次告白：我爱你，不论你对我多么严苛，我知道那都是为了我好，年少的我不懂事地怨恨你，让你难过了，对不起。

总有一天我们还会相见，到时候我们再坐下好好聊聊。此生不后悔做你的女儿，来生也请多指教！

【No. 21】[②] 最想做的事：1. 带着父母去旅行；2. 向父母说一声我爱你们；3. 去挑战自己以前想做但没有做的事；4. 向所有人说一声谢谢，感谢他们在我的生命里出现过；5. 和最好的朋友去海边看海，看日出；6. 到长城上去走一下；7. 到草原上去骑一次马；8. 让我的父母在我去世后把我的器官捐赠；9. 在田野里修一座小屋；10. 在小屋里聆听大自然，到生命的最后一刻。

爸爸妈妈，感谢你们对我的教育之恩。人生命的价值不仅仅在于长度，也在于宽度。虽然我生命的长度就这样结束，但是你们的爱，让我生命的宽度无限拓宽。这条路上有你们的陪伴我感觉很幸福，很美好。我走之后一定不要悲伤，不要难过，我会永远都在你们的身边，因为我知道不管我在哪里我都会在你们的心里。微笑着面对以后的生活，无论天上人间，我们永远都是一家人，我永远都是你们的女儿。永远爱你们！

【No. 22】[③] 最想做的事：1. 和父母去阿尔卑斯山，这是我出生以来唯一一次他俩不带我单独旅游的地方；2. 与从初二到现在关系一直密切的一位挚友一起完成那些未完成的话题；3. 将自己的故事和梦想改编成小说；4. 安静地，分别和不同的朋友们，在上海，逛遍那些与他们有关美好记忆的地方；5. 对过往的心结，该道歉的

---

① 本文根据《心理访谈与健康成长》课程班 15 – 16 春 No. 20 吕士琦自我探索改编。

② 本文根据《心理访谈与健康成长》课程班 15 – 16 春 No. 21 杨艳艳自我探索改编。

③ 本文根据《心理访谈与健康成长》课程班 15 – 16 春 No. 22 万成斐自我探索改编。

道歉，该坦白的坦白，该感谢的感谢；6. 用自己擅长的乐器，和不同的人一起演奏旋律；7. 虽然只是个不切实际的希望，但是还是想将骨灰撒向太空，不想思念我的人低头落泪，因为我的倔强，麻烦他们仰望星空吧；8. 不顾仪态地，放肆地喝醉一次；9. 淋雨，不是享受清风微雨，是倾盆大雨；10. 善始善终吧，为父母、亲戚、朋友做些力所能及的事，能留下记忆的事。

这种事对你如何开口……我们是永远的朋友，不是情侣，没有谈过恋爱，却比任何恋人更熟悉彼此。从十四岁生日晚会舞台上的那一个拥抱开始，便结下了这不解之缘。你说，世界上造出一个我又让你遇见是为了什么，是不是不认识不了解更好。现在我可以回答你了，是为了陪你走过十四到十九岁的这五个年头，无论发生什么，心底都有一个可以倾诉的对象。我不曾后悔我们的相遇、相知、相识，而那些我们所害怕的永远，迷茫的未来，都不再是问题了。旭阳、旭旭、毅哲、柚子，还有学姐，你知道的，我的朋友们，一个个都不让人省心啊，拜托你了。其实我一直都知道的，亲爱的，那不是爱情，是亲情。

【No. 23】① 最想做的事：1. 多陪在家人身边；2. 去日本旅游；3. 看偶像的演唱会；4. 和好朋友聚会聊天；5. 把最爱的电影和电视剧再看几遍；6. 多拍照；7. 吃遍美食；8. 随心所欲地买自己喜欢的东西；9. 写下自己的生活感悟；10. 和所有人好好告别。

给家人：感谢给予我生命的父母，让我有幸领悟世界的多姿多彩。以后妈妈不要再操心太多事，爸爸少打麻将，希望你们感情可以变好一点，不要再吵架，你们要快乐地生活。

给挚友：我很感谢每个曾给予我温暖的朋友，今后也请继续快乐下去。感激在我处于困难时一直陪伴在我身边的你，或许我表现的不会很明显，但是你们给的感动都铭记在心。

人生在世总是很难感到满足，小时候总是无忧无虑，而长大以后就有了很多欲望，希望大家都能不忘初心，不要在临死之际才意识到人生有太多悔恨。要学会知足和感恩。

【No. 24】② 最想做的事：1. 好好和家人们团聚生活，享受最后的团聚时光；2. 多做些家务活，好好孝敬家人们以报答二十几年来的浓浓恩情；3. 希望能和家人们一起去我从没去过的地方旅游观光，用相机留下美好瞬间。从小到大，由于家庭经济条件的限制以及学业负担，我去的地方比较少，所以我希望能和家人一起去看看其他地方的风景，不需要去太远，力所能及就行了。家人陪伴第一，旅游观光第二，因为家人的陪伴是无价的；4. 和自己曾经的同学团聚，一起快乐玩耍，一起合

---

① 本文根据《心理访谈与健康成长》课程班 15 – 16 春 No. 23 郭依宁自我探索改编。

② 本文根据《心理访谈与健康成长》课程班 15 – 16 春 No. 24 孙建自我探索改编。

影留念；5. 去看看自己曾经待过的学校，重温当时的学习生活；6. 去看看自己曾经的老师，感谢老师的教导之恩；7. 翻看整理自己以前的书本和照片，包括幼儿园、小学、初中、高中、大学，感受自己的成长与变化，最好能制成相册集和小书库；8. 做志愿者，哪怕是平凡的无名志愿者也行，在弥留之际，能为社会作出贡献也是很有意义的；9. 回忆自己的过往人生，写出一部人生回忆录，或称人生总结。虽然只过了二十几年，但还是想用自己的人生经历来尽力写人生总结，哪怕人生总结并不厚，哪怕其中并没有太多的大道理。我和大多数人一样经过漫长辛苦的学习一步一步走到今天，毫无疑问，自己的阅历显然没法和那些有丰富人生阅历的人相比，但还是希望自己能用自己的人生总结为他人尽一些绵薄之力，起到一定的指引作用。如果后者的人生总结能为他人起到指明灯，甚至聚光灯的作用，那么自己希望能用这二十多年的经历为他人的人生起到蜡烛，哪怕火柴那样大小的作用；10. 努力使家人不能太难过，要继续好好地过日子。

留给家人们、朋友们和所有帮助过我的人：在过去的二十几年内，家人对我的关心和帮助太多太多了，在这二十几年内，我真真切切地感受到家人们在无微不至地关心我、帮助我，我非常感谢我的家人们。再过 1 年时间我就要走了，在这里，我想向家人们郑重地说声：感谢你们！我希望下辈子还能和你们成为一家人！妈妈，我爱你！我希望我的家人们不要太难过，我希望家人能健康快乐地活下去，这是我最后的夙愿。另外，感谢朋友们和帮助过我的人的陪伴和帮助，感谢你们给予我温暖和快乐，我非常享受和你们相处的时光，谢谢你们！

思旧、陪伴家人、感谢他人、为社会奉献、留下回忆录，我希望我的这些方式能为我的生命画上圆满的句号，也希望在世的大家都能好好活着，好好过日子。

【No. 25】① 最想做的事：1. 希望和女朋友举办一场婚礼；2. 陪父母去大城市旅游一番；3. 陪奶奶去县医院动手术把骨质增生治好；4. 能去看看妹妹的小宝宝；5. 把自己的身体器官捐掉；6. 陪自己的好哥儿们打一场篮球比赛；7. 自己参与筹办自己的葬礼；8. 主动调和以前和自己有过矛盾的所有人，向他们道歉；9. 和女朋友一起去她家看她爸爸；10. 一年里面和自己最爱的人在一起。

爸爸妈妈，我知道你们每天在外面挣钱很辛苦，我没有好好陪在你们身边，希望你们坦然面对我的离去，照顾好自己的身体，我会把儿媳妇带给你们看，也希望妈妈和奶奶别再闹矛盾，爸爸腰不好，别再干力气活，妈妈喉咙不好，也不要熬夜，也希望妹妹嫁到异地能过得幸福，我爱你们所有人，感恩你们为我所做的一切，我会在天堂过得很好的。

【No. 26】② 最想做的事：1. 多陪陪家人；2. 和男朋友去旅游；3. 和朋友玩蹦

---

① 本文根据《心理访谈与健康成长》课程班 15－16 春 No. 25 高登科自我探索改编。

② 本文根据《心理访谈与健康成长》课程班 15－16 春 No. 26 黄露自我探索改编。

极；4. 帮家人做些家务；5. 给外婆做很丰盛的一桌菜；6. 给家人这一年的生日准备好一点的礼物；7. 吃自己一直舍不得吃的美食并分享给家人；8. 学溜冰；9. 捐献身体器官；10. 写日记记录这一年的生活。

致爸爸妈妈和外婆：你们一天天老去，我陪你们的时间却越来越少，以前我总说等我长大了，要带你们来大城市看看，吃以前没吃过的东西，去玩好玩的地方，可是现在我只能尽可能陪你们多一点，请原谅我的不孝，下辈子我会好好报答你们，请不要为我伤心，我是带着幸福离去的，爱你们。

【No. 27】① 最想做的事：1. 进行环球旅行；2. 和父母好好生活一周，好好照顾他们；3. 将自己遗体有用的部位捐献给有需要的人；4. 在保证父母晚年生活无忧的情况下，将自己的财产捐献给慈善机构；5. 和朋友们疯狂地通宵一次；6. 将自己买来却没有时间看的书抽一天时间看一看；7. 想和男朋友举办一个 dreamwedding，并告诉他等我走后找一个好姑娘；8. 和曾经有过矛盾的人聊一聊，解开矛盾，安心上路；9. 笑着过完每一天，在最后的这段时间里，让大家记住我的乐观，而不是消极；10. 将我最美的一张照片作为我的遗像。

在我的生命中，最重要的就是亲情、爱情和友情。对于父母，我更多的是感激，妈妈养育了我，爸爸努力赚钱养家；对于爱情，我更多的是幸福，男朋友虽然比较木讷，但是简简单单的恋爱正是我想要的；对于友情，我更多的是感动，我有一群愿意为我两肋插刀的伙伴们，随时愿意为我赴汤蹈火。我走了，你们不要伤心，替我好好地活下去，也请你们珍惜每一天，人生伴随着太多的未知，且行且珍惜。

【No. 28】② 最想做的事：1. 吃美食；2. 旅游；3. 听演唱会；4. 见喜欢的明星；5. 把讨厌的人臭骂一顿；6. 把平时不敢说的话说出来；7. 坚持治疗；8. 玩 VR；9. 把以前撒的谎、做的坏事都坦白出来；10. 和漂亮的女孩子约会。

先要安慰我的家人和好朋友。然后告诉除此以外的人：跟人相处真是太累了，我每次跟你们交流的时候都在克制自己不要翻白眼，请不要随便勾我的手搭我的肩，不要侵犯我的私人空间。这样也好，以后就再也不用社交了。

【No. 30】③ 最想做的事：1. 跟妈妈好好说话，不吵架；2. 陪老爸去散步，不再拒绝；3. 带他们两个去旅游；4. 和闺密出去玩，放纵一次；5. 回老家待着；6. 蹦极、高空跳伞、潜水；7. 玩遍各地游乐园：迪士尼、欢乐谷等；8. 跟老爸老妈出去旅游；9. 帮父母洗脚；10. 听医生的话，努力接受治疗。

给老爸：你一直说让我给你写一封家书，我总是拒绝，不是不想写，只是我怕我拿起笔不知道说啥，也怕写太多我本不想让你们知道的事情。所以那封信我可能不会再写，但是我爱你。

---

① 本文根据《心理访谈与健康成长》课程班 15－16 春 No. 27 王穗雯自我探索改编。

② 本文根据《心理访谈与健康成长》课程班 15－16 春 No. 28 蔡佳薇自我探索改编。

③ 本文根据《心理访谈与健康成长》课程班 15－16 春 No. 30 熊诗瑶自我探索改编。

【No. 31】[①] 最想做的事：1. 带着爷爷奶奶去旅游；2. 与父母多一些陪伴，说说心里话；3. 和亲人一起，一个大家庭，吃顿饭；4. 与朋友到约定的地方体验生活；5. 吃我一直没有吃到的美食；6. 在有山有水的无人打扰的地方与牵挂的人一起生活；7. 将身体器官捐献；8. 参加一次庭审；9. 去参加许嵩的歌友会；10. 静下心来看一本书，写下自己短暂人生的感悟。

爷爷奶奶，从小就是你们照顾我，无法陪伴你们到百年之后，很遗憾。感激一生有你们。在没有父母陪伴的童年，是你们给了我温暖，使我坚强。我很后悔没有多一点时间跟你们相处，你们不必悲伤，我这一生虽短，但很满足了！

【No. 34】[②] 最想做的事：1. 写下自己一生的故事；2. 给家人和最好的朋友写信；3. 和家人、朋友去旅行；4. 再读一遍自己最喜欢的书籍，写下心得体会；5. 学折纸，去孤儿院教小朋友们；6. 看音乐剧，听演唱会；7. 参加一次乐队表演；8. 拜访曾经的老师；9. 种下一棵树；10. 和家人沟通捐献器官。

给父母：你们养育我成长，我想陪你们变老，可惜命运太过调皮，不愿让我去完成这个愿望。所以，只能希望你们能原谅我的离开。不过，不要悲伤太久，不然我会不放心。我的一生因为你们而无比幸福，感谢一切冥冥之中的注定，让我成为你们的女儿，下一辈子，我还想再做你们的女儿，带着一个健康的身体，然后陪你们到老。

【No. 37】[③] 最想做的事：1. 表白；2. 读想读的书；3. 去心仪的学校中文系旁听；4. 尽量多陪伴父母；5. 寻找朋友托付自己的父母；6. 给父母各写三十年的生日祝福与每年的一封信；7. 去伦敦西区看一场音乐剧或是莎剧，旅行去英国、法国和意大利；8. 完成某些音乐剧歌词的译配工作；9. 和朋友小聚告别，看望自己曾经的老师；10. 策划葬礼，签订遗体捐赠协议。

致我亲爱的父母、外公、外婆：你们好！“死生由命，富贵在天”，请不必过分悲伤，也不必过分挂念。抬头看看星星吧，在夜间聆听五亿颗星星，就像在倾听着五亿个铃铛，那便是陪伴着你们的我的微笑。

【No. 38】[④] 最想做的事：1. 听李易峰的演唱会，买最前排的票；2. 学会一段完整的舞蹈；3. 走遍上海所有的博物馆；4. 购物；5. 吃遍上海；6. 回小学、初中、高中看看；7. 陪爷爷奶奶去农家乐；8. 陪爸妈哥嫂烧烤；9. 去玩蹦极、游乐园；10. 结束生命。

To all：谢谢你们最后的陪伴。对不起我终将离开。我何其有幸能够成为你们的孙女、女儿、朋友、学生。从此以后，愿你们享尽人间的美好。

---

① 本文根据《心理访谈与健康成长》课程班 15－16 春 No. 31 孙欣自我探索改编。
② 本文根据《心理访谈与健康成长》课程班 15－16 春 No. 34 吴爽自我探索改编。
③ 本文根据《心理访谈与健康成长》课程班 15－16 春 No. 37 吴榕蓉自我探索改编。
④ 本文根据《心理访谈与健康成长》课程班 15－16 春 No. 38 黄思倩自我探索改编。

【No. 39】[①] 最想做的事：1. 与家人环球旅行；2. 多陪伴老人；3. 拍写真；4. 出自己的影集；5. 挑战极限运动；6. 看一次偶像的演唱会；7. 认真谈一次恋爱；8. 写游记；9. 认真看完一本好书；10. 重返校园看看老师。

我不后悔来到这个世界，这个家庭。我有疼爱自己的家人长辈，也很高兴能认识那么多朋友。我知道这是一个很难接受的事实，但请你们不要悲伤，这是每个人都会经历的，只是我经历的较早而已。希望你们能够微笑着看我离去，能拥有更好的生活。

【No. 41】[②] 最想做的事：1. 拍一张全家福；2. 和家人去他们想去的地方旅行；3. 在家的日子天天做饭给他们吃；4. 和朋友去日本泡温泉；5. 去一次从来没去过的网吧；6. 去世界的最南端和最北端；7. 跟男朋友分手，让他忘记我；8. 亲眼见一次吴亦凡；9. 玩一次蹦极；10. 把攒的所有钱、身上所有可以用的器官捐献出去。

很抱歉，我不能再给你们带来欢乐了，我先去做天使了，哈哈。活着的时间里我努力地过好每一天，现在离开也不带遗憾。唯一感到抱歉的是不能继续陪伴和我走过这一生的你们，不能继续玩、继续吃、继续活在这个世界。感谢这一生有你们！勿忘、勿念。

【No. 43】[③] 最想做的事：1. 环游世界（与父母一起）；2. 见一见自己的朋友亲人；3. 读一本我认为最有意义的名著；4. 尝试做一下自己想做却还没有做的事；5. 面对自己所爱的人，敞开自己的内心（告白）；6. 这一年中即使有再多的事情，我会花大量的时间陪父母；7. 陪父母做他们这一生想做却还没来得及做的事；8. 放下过去的一切执念，与故人冰释前嫌；9. 为自己拍一张最帅的遗照；10. 办一场不悲伤的葬礼，在我还没有去世的时候。

To 爱我的人和我爱的人：在我得知自己的生命还有不到一年的此时此刻，我最想对你们说说自己的心里话，我希望我的离去不要给你们带去太大的伤害，我的离去已成定局，必然不可逆转。希望你们能开心地替我继续活在这个世界，替我看遍这个世界的每一个角落。From 爱你们的我，2016. 5. 25。

【No. 44】[④] 最想做的事：1. 陪妈妈、外婆做她们想做的事；2. 再和好朋友们认真聚上一次；3. 把每天的想法与状态记录成日记；4. 签遗体捐赠书，捐献器官；5. 去听一场高质量的古典音乐会；6. 去最想去的城市游一游、看一看；7. 将自己生前的想法与感悟写成小书册；8. 在确保家人生活得以保障的情况下将遗产捐给公益组织；9. 尝试自己此前不敢做的事，如极限运动；10. 给我亲爱的扎西·卓玛（家中养的狗狗）写一篇回忆录。

---

① 本文根据《心理访谈与健康成长》课程班 15－16 春 No. 39 杨晨怡自我探索改编。
② 本文根据《心理访谈与健康成长》课程班 15－16 春 No. 41 孙赟自我探索改编。
③ 本文根据《心理访谈与健康成长》课程班 15－16 春 No. 43 金元庆自我探索改编。
④ 本文根据《心理访谈与健康成长》课程班 15－16 春 No. 44 袁诗沁自我探索改编。

致母亲：妈妈，相信你此刻一定十分悲痛，毕竟这是一个白发人送黑发人的悲伤局面。我无法劝阻你不伤心，但我希望你一定保重自己的身体。以前你告诉我你死后不需要什么葬礼，遗体能捐献就捐献，不能捐献便火化了将骨灰埋到一棵青松下。受你影响，我也如此。若死后长埋青松根下，见树如吾，切莫常年伤痛。妈妈我爱你，代我转告外婆，你们是我一生中最重要的人；也代我转告雅婷，这辈子有她这个好朋友，真的很开心。

【No. 45】① 最想做的事：1. 和父母做一次长途旅行；2. 为父母做每一顿饭；3. 给闺密亲友写感谢信；4. 蹦极；5. 跳伞；6. 浮潜；7. 坐热气球；8. 跑完一场马拉松；9. 处理好身后事，葬礼；10. 和亲朋好友好好道别。

亲爱的爸爸：真的很抱歉无法陪你一起继续走人生旅程；无法让你像其他父亲一样牵着女儿的手，送上婚礼的红毯；无法让你儿孙满堂，承欢膝下。你用一个父亲最大的包容、疼爱护着我长大，可我还没来得及回报你，又任性地永别。从小到大，从未见你哭，因为你是四口之家唯一的男子汉，任何事情你都是支柱。但我的葬礼上，我希望你能好好地哭，再难看再脆弱，都是你，都是我的爸爸。不要为了应酬拼命喝酒抽烟，好好照顾自己照顾妈妈和妹妹，真的谢谢你 20 年以来的照顾。我好像从来没有说过：我爱你，爸爸。

【No. 46】② 最想做的事：1. 和亲人一起去自己喜欢的地方旅行；2. 认真地写完自己的回忆录；3. 和所有的老友一一道谢，和曾经的对手与敌人握手言和；4. 看一看自己之前十九年留下的文字和照片，幸福地回忆当年的我；5. 和父母一起，听他们讲故事，为他们做饭，让他们接受我即将离去的事实；6. 去拜访我的所有老师，感谢他们；7. 亲手筹办自己的葬礼；8. 学会一门乐器，并且录下所有演奏的声音；9. 去做自己曾经不敢做的极限运动；10. 尽可能多地帮助他人，并进行器官捐赠登记。

当你知道我要走了，请不要悲伤，我希望你能为我留下一个微笑，在我生命的最后时刻，我希望带着你微笑的温度离去。无论我们之前是什么关系，现在都不再重要。我只愿你幸福快乐地生活下去。最后，谢谢你曾在我的生命里出现过。

---

① 本文根据《心理访谈与健康成长》课程班 15 – 16 春 No. 45 李璐自我探索改编。

② 本文根据《心理访谈与健康成长》课程班 15 – 16 春 No. 46 张铮自我探索改编。

专题8 直面人生 走向未来

成长引导

引导主题：直面人生 走向未来
引导内容：走向未来的感悟、积极心态的养成
引导环节：
- 案例导入：残疾写讲画家的人生态度
- 理论概要：知识点解析
- 自我探索：我的重要他人、我的墓志铭、走向未来的思考
- 心声分享：我的重要他人、我的墓志铭、走向未来的思考

引导目的：建立面向未来的成长策略；描绘走向未来的人生规划。

案例导入：残疾写讲画家的人生态度

【案情概要】一位在台南出生的小女孩，出生时由于医生的疏忽，造成她脑部神经受到严重的伤害，以致颜面四肢肌肉都失去正常作用，六岁时还无法走路，上一年级时无法拿笔，成年后仍不能说话，嘴向一边扭曲，口水也止不住地往下流，走路时摇摆抽搐，从小生活在行动不便及别人异样的目光里。

但在父母的深爱扶持、小学老师的鼓励下，她小学二年级就立志当画家，小学四年级就想当作家。十四岁随家人移民美国，进入大学艺术学院，取得博士学位，每天坚持工作十八个小时，每晚写三四千的文字，终成为知名画家。

一次应邀写讲时，一位学生问她：您从小就长成这个样子，您会认为老天不公吗？在人生的旅途上，您有没有怨恨？对一位身有残疾的女士来说，这个问题是那样的尖锐而苛刻，大家唯恐她因此感到难堪，或会刺伤她的心。但是，她微微一笑，转过身来，用粉笔在黑板上写道：我怎么看自己？而后，给出了这样的答案：一、我很可爱！二、我的腿很长很美！三、我的爸爸妈妈很爱我！四、上帝会公平地对待每一个人！五、我会画画，我会写稿子！六、还有很多的生活方式让我热爱……她一下子写出了几十条让她热爱生活的理由，并且，是热爱得那样的理直气壮。看着黑板上写下的理由，整个“写讲会”上鸦雀无声，大家都感动得热泪盈眶，再也

没有人多说话了！她转过身来看了大家一眼，再次转过身去，在黑板上重重写下了她的那句名言：我只看我所有的，不看我所没有的……台下传来了如雷般的掌声……这就是黄美廉的故事。

【评析要点】这是甜柠檬理论的经典应用。抬高已得到东西的价值，以增加自己的满足感！这更是智慧的人生视角，它能穿越痛苦的山峦，直达快乐的彼岸！

理论概要：知识点解析

8.1 走向未来的思考

8.1.1 小毛虫的启示

小毛虫的勇气

一天，一条小毛虫在朝向太阳方向爬行的时候遇见了一只蝗虫。小毛虫告诉它要去大山顶看整个山谷，因为昨晚做了这么个梦。蝗虫很惊讶地说："你疯了？对于你来说，一块石头就是高山，一个水坑就是大海！"小毛虫没理会，慢慢走远了。小毛虫在路途中又遇到了蜣螂。听明白缘由之后，蜣螂笑着说："有健壮腿脚的我，都没这么狂妄过。"小毛虫不顾嘲笑，继续前行。随后，蜘蛛、鼹鼠、青蛙和花朵都以类似的方式劝小毛虫放弃这个念头。但小毛虫始终向前爬行。终于，它筋疲力尽觉得快要死了。它停下来，用最后的力气，建了一个安息的地方——蛹。所有的动物都来瞻仰小毛虫的遗体。它的蛹变成了勇于实现梦想的纪念碑。一天，小毛虫贝壳状的蛹突然裂开，一只美丽的蝴蝶出现在大家面前。最后，美丽的蝴蝶飞到了大山顶上，重生的小毛虫终于实现了梦想！

感悟：目标是前进的动力。有了坚定不移的目标，遇到再大的困难和艰辛，也会有百折不挠的勇气和意志，就会有梦想成真的可能！

8.1.2 走向未来的感悟

- 怀抱梦想　有梦想就会有未来！

  构建多元目标，引力法则，通向罗马的路不止一条，走到哪都有精彩。

- 不懈努力　有行动就会有结果！

  脚踏实地，步步为营，坚持不懈，百折不挠，机遇属于有准备的人。

- 坚定信念　有信念就会有自我！

  生命的意义，人生的价值，人生的态度，人生自由的诠释。

- 策略整合　有策略就会有成效！

  前瞻思考，站在巨人肩膀上前行，方法到、功夫到。

- 心存感激　知感恩就会有人缘！

  感恩的心，真诚助人，珍惜人缘，构建有力的社会支持系统。

- 处理创伤　能释怀就会有效能！

  找出你的“重要他人”，澄清对你的影响，重新认识并思考处理策略。

- 积极心态　心态积极就会有快乐人生！

  积极、乐观地面对人生，接受挑战和应付麻烦事，创建一切皆可能的快乐人生。

8.2 积极走向未来

8.2.1 积极心态的意义

心态，即心理状态，指个体心理活动在一定时期内出现的相对稳定、持续的状态，包含认知、情绪情感、意志品质、人格倾向与特征等成分，对人的行为导向起支配作用。

心态，又是决定人们思维模式和行为方式的一种心理状态或态度，是人的心理对各种信息刺激所作出反应的趋向，是由认知、情感、行为意向等因素构成的富有建设性的主观价值取向。心态有积极与消极之分。

积极心态，主要是指积极的心理态度或状态，是个体对待自身、他人或事物的积极、正向、稳定的心理倾向，它是一种良性的、建设性的心理准备状态。

积极心态的心理要素，有的说包含有：自信、乐观、主动、爱心、执行力五大要素；有的说包含有：执着、挑战、热情、奉献、激情、愉快、爱心、自豪、渴望、信赖十大要素。

积极心态，面对工作、问题、困难、挫折、挑战和责任，从正面去想，从积极的一面去想，从可能成功的一面去想，积极采取行动，努力去做，这就是可能性思维、积极思维、肯定性思维。主要是做事方面。积极心态，也是一种生活态度，阳光般的把生活中的一切当作一种享受的过程。

积极心态与消极心态是相对而言的，面对生活的压力与历练，若积极心态战胜了消极心态，即会促进人的进步，激发人性的优点使之为善；若消极心态战胜了积极心态，即会阻碍人的进步，激发人性的缺点使之为恶。

成功学开创者拿破仑·希尔（美国两位总统——伍德罗·威尔逊和富兰克林·罗斯福的顾问），著有《成功学全书》。他访问并研究了包括福特、罗斯福、爱迪生等著名人士在内的500多位成功者，总结出最有价值的、带有规律性的十七条定律：（1）积极的心态（PMA黄金定律）；（2）明确的目标；（3）多走些路；（4）正确的思考方法；（5）高度的自制力；（6）培养领导才能；（7）建立自信心；（8）迷人的个性；（9）创新制胜；（10）充满热忱；（11）专心致志；（12）富有合作精神；（13）正确看待失败；（14）永葆进取心；（15）合理安排时间和金钱；

（16）保持身心健康；（17）养成良好的习惯。

他认为，人与人之间只有很小的差异，但这种很小的差异却往往造成了巨大的差异！很小的差异就是所具备的心态是积极的还是消极的，巨大的差异就是成功与失败。

成功人士运用PMA黄金定律支配自己的人生，他们始终用积极的思考、乐观的精神和辉煌的经验支配和控制自己的人生；正确处理人生遇到的各种困难、矛盾和问题。

失败人士是受过去的种种失败与疑虑所引导和支配的，他们空虚、猥琐、悲观失望、消极颓废，最终走向了失败。

8.2.2 积极心态的养成

8.2.1.1 培养主观幸福感

主观幸福感[①]（Subjective Well-Being，SWB）主要是指人们对其生活质量所作的情感性和认知性的整体评价。在这种意义上，决定人们是否幸福的并不是实际发生了什么，关键是人们对所发生的事情在情绪上作出何种解释，在认知上进行怎样的加工。

主观幸福感由两个部分构成：情感平衡和生活满意度。情感平衡是指与不愉快的情感体验相比较，占相对优势的愉快体验，是个体对生活的一个总体、概括评价。生活满意度是个体对生活的综合判断。

主观幸福感专指评价者根据自定的标准对其生活质量的整体性评估。基本特点是：①主观性（以评价者内定的标准而非他人标准来评估）；②稳定性（主要测量长期而非短期情感反应和生活满意度，这是一个相对稳定的值）；③整体性（是综合评价，包括对情感反应的评估和认知判断）。因而主观幸福感是一种主观的、整体的概念，同时也是一个相对稳定的值，它是评估相当长一段时期的情感反应和生活满意度。

研究表明，在个人发展过程中，遗传与环境因素都对主观幸福感水平产生影响，外界环境中的各因素通过个性影响主观幸福感。

养成积极的心态，可以从主观幸福感培育着眼，使个体对自己的生活质量无论是在认知还是情绪反应方面，都能习惯性地作出满意的评价和态度体验。

通俗地说，主观幸福感，就是幸福在我心。任何时候，任何情境，都能滋生出满意和幸福的感觉。

8.2.1.2 释放沉重负能量

负能量[②]，在物理学上的解释是低于真空零点能的能量（为负数）；在灵异学上

---

① http://baike.so.com/doc/6651649-6865468.html.

② http://baike.so.com/doc/5437073-5675380.html.

认为具有负能量的物质对人体健康有伤害，反之对人体有益处。

正能量与负能量本是物理学名词，中国人给其赋予了感情色彩，正能量表示人正面情绪的集合，它可以使人拥有一个积极心态；负能量表示人负面情绪的集合，它可以使人拥有一个消极心态。正能量与负能量是相对而言的，面对生活的压力与历练，若正能量战胜了负能量，即会促进人的进步，激发人性的优点使之为善；若负能量战胜了正能量，即会阻碍人的进步，激发人性的缺点使之为恶。

毕淑敏心灵游戏中的《我和我的重要他人》作用之一，就是帮助人们清理在人生旅程中由于负面的人与事而积攒的负能量。

心理学上讲的“重要他人”，指的是在一个人心理和人格形成的过程中，产生过巨大的影响甚至起决定性作用的人物。这个“重要他人”可能是我们的父母长辈、兄弟姐妹，也可能是我们的老师、同学、同事、朋友，抑或是萍水相逢的路人。而造成的影响可能是正面的，也可能是负面的。这些特定的人和事，会留存在你的潜意识中，挥之不去，会下意识地为你的某些性格和反应模式打上深深的烙印，会影响你的一生。找出你的“重要他人”，澄清对你的影响，重新认识并思考处理策略，构建一个释怀、积极的自我！

自我探索：我的重要他人、我的墓志铭、走向未来的思考

请根据以下命题，进行自我心理成长探索。

自我探索：《我的重要他人》

意义：心理学上讲的“重要他人”，指的是在一个人心理和人格形成的过程中，产生过巨大的影响甚至起决定性作用的人物。这个“重要他人”可能是我们的父母长辈、兄弟姐妹，也可能是我们的老师、同学、同事、朋友，抑或是萍水相逢的路人。而造成的影响可能是正面的，更多的可能是负面的。这些特定的人和事，会留存在你的潜意识中，挥之不去，会下意识地为你的某些性格和反应模式打上深深的烙印，会影响你的一生。

要求：找出你的“重要他人”，澄清对你的影响，构建一个积极的自我！

自我探索：《我的墓志铭》

意义：人们对死后自己墓志铭上刻记文字的设想，往往体现着他对人生的规划、设想和生活态度。以《我的墓志铭》为题，写下自己的墓志铭并阐释写下它的理由，是直面人生的重要探索。

要求：1. 以“我的墓志铭要刻下：……”，写下自己墓志铭的内容；

2. 阐释写下它的理由。

自我探索：《走向未来的思考》

意义：思想有多远，就能走多远。

要求：自选命题，简述自己走向未来的点滴思考。

心声分享：我的重要他人、我的墓志铭、走向未来的思考

【我的重要他人】

✻【我生命中的大山】①

我的重要他人是我的父亲。父爱如山，我曾在这座大山的背阴面沮丧过，但现在越至他的向阳面，并倚靠着他幸福的成长。

我小学六年级时我的父亲在一次工作过程中因身体不适不慎从工地二楼脑部向下摔成了脑淤血，当时生命垂危，医生更是在动手术前要我们做好心理准备，说手术只有二成的成功率，好在手术成功了，但是医生还是说可能会变成植物人或“疯子”。虽然当时我还小，还不是很能明白病痛、生离死别的滋味，但是那过程足以让我提前长大了。父亲在重病区时家属只能在病房外干等，我亲眼目睹母亲哭成个泪人瘫在椅子上。当他们要我离开医院时，从小就不忍心看见妈妈哭的我咬紧牙关走到母亲身边对母亲说：“妈，不要哭了，要坚强。”那句话我一辈子也不会忘记，因为在吐第一个字时眼泪就要喷出来，但我尽我最大的努力抑制住，因为我知道母亲看到我哭她一定会更心疼，我不能让她的悲伤加重。但在回家的路上我几度哭到无力。父亲在重病区待了三天我什么也不能做只能没日没夜地哭。好在手术成功之后转到了普通病房，但是眼前的父亲谁也不认识，谁也不记得，胸口插了一排针，

① 本文根据《心理访谈与健康成长》课程班 13－14 春 No. 098 龚小瑶自我成长分析改编。

脑部的剧痛让他在清醒时只会拳打脚踢，甚至骂着脏话。好在父亲的兄弟姐妹都很团结，在那一个月里全都没去工作，每天每分每秒至少7个人守在父亲床边，在他激动时按住他，不停地给他按摩，姑姑的手臂都被父亲打得淤青了（当时医生有提议绑住父亲，但他们都心疼父亲就选择一直守着他）。因为当时姐姐正准备高考，哥哥正准备中考，所以母亲对他们都有所隐瞒，这一切都只有最小的我目睹。这情景对于一个只有十几岁的我来说太过沉重。但是父亲从重病区出来后，不管看到他怎么“疯狂”我都没哭，因为我相信只要他还在，不管是什么样子我都可以接受，且一直有信念他一定会康复。正如我相信的那样父亲慢慢康复了，从拳打脚踢到安静下来，从谁都不认识到能辨别出家人，从不能说话到能艰难地叫出我们的名字。

虽然父亲慢慢康复到了正常人的状态，但是因为脑出血造成的脑萎缩留下了很大的后遗症，且后遗症渐渐严重。出院后的父亲极其易怒，在家里动不动就摔东西，脾气和压力不能对别人撒，只能加倍地对母亲撒，因为我还小待在家里的时间比较多，每每父亲责骂母亲、摔东西时，我都目睹了，还经常看到母亲躲起来哭，一次母亲躲起来哭时，我也跟着哭，还听到她抱怨道：“我伺候他这几年，等病好了我就离开他。”虽然明白母亲那是气话，但对我来说杀伤力却很大。无数次面对父亲责骂母亲对我的心理都产生很大的阴影，只要一看到我就躲起来哭。

除此之外，父亲从事故的那天起对我人生的影响就从来没停止过。在家里我无论做什么事都是小心翼翼，但尽管如此，父亲还是会在没忍住时骂我，也因此我每天都沉浸在泪水中。

父亲的病情对正在青春期成长的我来说产生了莫大的影响，首先是阴影，每次父亲出门我直到听到他安全归来的消息提着的心才能放下；害怕接听电话，害怕听到电话那一头传来坏消息；因为父亲爱摔东西，所以凡是听到重手重脚的行为都会心惊胆战；害怕与人交流；甚至在初中时每天放学都很怕回家，害怕面对易怒的父亲和可怜的母亲。

有两件事在我心里永远都无法忘记。一件是父亲在医院时经常责骂日夜照顾他的母亲，我看了很是心疼，于是在一次与父亲散步时，我哭着对父亲说：“爸爸，以后可不可以不要骂妈妈了，她很辛苦。”这时爸爸对我说：“我也不想的，但是我忍不住。爸爸心里也很难受……”这时我抬头看父亲，我发现父亲脸颊上的泪，我突然明白了许多，我明白父亲心里的伤痛和压力，从那以后我也不再纠结于父亲对母亲的责骂。另一件是上大学每一次离家，父亲都要把我送到车站久久不肯离去，一次因为行李过重父亲想帮我提上站台，而保安不让，于是我和爸爸说没事我可以的，我在提时不断地转身告诉他我可以，当我登上站台时最后一次回头隔着玻璃还看到他翘首望着我，我招手向他示意回去吧，但是转身眼泪不住地流下来……

虽然父亲使我的成长产生了那么多的阴影，但是现在我心里更多的是感谢。感谢父亲和我所经历的事，让我提前经历了人情世故，并且对我的阅历和性格产生了重大的影响。首先，最大的收获是让我懂得珍惜家人，孝顺长辈，不吝啬每个和他们表达爱的机会。其次，每次被父亲责骂后，我都能快速擦干泪，马上加倍体贴他，这让我在与朋友相处的过程中也学会了忍让。同时，时时刻刻观察父亲的情绪与他相处，让我学会了与人相处时的察言观色。在上了大学的这一年里，我更加体会到与家人在一起的珍贵。

曾经我痛恨懊恼过为什么家里会发生变故，但现在的我并不把它当成灾难而是我的财富。是父亲塑造了我现在的性格，家人、长辈、朋友中我都很受欢迎，并对生命，对爱都有更深的感悟。

✻【妈妈教会了我坚强和责任】①

每个人的一生中都会出现很多形形色色的人，扮演着不同的角色，所谓近朱者赤，近墨者黑，他们的举止言行在无形中影响着我们每个人；与此同时，我们也会按他们对我们的影响，在心中按孰轻孰重的地位给他们定位：有家人、朋友、熟人、路人、陌生人等。

我觉得在我成长的过程中，对我影响最大的应该是我的妈妈，她教会了我很多，即使她永远不懂那些冠冕堂皇的大道理，她只是用了大半辈子的亲身经历来告诉我什么是坚强、什么是责任。

妈妈的一生坎坎坷坷，但从未放弃过对幸福的追求，总是乐观积极，觉得无论多么大的困难都会过去，明天会更好。对妈妈的一生我觉得可以分为三个阶段：

第一阶段：从妈妈出生到成年。妈妈出生在农民家庭，她是家里的长女，可以说生来责任重吧，她的童年是不幸的，没有父母的疼爱，她不仅要承受内心的痛苦，而且还要照顾得了老年痴呆的姥姥姥爷和年幼的妹妹，家里的一切责任都重重地压在她身上。她一定觉得很不幸，应该很羡慕别人吧，但是，妈妈没有放弃希望，没有被困难压倒，没有逃避责任，后来送走了太姥姥姥爷，养大了小姨，也有了自己的家庭。

第二阶段：从成年到我上小学。我家是一个幸福的四口小家，有我最爱的爸爸妈妈和姐姐，可能因为没有老人的原因，所以我和姐姐的到来又给妈妈带来了更多的麻烦。虽然这么久一直让她操心，从未做过让她骄傲的事，但她对我们的爱却始终如一，并且妈妈一直认为我和姐姐是上帝送给她最好的礼物。看似妈妈的生活渐渐好起来了，上帝可能妒忌了吧，就那么一挥手，那么一瞬间，才知天堂和地狱只有一步之遥，爸爸因意外下半身瘫痪了，姐姐又要去外地上学，昔日的酒肉朋友都成陌路了。那时的我还小，我哭着问妈妈“怎么办?”妈妈很镇定地说：“爸爸过几天就会好的，而且还有妈妈”，现在想想，妈妈也很害怕吧。妈妈除了要供我们生

---

① 本文根据《心理访谈与健康成长》课程班 13 – 14 春 No. 097 邓丽红自我成长分析改编。

活之外，她还要做好爸爸的心理工作，那时的她肯定累坏了而且身心疲惫吧！但她知道，如若不坚强软弱给谁看，妈妈说“很多人在笑着等着看我倒下去，我就不倒，就要活给你们看，孩子学必须上，病还得治”。现在我慢慢长大，领略了人心，才体会到了妈妈那时多么的无助，内心那么的悲凉，不知道说那句话时的底气到底有多足。经过多处求医，爸爸的病渐渐好转了，后来回忆走过的路，妈妈说：“我也不知道，就是硬扛吧！”

第三阶段：从我初中开始。姐姐初中毕业后就结束了学业，在熟人的帮助下，学了理发这门手艺，也算成家立业了。而我的求学之路也算顺风顺水，在我们村应该也算好学生。妈妈的心本来可以放松一下了，但是在她眼里我们永远是孩子，需要照顾操心。我问过妈妈：“妈，那么多事压在你身上的时候，你有过想逃吗？有想过轻生吗？”她说：“没有。以前有养育我的人，我不能逃，后来，我从小就失去父母，我不能让你们经历我承受过的痛苦。”

我们长大了，妈妈慢慢变老了，回顾妈妈走过的路、说过的话，时常感到心酸，“就是硬扛吧！”我已成年了，怎么扛？我不知道，我真的不知道，就现在而言，没妈妈在我身边，很多事我都做不了，一句话说起来容易，做起来不是只有决心就可以的。我觉得不需要再苦寻偶像去学习了，妈妈一直在我身边，就是我学习的最佳楷模。她用实际行动告诉我，责任要扛得起，要对美好生活有追求，不能自私自利，活着要有骨气，不能轻易放弃。

想想自己是多么的幸福、幸运，忽然觉得，未来其实也没什么好怕的，做好自己该做的，对得起自己的良心，学着自己去扛，不能再依赖父母，珍惜学习机会，感谢爸爸妈妈给了我生命，给了我完整的家，该长大了，要去帮父母遮风挡雨了。

✻【女朋友对我影响深远】①

每个人的生命历程中都会有许许多多对你的成长至关重要的人，小到帮你改掉了一个坏毛病，大到改变了你的性格、重塑了你的生命轨迹。父母和童年的许多老师都在我的成长历程中扮演了不可或缺的重要他人的角色，有的积极正义，有的消极阴暗。但是凭我模糊的记忆，对我影响最为深远的当属我的女朋友了。

我和她青梅竹马，幼儿园便在一起玩耍，共同经历了幼儿园、小学、初中、高中、大学的学习生涯。童年时期，我们曾是最要好的朋友，她崇拜我，我保护她。上了初中，因为一些现在看起来不值一提的小矛盾，我们各自为营了两三年。但上天眷顾，我们都考上了重点高中，再一次相遇在偌大且举目无亲的校园中，并且开始了相濡以沫的生活。

在分开生活了三年之后，再一次相见，却发现有一种全新的感觉在我们之间慢

① 本文根据《心理访谈与健康成长》课程班 13 – 14 春 No. 044 薄琳博自我成长分析改编。

慢发酵，碰巧那年情窦初开，我们试探着开始了恋爱。那是一段晴朗的日子，我在操场打球，她拿着饮料在旁边静静地看；我一身臭汗，她把我的衣服拿走洗净，盛满了阳光送还给我；我在课堂上睡觉，她就在我旁边，削好了苹果、剥了核桃递给我吃。说到这里，也许你会认为她是一只对我言听计从，百般依顺甚至没有脾气的小绵羊。其实不然，她是个很有主见的女生，思想独立又内心强大，她一直信奉一条格言：要像太阳一样，温暖自己，照亮别人。不论是学习还是生活，她都用最积极的心态经营着，有时遇到的挫折在我看来都不能面对，她却能泰然处之、从容应对。年少的我虽然高大，却没有她那种成熟，是她用这种生活方式渐渐地感染了我，让我从一个调皮又耍酷的小男生变成了现在这样的男子汉。这并不是像故事里讲的那样，在经历了一件刻骨铭心的事之后突然就有的顿悟，而是在平淡无奇的生活中，通过一件件平凡的小事积累出来的品格。我们吵过许多架，但没有提出过分手，正如她教予我的，“一切问题总有解决的时候，所以在问题解决之前不要办错事”，所以我们的分歧总能得到解决，而没有把遗憾留到未来。

直到现在我仍坚定地认为，一场深刻美好的恋爱给一个人成长带来的益处远超过任何其他方式。我从中习得了积极的生活态度，理解了责任的重要性，学会了如何与人真诚长远地交往，更重要的是能像她一样，把自己的快乐散播给他人，像太阳一样热情善良！

✲【数学老师刺痛我心】①

看到“我的重要他人”命题，认真地在脑海里搜索了一遍，感觉有很多；但是真的有那么一个人，深深地印在我的脑海里，因为他曾经的一句话，我一直还记得他，以致多年过去了，一想到他就会感觉到厌恶。他就是我中学的一名数学老师，没有教过我，只是我认识的一名数学老师。

我还记得那年初三，我们都处于极度紧张的学习氛围中，除了每天吃饭、上课，加上封闭式管理的教学模式，我们的生活就没有其他。那个时候，因为要考试，好像是需要交一些材料什么的，包括填写身份证号码和其他一些信息。等把材料交上去的时候，班主任找到我说：“信息填写错误，需要去纠正下。”当我去办理此类材料的办公室修改材料的时候，我看到了那个老师，他与其他的老师在一起聊天，看到我时冷冷说了句：你是那个某某，是吧？填写身份证你也不会填写吗？你不知道身份证号都是18位吗？怎么那么笨……从来没觉得别人的声音是那么的刺耳，是那么的令人厌烦和憎恨！我偷偷地看看其他老师，他们的眼睛里满满的都是讽刺，我不知道自己是怎么走出那间办公室的。后来我经过一番打听，知道那个老师叫什么名字，是教什么课程的，从此凡是在校园里碰到他，从别人耳朵里听到他的名字都

① 本文根据《心理访谈与健康成长》课程班13-14春No.062贾芳霞自我成长分析改编。

会感觉到很难受，很憎恶。

之后，“你怎么这么笨”，这么一句简单的话，总时不时地闪现在脑海里，开始莫名其妙地在学习上、生活上、交友上去跟别人比较，让自己显得那么的可怜和可悲，我真的是很笨，很差，连那件最简单的事情——填写身份证号码都会出错的人，还能奢求更多的成功吗？所以，有时候碰到别人说：喂，这个很简单呢！你不会吗？不可能吧！每每此时，我只是无奈地笑笑说：你不知道我很笨吗？不然的话，怎么什么都比你们差呢！

也许很多旁人无法理解这份痛楚，觉得是件很小的事情，可是对于曾经的自己来说，把学习当作改变自己命运的机会，背负家庭沉重包袱的我，在任何事情上都表现得那么谨慎和小心，生怕出现一点点的差错，最后又没有任何人可以给自己支撑和鼓励的处境，唯独害怕这种不被认可的复杂心情。

可是随着年龄的增长和学识的增长，我渐渐地开始忘记了“你怎么那么笨”这句话，可是那个人，那个冷冷的口吻，至今却从未忘记过。现在想想，也许当时的他并没有任何的恶意，只是为了发泄一下自己对工作的不满，又或者是那就是他的做人风格，又或者是我那太过脆弱的心，承受不了这些很习以为常的事。而我并不是真的笨，我只是一不小心做错了一件事情而已，只是一不小心让自己活在痛苦的挣扎和烦恼当中。

到了大学，我接受了很多新鲜的事物，并且学会了做人、做事的道理，这些陪伴自己成长道路上的经历，真的是一笔很大的财富。而曾经那段“我很笨的”历史，我再也没有让它重演。我不笨，真的不笨，只要好好地努力，知道自己想要的是什么，并且朝着这个方向去迈进，你是可以成功的，你的脑子不存在问题。爱迪生曾经说过：成功是99%的汗水+1%的天分组成的。我想是的，时刻准备着去努力。

而对于那位老师，如今我回到以前的中学，偶尔碰到他的时候，还会称呼一声“老师好”。也没有曾经的那份憎恶感，有的只是一份敬仰之情，因为岁月的蹉跎已经带走了他往日的风华，他的青春奉献给了最伟大的事业——教育。

每个人都会有一段这样或者那样的“历史”，给心灵留下好的或者不好的影响。如果我们能够适时地放下，勇敢地直面问题的所在，我想诸多的阴影就会不复存在了。时常问问自己，这些是否重要？抑或必需？因为我不能让别人来左右自己的大脑，又或者是因为他人，而活在别人的世界里。这些想法是错误的，我们也会感觉到很不开心，反而我们应该去感谢这些曾经让我们成长的人和事，感谢他们曾经在我们的生命中出现过。

✽【心理老师，我人生的指明灯】①

在我的成长历程中，有过太多给我带来了不一样的震撼、感动与影响的人，但是，一个能在我心理和人格形成过程中给我带来巨大影响甚至起决定性作用的人莫过于我的大学老师——范海鹰老师。

本科第一学期选课刚开始的时候，就听学长学姐们力荐要选范海鹰老师的课程，可谓慕名来到范老师的课堂，一学期下来果然让我受益良多，也深深地被范老师的魅力、课堂魔力所吸引。

原本以为我早已走出高考失利的阴影，但是，当在开学时的一门法学课程上老师点名道“专升本法学”的时候，我的心咯噔一声，当初的自卑、胆怯、虚荣感一起涌上心头。我开始抱怨老师的不是，为什么要差别对待，甚至埋怨上天对我的不公平，辛苦上了本科，还冠上“专升本”的头衔，终究跟别人还是不同。就这样心情低落到了谷底，整个人心情又差，气色又难看，身边的朋友都有点怕跟我交流了。一直到了礼拜四的课上，步入范老师课堂的时候就有一种豁然的感觉，觉得这样特别的课堂会是我释放的场所。

果不其然，范老师是位魅力十足、知识渊博的知性女性。奇妙的是，范老师点名与其互动的我们班同学时，她用的是法学专业同学的称号，顿时也让我对她好感倍增。第一节课上让我们认识自我的时候，我就被震撼到了，原来我不曾真正了解过自己，当每项分析连贯起来的时候，我才蓦然发现原来自己是有那么多不足的人。而当范老师让我们直视嫉妒时，我才第一次真正地将自己暴露在阳光下洗礼。其实，以前我也有想过将这种心理跟父母亲交流并争取解决的途径，但是每次都担心说出来会被他们批评抑或对我失望。而在范老师的课上，她让同学们分享这种心理的时候，我才明白这是再正常不过的心理，也让我释然了很多。其实，我那么介意别人说我是专升本，说到底就是自己嫉妒真正本科的同学，嫉妒别人比我优秀，比我成功，自己太要面子也太好强，以至于嫉妒心的不断扩散，才导致了后来的压抑与难过。

接下来我要做的就是按照范老师建议的那样勇敢面对自己的嫉妒心理，坦诚地接受这种心理，有这种心理并不可怕，人无完人，这种心理也很正常，而重点是要采取措施缓解这种嫉妒心理。然后通过学习、实践的方式让这种心理化为一种动力，做最真实的自己，通过跟他人的比较发现自己的不足并努力奋进，而不是一味的只是心理上嫉妒、羡慕，自甘堕落，却不采取积极的行动来改造自己。最后，用一种积极、进取并宽容大度的心态对待他人，每个人都是不一样的个体，正如范老师所说“世界上不会有相同的两片叶子”，我试着去发现自身的缺陷并坦率接受他人的

---

① 本文根据《心理访谈与健康成长》课程班 13 – 14 春 No. 073 翼之勋自我成长分析改编。

闪光点，可以以他人为榜样，虽说我是专升本的法学，但是我们同样都能拿到学士学位，并且都能参加司法考试，本科生所能得到的我同样能争取到甚至可以做得比他们更好。同时，不吝啬夸赞他人，通过夸赞他人让自己心理真正地得到释怀，从而使人格得到升华，最终减轻、缓解了自己的嫉妒心理。

在范老师的课上我收获的还有很多，如学会了化压力为动力，懂得走出自卑心理的方式以及更加珍爱自己的生命等。范老师本身就是一位积极乐观、知识渊博且温柔美丽的女性，她每次课上自己的个人分享都给我带来了不一样的震撼与鼓舞，她也成为我前进道路上的“指明灯”，指引我走向更光明的未来。尽管她的课程学习结束了，但是她给我今后的人生旅程带来的影响会是永远存在的，今后当我遇到不如意之事的时候，也会不时回味范老师所传授的点滴知识从而提升自我，一直朝梦想前进。

✻【爷爷重男轻女让我耿耿于怀】①

很小的时候，我爸妈就远去乌鲁木齐打工，留下年幼的我给爷爷照顾。印象中，我的童年是在没有亲情的环境中度过的。爷爷是个很传统的人，重男轻女思想根深蒂固，自然而然我是不受他待见的，但是，同我一起长大的堂弟总能得到他的喜爱，这让我心里很是不平。每天，他都要接送堂弟上学放学，每次有好吃的总是留给他，每次都无条件满足堂弟的要求。但是，他对我就像个仇人似的，总是让我去干家务，一件小事做不好就会骂我，他对我的脸色也总是臭的。

印象最深的是有一次因为书包破得不能再背了，我就走过去小声对他说：“我的书包坏了，能不能给我买个新的”，不知道是心情不好还是确实很讨厌我，他突然大声吼了我一句：“书都不会读，买书包干吗用?”当时，我就愣住了，比起伤心，更多的是怨恨。我想，后来我之所以很少请求别人帮忙，就是因为害怕拒绝。我的性格本来就有点内向，这次之后，我变得越来越沉默，不想讲话，性格越来越孤僻。我开始讨厌他，开始想要逃离这个家，我知道，要想离开这个令人讨厌的家，我必须好好学习，考上好学校，接下来的时间，我便整天埋头学习，没有朋友，没有鼓励，没有关怀，我生活在我自己的世界里。功夫不负有心人，我考上了市二中。

带着怨恨，我头也不回地踏上了去学校的路上，到了学校，开始了我的初中生活，刚开始的时候，我总是独来独往，不会打交道，不会交朋友，很多事情我都是一个人完成，因为不想去求别人帮忙。每次放假的时候我都会选择留宿，开学很久我都没有回去一趟，我知道，我心里还是耿耿于怀，我总是想，反正他都不喜欢我，我干吗回去自讨苦吃。周围的同学都是极为乐观开朗的人，久而久之，我也被她们感染了，接下来，几个好朋友开始走进了我的生活，在朋友的引导下，我渐渐地忘

① 本文根据《心理访谈与健康成长》课程班13－14春No.081陈莺婷自我成长分析改编。

记了以前的事。

现在，我已经读大学了，随着时间的流逝，有些不好的记忆自然而然地也跟着流逝，现在的我，已经看得开了，开始理解爷爷，毕竟长期生活在农村，重男轻女的思想是极为普遍的，也是很正常的。同时，我也感谢我爷爷，没有他，就没有更好的我，没有对他的怨恨，我想，以我当时的成绩，是不可能考上市二中的。初中是我的一个起点，在那里，我学会了很多东西，也认识了很多朋友，这些事物，都对我的人生产生了重要的影响。

✻【奶奶——我人生的导师】①

从小到大，我们都在耳濡目染、潜移默化的环境中成长着，会遇到形形色色的人。和我们有交集或是没交集的人的某番话、某个动作，甚至某种价值观都会或多或少地影响我们心理和人格的形成。

年少时期，正是人格塑造的萌芽阶段，周围人对自己的影响也许会成为未来的价值观和行为选择的风向标。如果这种影响是积极向上的，固然好，是我们人生应追寻的航向；如果影响是消极的，会错误地引导我们进入另一个世界。若是懂得自省，懂得采取恰当的思考策略，方能最终醒悟过来并走出这个误区。关键在于我们自己，如何来正确面对这些影响。

若是要问我的重要他人是谁？我会毫不犹豫地告诉你：奶奶。这个答案的论辩得追溯到我的儿时。儿时记忆最深刻的莫过于和爷爷奶奶待在一起的美好时光了，那时候爸妈忙工作，虽然他们也会无微不至地照顾我，但大部分时间，我是由爷爷奶奶像亲闺女似的带着。和爷爷奶奶在一起时，他们时而给我讲讲故事，时而带我出去逛逛。

以前奶奶经常带我去逛公园、逛超市……因为奶奶想让我出去见识见识外面是什么样的，虽然那会儿年纪小不懂事，只知道外面好玩还有好吃的。走在大街上，会看见一些衣衫褴褛、缺胳膊少腿儿的乞讨人侧卧或是直接扑倒在地，当时我看了毛骨悚然，真想避而远之。此时，奶奶却停下了一贯的快步，往他们面前放了几个硬币。我就纳闷了："干吗给他们钱啊?"奶奶语重心长地教导我："他们也是可怜人，也是生活所逼，不得已而为之的行为，讨口饭吃也不容易。给予他们钱不在多少，平时身边带几个硬币，只要是自己的一份爱心，他们穷困潦倒的境况也许就会有所改变。你要心存善心，不求回报，走到哪里都不会吃亏。"那时候听这些话懂的也只是只言片语，但是每次和奶奶一起走过，奶奶都会这样义不容辞地伸手帮助他们。随着时间的流转，奶奶依然以同样的话教导我，同样的动作感染我。

为此，我从小就懂得了要心怀善意，为需要帮助的人提供力所能及的支援。自

---

① 本文根据《心理访谈与健康成长》课程班 13－14 春 No. 071 许艳雯自我成长分析改编。

懂事以来，与热心没有分离过。甚至在潜意识里，每每路过那些街边的乞讨者，需要帮助的人，都会想起奶奶从前的做法。奶奶的话为我做一个善良可爱的人的人格奠定了基础。可是反过来看看，我们似乎也不能再像从前那样地相信自己的双眼，各种负面的新闻都在报纸、媒体上报道："丐帮"帮主组织聋哑人乞讨，存款百万坐头等舱。真是骇人听闻！他们不凭借自己勤劳的双手收获财富而是利用善良人们对这个群体的怜悯、不忍来骗取的卑劣行为令人发指，我的这种追随似乎产生了动摇，毕竟社会上还是真正存在需要我们善心的人们，奶奶的那番话在这赤裸裸的当前社会真的值得吗？

因此，我仔细反复地思考这种做法，总结出一条策略：想要帮助他人，可以到有信誉保障的慈善机构奉献自己的爱心，这样就不必去担心那些所谓的真假与否。他们真的需要帮助，自然会寻求社会，而专门的慈善机构不正是一个好平台吗？奶奶培养我的这种善心是终生受用、潜移默化的，只是曾经有些不懂变通，一味学习模仿奶奶的做法，现在看来确实欠妥。在方法上，我的确要做一些改变，这样才能在人生道路上越走越远，将爱传递得更远。

我的重要他人——奶奶，让我体会到了这个世界充满爱心，不求回报。感谢奶奶在我心理和人格形成过程中给我带来的重要影响。

我只想对奶奶说一句：奶奶，谢谢你！

✻【课堂男生的集体咳嗽使我陷入噩梦】①

很多时候我会纠结我是怎样形成今天这种有点矛盾的性格的，刨根问底，镜头拉回初中时，终于找到缘由——那个重要他人。

初二下学期之前，我从未体会过那种感觉全世界都不喜欢自己的滋味，每次上课起来回答问题，同学们会集体咳嗽，感觉除了几个死党，我莫名其妙地被我们班的男生讨厌了。虽然只是一个月的时间，但却足够让一个一直被老师当成宝、向来开朗的姑娘变成另一个模样。

事情的起因很简单，一次，我在梦会周公时被老师叫起来回答问题，正在我手足无措支支吾吾时一个男生（姑且称他为w吧）故意咳嗽了两声帮我掩盖了过去，然后在老师问同学们我回答了什么时告诉老师我答出正确答案了，当时我真是感激得不得了。

但从第二天开始，只要我回答问题，w总会和一群男生拼命咳嗽，开始是感觉疑惑，后来便想是不是自己做错了什么，偏偏我那时还是个向来不知示弱的人，心里越是疑惑和畏畏缩缩，表面上便越是嚣张，与w和谈无果，干脆彻底不理。

闹剧愈演愈烈，最严重的一次也是最后一次，我上台做英语演讲，还未开口，

---

① 本文根据《心理访谈与健康成长》课程班13－14春No.006包蓉自我成长分析改编。

底下的男生便开始咳嗽，我在那几分钟内真是从未感受过那样的愤怒和绝望，但依我的个性不可能下台示弱，就站在那里一声不吭面无表情地看着他们，直到他们的神色开始不自然，声音一点点弱下来。

那天下课我一个人去操场拼命奔跑直到自己累到腿软，回到教室时便看到桌上几个带头男生的道歉信，唯独没有 w。我做不到释怀，也没有恨人的习惯，懒得说话，沉默，沉默，还是沉默，从此看见这些人不打招呼不说话。

这个习惯一直被我带到高中，很长的一段时间内我不会和擦肩而过的同班男生打招呼。过了几个月，初三开学了，w 托一个男生告诉我想要和好，虽然那些事还有阴影，但初中都快要结束了不想做一个不懂原谅的人，我们还是和好了。

过了很久以后，我终于知道了当初那些事是为什么。年少的爱恨总没有理由，w 莫名其妙喜欢上我这个假小子，所以第一次真心实意地帮了我。但回到宿舍后便被室友调侃，处于年少不懂事的少年心态不好意思被室友调侃就干脆和几个朋友开始作弄我，谁知一发不可收拾，便闹成了后来的模样。

虽然后来我们还是好朋友，但是这些阴影却笼罩了我很久。

在接近三年的时间里我会做同一个噩梦，梦见自己在一片灰色的森林里慌乱奔跑，没有同伴，找不到出口。

他的年少不懂事，导致了我半个青春岁月里的主色调都是噩梦般灰暗的，害怕自己不会被接纳，害怕又处于这样的境地。

后来为了摆脱这种境遇，很长一段时间内我每天对着日记本写日记告诉自己包蓉你很棒，这些都是小事，现在你身边的朋友都喜欢你爱护你，要每天看书，只有让自己变得更好更强大才不会从别人身上找安全感。对于 w，开始是有点怨恨的，不过后来想通了，终于释怀，谁生来就懂怎样去喜欢一个人呢？况且那时我们都还那样小。

若不是经历这些事，我怎么知道其实我可以那么坚强，又怎么知道要怎样地对一个人好，去好好地表达对别人的爱和善。没有生命走过的那些泥泞，哪里有莲花盛开于淤泥的美丽，又哪里有凤凰涅槃后的重生。

【我的墓志铭】

✻【生命的本色】

我的墓志铭要刻下[①]：“我唯愿保持住一份生命的本色，一份能够安静聆听别的生命也使别的生命愿意安静聆听的纯真，此中的快乐远非浮华功名可比。”

这句话来源于周国平先生《守望的距离》一书，在第十四讲的课程中讲到了关

---

① 本文根据《心理访谈与健康成长》课程班 14－15 春 No. 015 周玙昕自我探索改编。

于生命的感悟和理解，因此我就想到了周国平先生的这句话，生命实则是脆弱而短暂的，在无力增加生命的长度的情况下，我们唯有拓宽生命的宽度将有限的生命变成无限才能活出生命的价值。我们一生都在追求什么？又在追寻何等的生命价值？尤其是在现在这个物质世俗观的社会，很多人都会把金钱、权力、房子、车子、学历、家庭背景等，视为对生命的追寻，身份的认可。而在我们这青春花样年纪，就应当保持自己的本质，去感受自己的情绪，去定下自己的目标，明白什么是快乐，什么又是喜悦，去体验生活，去感悟生命，领悟一份属于自己的思想，真正懂得取舍，去认可自己的选择，熟悉并认可真正的自己，使自己有焕然一新的改变。也让我想到了周国平的另一篇散文《生命本来没有名字》，我们降生到世上，有谁是带着名字来的？又有谁是带着头衔、职位、身份、财产等来的？可是，随着我们不断长大，越来越深地沉溺于俗务琐事，已经很少有人能记起这个最单纯的事实了。我们彼此以名字相见，名字又与头衔、身份、财产之类相连，结果，在这些“寄生物”的缠绕之下，生命本身隐匿了，甚至萎缩了。因此我希望自己能够保持住生命的这一份本色，追求真正内心想要的东西，净化自己的灵魂。

✻【因爱而生，为爱而活】

我的墓志铭要刻下[①]：“因爱而生，为爱而活。”

每个人的出生都是父母爱情的结晶，无论他们之后是否分开，至少他们那个时候是相爱的。随着父母之爱而降生于世，成人之后亦为爱而生存着。我们爱着父母，爱着朋友，爱着伴侣，爱着孩子，爱着亲戚，甚至可以爱着陌生人。每个人都不只是个体，在出生的一刻就决定了身上所有磨灭不去的羁绊，这些羁绊，这些人与人之间的感情与关系，是我们生来就需要承担的责任。我们不只是为了自己而活，亦是为了爱着自己与自己爱着的人们活着。无论生活有多艰辛，路有多崎岖，在你觉得快要活不下去的时候，你会发现，要是自己真的不在了，父母怎么办？好友爱人怎么办？羁绊与身上肩负的责任会打消自己活不下去的念头，而对他们的爱会让自己心疼他们，会不忍将难过与悲伤给予他们。因爱而担忧，因爱而坚强。

人生来就是要爱的，不论是爱还是被爱，甚至可以说，每个人的出生都是为了给父母带去爱的。人若是无爱，便也失去了生存的意义。痛失荷西的三毛曾在书中写道，“我愿意在父亲、母亲、丈夫的生命圆环里做最后离世的一个，如果我先去了，而将这份我已尝过的苦悲留给世上的父母，那么我是死不瞑目的，因为我已明白了爱，而我的爱有多深，我的牵挂和不舍就有多长。所以，我是没有选择地做了暂时的不死鸟，虽然我的翅膀断了，我的羽毛脱了，我已没有另一半比翼，可是那颗碎成一片片的心，仍是父母的珍宝，再痛再伤，只要他们不肯我死去，我便也不

---

① 本文根据《心理访谈与健康成长》课程班14－15春No.009申屠诗怡自我探索改编。

再有放弃他们的念头。”因爱而生，同时也为爱而生。

✻【动静两自我】

我的墓志铭要刻下①：“我身上必定有两个自我。一个好动，什么都要尝试，什么都想经历。另一个喜静，对一切加以审视消化。”

前段时间，在网络上很红的一句话“世界这么大，我想去看看”正印证了“什么都要尝试，什么都要经历”的我。世界上的每一个角落都充满了色彩，无论是壮美的山河，还是精致的小桥流水，不论是北国的风光，还是南方的秀美，我都想要去看看。“尝遍人间百味，看过四季风光”这才是应该有的人生，体会不一样的人生，感受不一样的风景，听不一样的故事，品不一样的味道。人生本应该多姿多彩，不应该拘泥于某一个工作环境，不应该满足于所处的位置。但是世俗的眼光，让我们只能选择乏味的人生，稳定的生活；迫于生活的压力，父母的期望，我们只能求得生活的安稳，而不能选择刺激的人生。有人说，人生的前半段应该用来拼搏，后半段用来享受，这样子的人生才是完美的，因为这样的原因，我们在应该丰富的年纪，选择了单一的生活，在老年的时候，后悔我们当初的选择，这并不是我想要的样子。尝试、经历不同的事情，获得不同的感悟，我认为对自己的发展是有利的。

在尝试的同时，我们需要安静地思考，需要对所尝试的一起审视消化。这样，尝试才算没有徒劳。安静地思考，可以让人觉得与繁杂的尘世隔离，在一个完全自我的世界里或反省，或憧憬。一个没有别人的空间，就是我们常说的空无一人，容易让人产生一种归零的满足感，似乎我们刚刚出生时的那样。人潮拥挤，我们只能看热闹；而形单影只，使我们可以更多地去思考。古往今来多少人在安静里创造了奇迹，这就缘于他们理解了安静，享受了安静赋予的创造力，所以我们需要安静。

安静是什么？我以为是一种比较智慧的处事技巧。不要去盲目地扎人堆，不假思索地随大流、凑热闹，要学会站在角落审视一切。安静会让我从一个独立的角度发现契机和弊端。

而我相信，这两种品质是我欠缺的，也是我需要的。

✻【佛道儒大度，技能思人生】

我的墓志铭要刻下②：“佛为心，道为骨，儒为表，大度看世界；技在手，能在身，思在脑，从容过生活。”

有一句歌词写道：“曾经在幽幽暗暗反反复复中追问，才知道平平淡淡从从容容才是真。”我之所以选择上边那句话作为墓志铭，主要有以下两点原因：

---

① 本文根据《心理访谈与健康成长》课程班 14－15 春 No. 012 马沅自我探索改编。

② 本文根据《心理访谈与健康成长》课程班 14－15 春 No. 025 张文博自我探索改编。

第一，硬件方面。一个人活着要有活着的样子，中国传统几千年的儒家文化虽然有一部分被遗忘了，但作为一个中华儿女，在外表要保留儒家谦谦君子的形象，懂得谦虚为人；道家倡导清静无为，顺其自然，所以在骨子里要有道家那种无拘无束洒脱的情怀；同样作为流传几千年的佛教，倡导慈悲为怀，懂得关怀他人，因此也需要有佛教的慈悲心。综合来说，就是要有佛教的慈悲心，道教的自由洒脱以及儒家的君子形象。

第二，软件方面，为了更好地生活，人还需要有更深层次的东西支撑自己。首先，要有让自己赖以生存的技能，人的一辈子只要掌握一门技能，就足以使得自己有了活下去的物质基础；其次，有了技能，还需要有使得技能得以发挥的能力，这也是必不可少的；最后，人想要有血有肉地活下去，还需要有思想，思想可以使技能和能力得到提升，一位哲学家说得好，有思想力的人是万物的尺度。

现在的人，已经变得太浮躁。一切以金钱利益为重，这样对个体的发展不利，对整个社会的发展也是不利的。一味地把金钱利益放在第一位，往往适得其反；做好自己，这些东西自然会来找你。活着就要好好做人，认真做事，平平淡淡，如此足矣。

✻【感恩朋友】

我的墓志铭要刻下①："老天让他的天空蒙上一层灰，但他用自己的笑容拨云见日，生活的不易让他学会勇敢，挚亲的离开让他懂得珍惜，外人的嘲讽让他坚强。他的一生，最值得他骄傲的就应该是他拥有的朋友，因为他总说，是朋友，给了他吹走乌云的勇气和信心。而他的一生，最需要做的就是感恩。"

总觉得自己在墓志铭上把自己写得有点完美了，其实一直以来，我都希望自己能像个正常人一样，默默无闻或许对现代人来说是个贬义词，但对我来说，是我梦寐以求的状态。我很庆幸，我成长的道路上遇到这样的经历，高中的班主任对我说，我是一个被苦难磨砺出来的孩子，所以我能更坦然地面对以后生活的困难，其实总觉得老师也在表扬我，我也有我自己的心事，我也会因为失去一些东西不开心，但是我会开心，我会笑，是因为我周围的环境，我庆幸遇到那么一批真心待我的朋友，他们给过我的帮助，我一一记在心里，人的一生有四五个真心的朋友就真的感觉很满足，是这么一群朋友无私的帮助，让我顺利步入高中，大学。他们帮我融入新环境，帮我克服生活的苦恼，帮我很多很多，我最应该做的就是保持一颗感恩的心，日后在自己力所能及的方面，将这份爱传递下去。

✻【疯魔狂放，成活人生】

我的墓志铭要刻下②："不疯不魔不成活，不狂不放不人生。"

---

① 本文根据《心理访谈与健康成长》课程班 14 – 15 春 No. 003 杨佳辉自我探索改编。

② 本文根据《心理访谈与健康成长》课程班 14 – 15 春 No. 052 周佳辉自我探索改编。

我之所以会选择这样两句话作为我的墓志铭是因为我是一个上海申花球迷，在球队中有这样一句话“不狂不放不申花”，我一直很欣赏这句话。我认为这句话在收敛中透露着霸气。因此，我根据这句话也为自己创了这两句墓志铭。

何为“不疯不魔不成活”，我认为在人生的旅途中，如果你没有为某一件或者某些自己喜欢的，或者自己梦想的事情去疯狂过，去追求过，那么我觉得这样的人生相当于没有活过，这样的人生没有太多的意义。在人生的道路上，我喜欢去追求我心中的梦想，享受过程，只要努力了，结果一定不会很差。

何为“不狂不放不人生”，在我的理解中，我觉得每一个人的人生都是不一样的，有些人收敛，有些人霸气，这句话当中的“狂”和“放”就已经表明了我想要的人生是什么样的。我希望在我的人生之中能够霸气显露，然而在霸气中又不失收敛。俗话说：性格决定命运，平时在生活中豪爽中又不失细腻的我，能够不拘小节但又注重细节，我相信这将是我未来人生道路上重要的保障。

我的墓志铭便是我想要的人生，便是我人生的追求。我相信总有一天我能够霸气地告诉自己：你成功了。

✻【心怀感恩，快乐人生】

我的墓志铭要刻下①：“怀着一颗感恩的心，善待身边的每一个人，不做悲伤的奴隶，做一辈子最精彩的自己!”

落叶在空中盘旋，谱写着一曲感恩的乐章，那是大树对滋养它的大地的感恩；白云在蔚蓝的天空中飘荡，绘画着那一幅幅感人的画面，那是白云对哺育它的蓝天的感恩。因为感恩才会有这个多彩的社会，因为感恩才会有真挚的友情，因为感恩才让我们懂得了生命的真谛。

感谢大自然给予我们的宝贵财富。感谢自然那缕永吹不败的风，感谢土地那永耕不失的肥，感谢那永不飘落的梧桐叶，感谢自然给予我们人类的生存空间。

看着父母那爬满岁月的额头，看着父母饱受风雨的颈背，我知道这是我这辈子欠下的最大的债。谢谢他们让我独立，自己去战胜困难。是他们让我学会走路，学会说话，学会做饭，学会独立，学会战胜困难，学会感恩。

望着老师那布满银丝的鬓角，望着他们那屹立不倒的身躯，有人说他们像蜡烛，燃烧自己照亮别人；有人说他们像春蚕，在自己生命的最后一刻，仍无私奉献着；有人说他们像母亲，不管我们离家多远，也走不出那关心和期待的目光……是的，他们的所作所为，都使我不忘感恩!

我还要感谢我的那些挚爱的朋友们，谢谢他们陪我闯过那些风雨，感谢在我最无助的时候给我鼓励，感谢他们在我孤独的时候陪伴我左右。是他们带我从失望走

---

① 本文根据《心理访谈与健康成长》课程班 14－15 春 No. 064 刘敏自我探索改编。

向希望，从黑暗走向光明，给我的生活带来无限的乐趣。

感谢自然，给予我享受生活中的斑斓；感谢父母，给予我生命中爱的呵护；感谢所有有生命的或者无生命的，给予我生命中不同的感受。怀着一颗感恩的心，去看待社会，看待父母，看待亲朋，你将会发现自己是多么快乐，放开你的胸怀，让霏霏细雨洗刷你心灵的尘垢。学会感恩，因为这会使世界更美好，使生活更加充实。

心怀感恩，幸福才会常在。快乐属于知足者，幸福属于感恩者！

✲【追求理想的快乐是生活的充实】

我的墓志铭要刻下[①]：“追求理想的快乐是生活的充实。”

生活有急有缓，有时忙得焦头烂额却不知在做些什么，有时轻松惬意却感到无比的空虚。在忙碌中感到的空闲的快乐并不是内心真正所希望的，而自己真正渴望的却是在追求内心执着的梦想时的那种充实。回头望大汗淋漓、起早贪黑的努力无比的满足，追寻梦想的路上每一点成就都是自己独特的喜悦，而对成功或失败的结果也从不后悔。人生的价值不在于实现梦想或是没实现，而是在这条路上所付出的所有努力和时间。一生只是短短的一瞬，弥留之际回望过去绝不希望看到的只是千篇一律的重复。人生并不需要波澜壮阔，不需要鹤立鸡群，但是却要遵从自己的内心。赋予生命属于自己的意义，成就属于自己的辉煌或失败。总有自己可以回望的历史，只因这段时间烙上了自己的印记，只因自己的这段人生真正配得上自己的名字。

我们现在这一年龄段，正是要追求理想和梦想的时候，远大的抱负，对于未来生活的追求，这些都是我们现在奋斗的理由。即使现在为了自己的理想兢兢业业，起早摸黑，也绝不后悔，这就我想要的人生。是一条不断在追求自己理想的道路，是一条充实着忙碌但快乐的道路，不会觉得气馁，也不会抱怨生活中不顺意的事情，我可以坦然地面对，也可以坦然地解决，可以放声地笑，也可以放声地哭。人的一生不是可悲在不快乐，因为我们在社会上生活中就是会碰到无数的不顺心，我们要做的就是谈笑一生间，但是我觉得人生的最大的可悲就是一辈子都不知道自己在干什么，怎么过来的。没有理想，没有奋斗，也没有追求，生老病死就这么走过了，回想自己的人生，内心的凄凉才是最为可怕的。

所以，我的墓志铭上就是写下了这么一句话：“追求理想的快乐是生活的充实。”给自己设立目标，付诸实践并完成，我觉得这种成就感只有自己内心才能真正地体会到，有时候，我们追求自己的理想，并不是为了炫耀，而是对自己生活的一种积极向上的态度，当生活的困难来临时，我们就可以积极地去面对那些困难，而不是逃避，更或是采取一些消极伤害自己或别人的方式。我并不觉得给自己定目

---

① 本文根据《心理访谈与健康成长》课程班 14 – 15 春 No. 007 李睿自我探索改编。

标是施加一种压力，我觉得反而会更加激励我们去完成，更何况，有时候压力也是一种动力，可以更好地督促我们去追求自己的理想。

✻【学尽欲学，走遍欲去，执子偕老】

我的墓志铭要刻下①："罗涛，生于千年瓷都，轻尘其笔名。小时候，有姊伴，快乐若仙。少年时期，情致丰，烦恼增，始悲兮。青年时期，乐对生活，好文学，好音乐，学习法律，学习语言。毕业于上政，事律师，诚助他人。而后，出国深造，交各地好友，专研国际法。与伴侣于海外缔结姻缘，执子之手，与子偕老。"

活着，不要和别人攀比，不要自我抱怨，而是要与自己偶尔的惰性抗争，与自己有限的时间赛跑。每人都能活出别样的自己，走出些许漂亮的人生。

写这一题，首先思索自己要怎样的人生。我喜欢去一个陌生的城市，去寻找这座城市的灵魂，去感受它带给我的真与美。喜欢在不同的国度、不同的城市生活，认识许多说着不同语言、性格各异的朋友。

简言之，我想要的人生：学尽所有自己想学的东西，走遍所有自己想去的地方，然后在一个人身旁慢慢老去。

✻【死亡无法避免，带着憧憬与希望上路】

我的墓志铭要刻下②："死亡无法避免，带着憧憬与希望上路。"

我的这句话，是对自己、也是对所有人说的，算是一种在人们面对死亡时的宽慰吧。

首先，在我的认知里，生与死并不是可以简单地用快乐与痛苦来类比的。其次，我看重"生"是因为我正在享受生的乐趣；而对死亡，我并不绝对地排斥。因为，死亡在当下的世界中是避免不了的，与其苦恼、忧虑，倒不如坦然面对。

而我所要刻下的"带着憧憬与希望上路"说的是，当我们知道自己或已经能预知自己时日无多时，我们可以去幻想一下我们即将去到的世界会是什么样的，也许我们在那边能拥有更加精彩的世界也说不定不是吗？这样当我们面对死亡的时候，也许会更加从容些不是吗？

其实，一个人的死亡，受影响最大的是他身边的人，不论是生理还是心理都是备受打击的。我认为其中逝去者最后时间的生活态度将严重地影响这种打击的程度。当一个逝者在生前能淡然、从容，平静离去，也许他的身边人所受的种种影响将会少得多。而这，也是我留下这样的墓志铭的原因。逝者结局已经无力回天，为什么不让生者轻松些呢？

---

① 本文根据《心理访谈与健康成长》课程班 14－15 春 No. 034 罗涛自我探索改编。

② 本文根据《心理访谈与健康成长》课程班 14－15 春 No. 041 谢祥兆自我探索改编。

我从来都不是一个无私的人，但是身边的人为我们付出那么多，似乎我们再怎么也无法拒绝去为他们考虑。

我也从来都不是一个智者，不懂如何用技巧去引导教育他人，我会的也只是做自己——或许菜或许 low，但是我想用自己最真的行为去让别人懂得我的内心，即使只是少数人，但却能以真心换真心，以真实换真实。而这个墓志铭所刻的便是我内心的想法，并不带有任何功利，只是把自己的想法最后一次在最后的时刻放在一块最后属于自己的地盘。

✻【放手去做，随心而行】

我的墓志铭要刻下[①]：放手去做吧，不要留下任何遗憾！随心而行，问心无悔！

我们如今生活中的束缚太多太多，我们总要考虑这个，顾虑那个，很多事情不能随我们本来的意愿。我们可能会被事业、家庭等牵绊住脚步，不敢跨出围城一步。但我们往往觉得这围城是生活造成的，事实上是我们自己造成的，我们被困在了自己的心里。

请卸下自己心灵的包袱，放下一切。人生苦短，经不起漫长的等待。很多事情，等待后只能荒废；很多人，等待后只能看见他的背影；很多话，等待后却只会越觉说不出口。千万不要等，等到有时间，等到下次，等到将来，最后只能空等成灰。人生在世，匆匆而来，匆匆而去。任何人都无法预知未来会是怎样，及时去做吧。因为人生只有一次，没有重来的机会。

一个人活在别人的眼光中是很痛苦的，为什么不能忽略别人的眼光真真正正地做一回自己呢？看看那些特立独行的设计师们，他们的设计开始在别人的眼中是另类的，不被别人接受，但他们不在乎他人的目光，而是做自己想做的事，画自己想画的设计，而现在看看他们不是被很多人接受并受到了追捧吗？

请不要留下遗憾，就可以在人生的最后时刻做到问心无悔。

✻【来生将成为一片森林】

我的墓志铭要刻下[②]："她来生将成为一片森林，以最坚毅、包容的态度应对人生百态。"

三毛曾说过："如果有来生，要做一棵树，站成永恒，没有悲欢的姿势。一半在尘土里安详，一半在风里飞扬，一半洒落阴凉，一半沐浴阳光。"马克·吐温曾在他的墓志铭上写道："他观察着世态的变化，但讲述的却是人间的真理。"这两者都给予了我一些启示。

---

① 本文根据《心理访谈与健康成长》课程班 14－15 春 No. 059 嵇媛媛自我探索改编。

② 本文根据《心理访谈与健康成长》课程班 14－15 春 No. 098 赵心慈自我探索改编。

我想在来生成为一片森林有着许多原因。

原因之一，就是我认为森林是大自然的写照，一片绿油油的森林给人带来了勃勃生机，森林还是好多小动物的家园，更是庇护所，从小热爱小动物的我愿意在来生做这些可爱的小动物的庇护所，若它们栖息在我的身边，我一定会用郁郁葱葱的青草、高高挺立的大树为小动物们创造一个最美最安全的家。

原因之二，在我眼里，无边无际的森林让我想到“海纳百川，有容乃大”这样一种包容的心态，毕竟人的一生总会遇到许多不顺利的事情，甚至有时候还会抱怨、感叹“人生不公”，但我希望人们都能有一颗更加包容的心，也许世界上并不是每一件事都是公平的，但是，若是大家都能有一颗包容的心，也有“心如止水”般淡定的心态，我相信一切困难都会在不同程度上迎刃而解。

原因之三，在我看来，森林里不仅有郁郁葱葱的青草，还有很多高高耸立的大树，这些大树历经风雨，却屹立不倒，整片森林似乎都带给人坚毅、永不言弃的感觉。我希望世界上的所有人都能如此，不管是否艰辛，都应该屹立不倒地去追求自己的梦想，咬紧牙关，为自己奋斗一次，培养自己坚毅的性格。

如果有来生，我愿成为一片森林，在造福小动物们的同时，也很希望能给后人带来一些警示，希望世人能够用最坚毅、包容的心态去面对人生中的百态。

✲【拥尽欲有，释怀未得】

我的墓志铭要刻下[①]（希望死后的墓志铭可以有底气地刻上）：“一生努力，一生被爱。想要的都拥有，得不到的都释怀。”

这是在一本电子刊物上看到的，但自己也非常希望当自己离开这个世界时有足够的资格来给墓碑上刻上这句话。看到一个网友这么说：“遗憾，北师大变化好大，但我们未能一起一一去看。遗憾，这辈子再也没法和你牵手共度余生。遗憾，未能把世界踏遍我们的足迹。遗憾，遗憾，一想到遗憾……”其实，人生正是因为它拥有不可预见性而更让我们对它充满了好奇，然而，当生命走向尽头的时候，这所谓的不可预见性和好奇已经画上了句号，只能回首，回首那些你引以为傲的事情，回首那些你拥有过却终未得到的，回首那些流言蜚语，回首那些诋毁，更回首那些让你感到欣慰的点滴。记得范老师一直强调我们要站在巨人的肩膀上前行，才可以使我们少走很多弯路。这让我想起一部电影《死亡诗社》，电影的开篇之辞是美国诗人惠特曼的诗句：我步入丛林，因为我希望生活得有意义，我希望活得深刻，吸取生命中所有的精华，把非生命的一切都击溃，以免当我生命终结时，发现自己从来没有活过。

当年轻时，可以为崇高的理想而选择光荣的死；当年长时，可以为崇高的理想

---

① 本文根据《心理访谈与健康成长》课程班 14－15 春 No. 101 吴诗媛自我探索改编。

而选择卑贱的活。我们每个人都应是守望者，守望我们的心智、我们的理想，以防它在生活中不知不觉的坠落和被自己遗忘。在平庸的活着和无悔的死去这两者之间，我义无反顾地选择后者，因为“人因梦想而伟大”。

如今，我们做的一切，只是为了在弥留之际少一丝后悔，少一些遗憾。所谓一生努力，一生被爱，所谓拥有，所谓释怀，这一切所谓，到了生命走到尽头的那一刻，已经没有路可以再走。那么不如当下试着去做，Do it，抛弃教条，抛弃恐惧，站在世界的屋顶，喊出我们野性的咆哮。

【走向未来的思考】

✻【心有多高，路就有多远】①

人们常说心想事成，我对这点深信不疑，经过中考高考，尤其是听了范老师的经历之后，更加坚定了我心之所想、事之必成的信念。

但总是理想很丰满，现实很骨感。现实中也遇到不少障碍。

高考后的暑假，我在家搜了好多关于如何度过大学四年的资料，本以为大学是可以松口气，可以歇歇脚的地方。可搜集的结果却在意料之外，大家仍旧强调学习的重要性，但同时要注重各方面能力的提高。于是我开始规划自己的四年。

大一：以社会实践为主，多做兼职体验生活，尽可能参加学校社团活动，其他时间泡图书馆。

大二：找到一门感兴趣的科目深入学习，拿下英语四六级、计算机一级考试，认真学好司法考试有关科目，最好能跟着喜欢的老师做课题研究。

大三：全身心准备司考，其他事情让道。

大四：着手准备实习，找工作。

果真进入大学以后，兼职没少做，学校活动也没少参加。可图书馆进的是真少，这还是其次，主要是空闲的自主时间太多，用来学习的时间太少，尽管每次玩儿后内心也极其纠结，可总觉得才大一，现在不玩儿以后忙了就没时间享受大学的美好时光了。这种空虚的感觉真不好受。每当静下心来想想，我跑那么远来上海就是放松的吗？随即产生的就是罪恶感，感觉自己在偏离人生轨道，是在浪费生命。

上了这门课以后，我觉得之前的日子之所以浑浑噩噩，主要是因为缺少眼前的目标，更或者说是目标不够坚定，导致自己缺少对未来的思考，忘了自己的心有多高，自然不知道要走向何方。

幸运的是修了这门课，遇到了范老师。让我在每次心灵震动中重视自己，思考怎样更好地走向未来。

---

① 本文根据《心理访谈与健康成长》课程班 11－12 春 No. 049 刘晓燕自我探索改编。

第一，重新审视我的目标。搞定司法考试，不管有多难，别人能行，我为什么不行?

第二，脚踏实地。在走向未来的路途中仰望星空固然重要，但更要脚踏实地。仰望星空、重定目标是从宏观上找到了路线与方向，脚踏实地便是微观上的前进步伐，而这才是成败的决定因素。只有一步一个脚印，踏踏实实地求学，才会有通过司考的可能，否则一切都是空中楼阁、纸上谈兵。接下来我要做的就是静下心来扎扎实实地学进去，又要能用出来。

第三，坚持。不被任何困难打倒，不为自己找颓废的理由，只需明确不懈努力才会有结果。

心有多高，路就有多远。我相信目标在哪里，就能走到哪里。在以后的生活中要做到以上三点，只为我心里的那个高度。

✻【实现目标征途中的思考】①

在我的职业生涯规划中，我要成为一名法官，而成为法官的前提条件是要有硕士研究生文凭以及通过国家司法考试。我是法学专升本的同学，相当于正常本科大学三年级。暂时没有资格参加国家司法考试，所以在未来大半年的时间里，我的目标很明确——考研。在过去的一个学期里，我已经着手准备了考研的复习，而在考研的征途中也出现了许多问题。下面我就对我考研过程中所遇到的心理成长问题进行分析:

首先，是压力问题。在考研的征途中，压力如影随形。我有过各种焦虑、失眠与担心。自己要是考不上怎么办?今年报考的院校突然不招生了或者报考的学生一下子增多，竞争更加激烈怎么办?甚至会有情绪失控的情况出现等。这些在自己以前看起来还蛮滑稽的事情却成了我现在的状态。但自己也明白，有压力很正常，最重要的是怎样去化解压力，使压力成为我的学习动力。

其实我的压力本身不是很复杂，只是来源于考研。结果也只有两种，考上与考不上而已。只要自己准备充分了，一切都是水到渠成的事情。为此，我给自己制定了长期、中期以及短期的目标，再将目标细分到每一天，每天将自己的事情做好，焦虑的状况也就缓解了许多。而不是自己吓唬自己，搞得自己神经兮兮的。同时，在自己依旧觉得状态不佳的时候，做一些别的事情或者听一些轻音乐缓解一下心情。或者将自己不开心的、烦躁的事情用笔写下来，自己分析原因，安慰自己，对于我而言，这是一个非常有效的手段。虽然现在压力依旧还有，但是我已经淡定、从容了许多。

其次，是学习效率的问题。按理讲大家每天都是 24 个小时，除去上课、吃饭、

---

① 本文根据《心理访谈与健康成长》课程班 12 - 13 春 No. 092 丁宁自我探索改编。

睡觉，每天要完成自己制定的考研任务的时候，总觉得时间不够用，每天的任务都会拖欠、拖欠、再拖欠。时间一长，自己都没信心能够坚持下去了。原因主要有两个方面：1. 我的时间管理不合理。2. 自己的惰性。没有充分地抓紧时间。后来上心理访谈的课程，正好讲到时间与目标的管理，对我的帮助非常大。

在时间的管理问题上，第一是要分清事情的主次，按照美国管理学家提出的时间管理“四象限”原则，将事情分为重要又紧急、重要但不紧急、紧急但不重要与既不重要也不紧急四类。很显然，对于我来讲，考研是一个长期而又艰苦的工程，是属于重要但不紧急的事情。所以，在每天的日常生活中，除了紧急又重要的事情之外，考研的准备便是最重要的了。第二是要掌控自身的生物钟，每个人都有自己的生物钟。因此，同一时间表现出来的精力和疲惫程度是不同的。我们应该将学习安排在精力最充沛的时间段里。我是属于典型的猫头鹰型的，早晨背不出的东西晚上很快就能记住。所以后来我一般将要背的东西放在晚上，效率提高了很多。第三是要化整为零。这是我最欠缺的，我一般的学习时间只放在图书馆，但其实，我发现，吃饭排队的时候、走路的时候听单词或者回忆一篇背过的作文，成效绝对不可小瞧。但可惜自己太懒散，零星的时间不愿意再去动脑子，这方面非常需要改进。

在目标管理上，主要是针对自己在实现学习目标的过程中出现的问题。第一，要给自己每个目标设定期限，克服惰性，在目标期限内严格要求自己，一定要按照期限完成。第二，要从小的、简单的、核心的目标着手，再实现大的、复杂的，不太核心的目标。主要是需要自己斟酌，学会分清事情的主次、程度的轻重。第三，在完成每天任务的过程中，不断改进自己的缺点，克服各种困难，提高自己的素质，保持长久的毅力，时时激励自己完成任务。第四，实行一定的奖惩措施，完成一个任务时给自己一个小的奖励，如看一部电影等。应该完成而完不成时给自己一定的惩罚，帮助自己克服惰性。第五，不管任务是成功还是失败，都应该进行及时的反思，帮助自己进步。

以上就是我在近期考研征途中出现的主要问题以及自己的反思、策略及解决方法等。在漫漫的人生征途中，各种问题会随之而来，但是，通过心理访谈与健康成长的学习，我们的心理素质都有不同程度的提高，我相信在未来的日子里，我们能够去化解问题，健康成长。

✲【只有自己强大了，世界才会因你而改变】①

看了范老师给我们自我分析的题目，我开始觉得十分的迷茫，因为我觉得自己这一路走来，所遇到的风风雨雨、所经受的历练实在太多，难以从一个角度来道尽。

① 本文根据《心理访谈与健康成长》课程班 11－12 秋 No. 080 丁感天自我探索改编。

于是，泡一壶咖啡，坐在以前外婆最喜欢的摇椅上，静静地思考自己所经历的事情，慢慢悟出以前大人们说的那些人生哲理。捂着胸口那虽饱受挫折但已逐渐变得坚强起来的心脏，我想说：人最根本的只有认识了自己，才会知道如何去告别依赖、如何在学业上进取、如何择业、如何管理情绪、如何直面嫉妒、如何结交朋友、如何珍惜室友、如何化解压力、如何应对挫折、如何面对爱情、如何珍爱生命、如何对待父母、如何走向未来！这是这次心理访谈与健康成长带给我的最大体会，我们平时上课的时候在讨论的一切问题其实不就是对于自己内心的一次深入探寻吗？曾经看到过这样一句话，这个世界上你唯一不能被夺走的只有三样东西：学入脑中的知识、内心的情感以及对于未来生活的美好憧憬！

人越是长大，所要面对的压力也会随之增长，有的时候真的很想回到小时候那种无忧无虑的生活中，但已经明白时光根本无法倒流，剩下的只是无奈和彷徨。于是，我们开始向身边最亲的人来发泄我们的情绪。想从亲人的身上再次找回生活的自信，通过一种极端的方法来回味曾经的那种快乐。自从进入高中后，学习的压力、生活的压力开始不断向我袭来，在我的心灵还未有什么准备的时候，已将我压得喘不过气来。那个时候，我唯一的发泄方式就是抱怨，向父母抱怨这个，抱怨那个，一会儿说如果我是教授的儿子就好了，可以在升学时享受福利；一会儿说如果我是富翁的儿子就好了，那样我就可以摆脱祖国教育的毒害了，种种如果……其实那个时候我不明白，我在父母心中的位置有多么的重要，我的一言一行都会影响他们的生活。直到我看到本应开始享受退休生活的他们仍继续奋斗在工作岗位上，即使这个岗位的工资还没有他们的退休工资高，但他们依然为了我而辛勤劳作，看着一向清高的父亲甘愿找一份司机的工作，一向爱玩的母亲甘愿给会计公司打零工，我知道我错了，他们付出汗水甚至生命的代价只是为了满足脆弱幼小的我的那份可悲的虚荣心，那颗还十分稚嫩、经不起风浪的童心。

望着父母的背影，悄悄地抹一把眼泪，我开始停下来思考，我究竟要的是什么？是在人前炫耀我的家境有多么的优越，还是在学校里备受女孩的追捧？如果我真的得到了这些又有什么意义？有这样的一句话始终令我印象深刻：方向错了，停下就是前进！对，其实我什么都不需要，我不需要外在的物质来掩饰自己的心灵，我不需要过人的光环来在人前证明自己，我需要的其实是倾听我内心的声音。

我不想让父母因为我而放弃了天伦之乐、我不想挚友因为我而受到牵连、我不想情人因为我而受伤哭泣……我想好好孝敬父母、我想拥有一份完美的爱情、我想为这个社会多添一份色彩！我听到了，这就是我内心真正的感觉，就好像突然间拨开迷雾看到了桃花源一样！

不为外物所累，遵从自己内心最深处的想法才是使自己强大起来的唯一途径，虽然我们处在社会之中，或多或少会被外来环境所影响，但是，我们真的需要静下心来默默地问自己，我要的究竟是什么？不要随波逐流而失去了自己的本真。

当你觉得走投无路时，不要盲目，不要彷徨，静下来听听自己的心，它会告诉你接下来前进的方向，我的大学生涯虽已经过去了将近一半，但新的人生才刚刚开始，接下来的路上，我将会用我的心来指引我不断前进！

只有自己强大了，世界才会因你而改变！

✻【“95后”走向未来的宣言】

在2015—2016春季学期《心理访谈与健康成长》“走向未来”的课堂，一群“95后”的学生们经历了一次《走向未来》的主题演讲，三分钟的时间，话题自选，面对多机位的摄像机，同学慎重而真切地道出了自己的心声。

“走向未来”演讲主题①

1. 未来规划要早作打算	9. 让强大的心理伴随着行动和希望走向自己的未来
2. 行动起来，不要迷茫	10. 倒掉硌脚的沙子，舒坦前行
3. 青春拼搏不后悔	11. 选择职业不能仅出于功利主义
4. 别成为自己厌恶的人	12. 抓住机会，应对压力，把你的未来过得井井有条
5. 不忘初心	13. 努力前行
6. 拥有积极心态	14. 直面人生的惨淡，淡泊人生的辉煌
7. 回首大学，问心无愧	15. 脚踏实地方能仰望星空
8. 脚踏实地，走稳生活	16. 感谢陪伴，带给成长

【未来规划要早作打算】②

大学学业为重，尤其在我们这样的二本院校，靠前的绩点排名和专业排名是最能给我们加分的地方，尤其不要为了参加社团等活动逃专业课，绩点一旦低了想刷高是很辛苦的。GPA不仅对出国很重要，对以后就业也重要，举例说明，十大内所里有两家明确要求过本科期间平均GPA3.5以上。总结一句话，未来规划要早作打算。

【行动起来，不要迷茫】③

高中的时候，老师说：你们到了大学就轻松了。总是用一种大学就不用读书的语气跟我们说着这些导致我大学一开始真的没有读书，绩点很低，现在发愤图强也

---

① 演讲主题根据演讲内容改编，演讲者：1. No. 001 陈燕镧；2. No. 002 柏思诗；3. No. 005 赵洁；4. No. 008 卓伟伟；5. No. 011 吴昊；6. No. 017 张昕；7. No. 018 何洋；8. No. 019 茅佳豪；9. No. 021 杨艳艳；10. No. 024 孙建；11. No. 028 蔡佳薇；12. No. 037 吴榕蓉；13. No. 041 孙赟；14. No. 044 袁诗沁；15. No. 046 张铮。

② 本文根据《心理访谈与健康成长》课程班15－16春No. 001陈燕镧演讲内容改编。

③ 本文根据《心理访谈与健康成长》课程班15－16春No. 002柏思诗演讲内容改编。

没有把绩点提到自己想要的分数，真的很后悔。但是现在要出国了，绩点很重要。但是现在又要准备托福又要准备司考，时间真的很紧。我在之前完全可以准备，但是我都把这些时间荒废掉了。大家不要花太多时间在迷茫这件事上，大一觉得我不喜欢这个学校我感觉很迷茫；大二我不喜欢这个专业我觉得很迷茫；大三来不及换专业了我很迷茫；大四要工作了什么都没学到我很迷茫。大学四年就在迷茫中度过了，什么都没干，浪费四年光阴。所以，你有什么目标，有什么想法就应该马上去执行，行动起来，不要再浪费自己的时间在迷茫上。

【别成为自己厌恶的人】①

上帝很有意思，猫喜欢吃鱼，猫却不能下水，鱼喜欢吃蚯蚓，鱼却不能上岸。人生就是一边拥有，一边失去；一边选择，一边放弃。

拼搏了12年的大学，就是这样的。上课的时候，清醒没有发呆多，发呆没有睡觉多，睡觉没有玩手机多；下课的时候，自修没有吃零食多，吃零食没有看连续剧多，看连续剧没有游戏多。不给范围就不会考试，给了范围也只是复印同学准备的答案。你自己即使是老板，你会雇用你自己吗？大学四年，你可以睡满四年，也可以混过1460天，可以三个月的频率换掉16个对象，花掉144000块钱，抽52560根烟，喝光736瓶啤酒，打完1728局英雄联盟。

如果你是异性，会不会爱上现在的自己？你现在的努力，配得上你想要的生活吗？你以后给父母买东西的时候，能不能像他们现在一样，毫不犹豫？你记得第二个登上月球的人吗？再不努力，生活就不是眼前的苟且，还有未来的苟且。那些你讨厌的人、不服气的人，现在比你更努力，总是有人要赢的。那为什么不是你？不逼自己一把，你怎么会知道自己有多优秀。你不能把这个世界，让给你所鄙视的人，别成为你当初最厌恶的人。

路够黑，光才亮，我们凭什么走向未来?!

【不忘初心】②

我被家里人称为不务正业的人，其实我觉得，人活着开心、健康就是最大的幸福。在我们人生中，要经历许许多多的事，当我们走过几十年的时候，回望过去，不希望我们自己的过去只有学习，还有那些陪我们一起走过的人。我们活着不是为了学什么或者赚多少钱，就算我们挣了再多的钱，没有人跟自己一起分享，那么也是一个孤单的人。我希望大家能不忘初心，记得自己当初为了什么而奋斗，又为了什么而活着，想想自己想要什么，想成为什么样的人，带着自己曾经的痴狂去追随自己的内心。

---

① 本文根据《心理访谈与健康成长》课程班15-16春No.008卓伟伟演讲内容改编。

② 本文根据《心理访谈与健康成长》课程班15-16春No.011吴昊演讲内容改编。

【脚踏实地，走稳生活】①

大家好，我是来自刑事司法学院的茅佳豪。

首先，我想讲一下我对心理访谈这堂课的课程评价。我发现在这个课堂上，同学们都有个小特点：爱哭。当然，这不是一个贬义词，而是一种情感的渲染，说明在这堂课上有真情实感的流露，这是非常难能可贵的。无论是在高中还是大学，这种情感交流、体验、分享的平台是非常少的。

其次，说一下在这堂课上的收获，感触最大的就是如何缓解压力、如何化压力为动力。就拿我自身而言，近日的压力也是扑面而来：刑司团学答辩准备、计算机考试准备、论文、期末各科考试复习……有时也会焦躁得连饭也吃不下、觉都睡不好。所幸团学答辩结果可嘉，很荣幸成为校园文化部部长，但你又会发现，成为一名部长之后，如何管理好这个部门，如何打造出自己部门的品牌活动等，这一系列学生工作方面的压力又扑面而来……

生活就是这样，由无数琐事积攒而成。有时，无数琐事可能一下子喷涌而出，就形成了压力，如何化解压力？我认为最关键的就是要脚踏实地，踏踏实实，一步一个脚印，做好当下的每一件事，井然有序，走稳你的生活！走向未来！

【让强大的心理伴随着行动和希望走向自己的未来】②

未来是无知的，但是每一天却又都是崭新的，每一天我们都会看到不一样的希望。学了这门课程最大的感受就是，在走向未来的这条路上我们会遇到很多挫折和困难，首先我们要做到的就是有一个强大健全的心理，能微笑着面对生活中的点点滴滴，不管是失败也好，成功也罢。强大乐观的心理会给我们的生活增加很多的快乐。走向未来，我们要有自己的目标，有了前进的方向才能知道自己要坚持什么，要做什么，才能不被困难和挫折所挫败。席勒说过：时间有三个步骤，未来姗姗而来，现在像流星一样一闪而过，过去却是静止不动的。所以我们要抓住现在，让强大的心理伴随着行动和希望走向自己的未来。

【倒掉硌脚的沙子，舒坦前行】③

未来离我们很远吗？我觉得未来离我们并不遥远。我们很多同学就是正在为未来而努力，很多同学在复习考研、司考或者公务员考试备考的过程中，我们会遇到各种各样、大大小小的困扰和艰辛，我觉得这是很正常的，因为很多事情都不可能是一帆风顺的。

我小的时候曾经看过一本书，在书中提到过伏尔泰的一句名言：使人疲惫的不是远方的高山，而是鞋子里的一粒沙子，在人生的道路上，我们很有必要学会随时倒出鞋子里的那粒沙子。

---

① 本文根据《心理访谈与健康成长》课程班 15－16 春 No. 019 茅佳豪演讲内容改编。

② 本文根据《心理访谈与健康成长》课程班 15－16 春 No. 021 杨艳艳演讲内容改编。

③ 本文根据《心理访谈与健康成长》课程班 15－16 春 No. 024 孙建演讲内容改编。

我觉得伏尔泰说的这番话非常有道理。确实，我们的人生还有很长一段路要走，但是使我们感到最难以接受的不是人生旅途的遥远，而是我们鞋子里的那粒沙子，那粒硌脚的沙子会使我们走路的时候相当不舒服。每个人面对这粒硌脚的沙子时的表现也不尽相同。有的人可能会停下来，把鞋子脱下来，然后把沙子倒出来，这样鞋子穿起来就舒服了，就能继续往前走了，而有些人可能确实为这粒硌脚的沙子所困扰了，但是沙子带来的不适自己还勉强能承受，就采取了将就凑合的态度，伴着硌脚的沙子向前行走，而有些人被沙子硌得非常不适，但是又不知道怎么处理这粒沙子，非常痛苦不堪，最后选择把自己的脚剁了。

我觉得我们在人生的道路上还有很长一段路要走，因此我们必定会遇到各种各样的困扰与艰辛，这些困扰和艰辛就像这粒硌脚的沙子，会使我们感到不舒服，那么我们应该怎么办呢？我觉得我们应该坚持自己的目标与信念，以积极的心态和切实有效的措施来解决自己的困难，将自己鞋子里的沙子倒出来，这样就能使我们的人生之路走得更舒坦，使我们的未来过得更好。

【选择职业不能仅出于功利主义】①

说到未来，感觉这个话题有点大，毕竟大家都还是学生，未来还有很多事情要去经历。

从哪说起好呢？就从上礼拜的课上，范老师提问班级里有没有22岁的同学这件事说起好了。当时我举手了，结果发现大家都是大一的小朋友，很尴尬，暴露了自己的年龄有点后悔。算了，既然我的岁数比大家大，那正好有一些经验可能各位没有体验过，在这里就跟大家共享一下。

因为我是专升本的学生，所以在大三的最后一个学期，我有过为期六个月的工作经验。时间不是很长，但也使我明白了一些道理，我总结下来，跟大家分享，也是提醒我自己。那就是：选择职业的时候，不能单单地出于功利主义，也要有理想主义的考量。

当时我在一家外企从事Soft Services这方面工作，从我个人的兴趣所好、能力所长、需要所在、价值所求四个方面考虑，这完全不是我理想中的工作。当时我之所以选择这份工作纯粹只是因为它离家近、空闲时间又多，很适合我一心两用来备考。这份工作的主要任务就是：当两个部门之间为了资源产生矛盾的时候，我们就要从中调停，就像居委会大妈一样。然而我这人不喜欢社交，因而这六个月的工作很难挨。

另外，因为这份工作太清闲了，以至于完全消磨掉了我的进取心，我发现当人在一个舒适、安逸的环境里待久了，人一旦习惯了懒惰，想要重新变得勤勉起来就很难了。

---

① 本文根据《心理访谈与健康成长》课程班15－16春No.028蔡佳薇演讲内容改编。

最后一点，就是当我在工作时碰到压力时我的排解方法。我回忆起曾看过的一段 TED 演讲的视频，它提道，“双脚开立与肩同宽，双手叉腰，抬头挺胸深呼吸，做这个如同女超人的动作可以很好地缓解紧张的情绪，重塑自信”，我尝试了一下的确颇有效果。

上述经历是我人生中颇为重要的一课，与大家分享，希望你们也能有收获。

【努力前行】①

未来就我而言就是当下的下一秒，它们都是未知的，但也要做好规划。就我自己而言，我近期的规划就是考好期末考，大二选择了团学，团学也选择了我，那就继续做下去。大二、大三分别学习我喜欢的教师资格和与我专业对口的人力资源，形成多元的职业选择。最近好喜欢一句歌词：生活不止眼前的苟且，还有诗和远方的田野。我想年轻的我们，不需要苟且。但也记住一句话，父母尚在苟且，你谈何远方？努力的时候也回头看看我们的父母。最后用志玲姐姐的一句话：在时间的长河里，愿增加淡定从容。在时间的长河里，愿保持赤子之心，努力前行！

【直面人生的惨淡，淡泊人生的辉煌】②

今天我演讲的主题是：直面人生的惨淡，淡泊人生的辉煌，认识真实的自我，走向不断进步的未来。

十五周的相伴，我们从生理、社会、心理三个角度剖析了自我；我们学习了如何告别依赖、应对挫折与化解压力；我们直面了魔鬼般的情绪——嫉妒；了解了最应习得的技能——管理情绪；我们对自己的学业作了思考与分析；对自己的职业锚及职业生涯作了判断与探索。我们曾在“结交朋友”一课上畅所欲言，也曾在“再视父母”一课上潸然泪下，感性的同学面对模拟的“遗愿”与“遗言”更是抽泣得不能自持。我们在这个课堂上经历了太多、学习了太多，每一步都是在指导我们如何更好地走向未来。相信心灵鸡汤在座的你我都已饮了不少，所以在此我也不再赘述，只最后一点：心路不停，新路不停。愿你我都能不断认清真实的自我，不断收获心理上的成长，勇对挫折、笑面压力，一同走向日益光明的未来。

【脚踏实地方能仰望星空】③

很喜欢《乔布斯传》里面的一句话：The best way to predict the future is to invent it. 预测未来的最好办法是去创造未来。然而如何创造未来，不仅是一个深刻的问题，更是一个人生课题。《心理访谈》这门课，无论之前的哪个主题——结交朋友，初尝爱情，再视父母……背后的深刻意义，都是在为我们走向未来奠定基础。也许，我们每个人都曾描绘未来，憧憬未来；也许，你会觉得未来那么远、那么空，你不会想，不敢想。然而在我看来，“未来”这个词并不遥远，也不空泛，它其实近在

---

① 本文根据《心理访谈与健康成长》课程班 15－16 春 No. 041 孙赟演讲内容改编。

② 本文根据《心理访谈与健康成长》课程班 15－16 春 No. 044 袁诗沁演讲内容改编。

③ 本文根据《心理访谈与健康成长》课程班 15－16 春 No. 046 张铮演讲内容改编。

咫尺。明天是未来，下周是未来，下个月也是未来。未来在我们尚没有做好迎接它的准备的时候就悄然接近。这时，我们不必慌张，更不要沉溺于无谓的虚妄和幻想，而是脚踏实地地努力，才是迎接未来的最好姿态。从身边的每一件小事做起，从每天多一分奋斗开始，从认真地完成一次作业开始，仰望未来的星空，是每一滴脚踏实地的汗水积累而成的。让我们一起用真诚的、踏实的努力，用在课堂上学到的所有知识，先去分析，然后订计划，一步一步走出属于自己的美好未来！谢谢大家！

附录1　社会实践　启迪心灵

【参观死刑待决犯监所活动纪实】①

人性的启迪，心灵的洗礼——参观上海某监所有感

2012年，阳光五月，分属2011—2012年春季学期犯罪心理学应用技术类课程四个班级、近200名同学，分乘四辆学院警车大巴，在范海鹰老师的带领下，来到上海某关押死刑待决犯的监所参观。

尽管之前同学做过许多的猜想，但在监所的所见所闻依然带给大家无比的震撼！

威严、有序而又充满温馨及人性化的监所环境；耐心、和善而又充满活力的监管民警；平静、“阳光”却能怀有憧憬的被监管人员……彻底颠覆了我们曾经对监所、管教及罪犯所有的认识。犯罪、责任、承担，曾经那么遥远的法律词语，却在面对追悔而又受到严厉惩戒的罪犯时鲜活地跳入了脑海；隔栏遥望到的期盼，案例中见到的临终对话，深深地触动了我们，唤醒了我们对自由、对生命的珍爱！

我们感受到了强烈的警示，我们的心灵一起起航！

感谢监所的领导和警员们给予的精心安排，感谢上海政法学院刑事司法学院的领导给予的大力支持，感谢范海鹰老师给予的悉心组织和指导，给我们留下了历久难忘而又影响深远的宝贵人生经历！

参观后，130余名同学写下了近100万字的观后感。以下摘录《心理访谈与健康成长》课程33名同学、3万余字观后感的片断与大家分享，以期在自我感悟的同时，也能感召社会，启迪后人！

【打开心灵的另一扇窗】②

“下辈子不做人了，做人太难，做一棵树也好……”这是一名被监管人员临终前的遗言，短短的一句，在参观监所的一路上，不时地在我的脑海里回响，纠缠着我的思绪，让我有种无法言语的来自心灵深处的触动。非常幸运能获得此次机会，

① 上海政法学院《犯罪心理学应用技术》课程班社会实践观后感编辑小组2012.06.17。

② 本文根据《心理访谈与健康成长》课程班11－12春No.014林婷观后感改编。

在我们《心理访谈与健康成长》课程的范海鹰老师的带领下，来到监所参观，对我来说，这不但是一次开阔眼界的活动，更是一次难忘的心灵之旅。

监所，这个字眼总是给人一种严肃、神秘、恐惧的感觉，在这里就意味着要失去自由甚至一个人一生中最宝贵的东西——生命。但是在参观了监所之后，我改变了这种刻板的想法。监所本着回归自由、回归亲情、回归社会的理念，打造了一套人性化、科学化的看守方案和设施。

一名只有二十岁的被监管人员临行前吃最后一次丰盛的晚餐，洗澡，穿衣，戴上监所赠送的代表对生命惋惜和尊重的黄丝带，最后和家人见面，看着儿子离去的背影，妈妈早已是泪流满面，泣不成声，她歇斯底里地哭喊着："孩子，去吧，别怕，妈妈陪着你，妈妈陪着你……"我们永远是妈妈眼中的孩子，不管长大到几岁；也只有我们父母，才会在任何时候都对我们不离不弃。可是很可惜，几个小时候后，注射死亡，一个年轻的生命就这样永远地逝去了。面对记者和镜头，他留下的那一句，下辈子不再做人，做人难，做一棵树也好，引发了世人对生命的深深思考……

我们在一位年轻漂亮的女警员的带领下去参观关押被监管人员的场所，去看看失去自由的他们平时是怎样度过监所生活的。同学们排着队静静地依次走过关押被监管人员的房间，那一双双眼睛透过窗户和铁栅栏，直直望着我们，有的麻木冷淡，有的似笑非笑，有的略带欣喜和好奇……他们平日里10个人左右就住在这么一个狭小的空间，与外界几乎完全隔离，除了几张并排的床、一个用透明玻璃隔着的厕所和一台用铁架子锁住的电视机，房间里再也没有其他的东西了，听监管警员说，他们一个星期只有一次放风的机会，隔着又高又冷的灰墙和铁窗，看看草坪，望望天空，作为一个有人身自由，每天过着无忧无虑生活的我，简直无法想象这是一种如何孤单、寂寞的滋味！他们也是没有任何隐私权的，一举一动都暴露在监控人员的控制范围内，没有外在身体的自由，也没有内在精神的自由。当我们参观到被监管人员的监舍时，一个被监管人员的举动引起了我的注意，他穿着代表被监管人员的黄色马褂，捧着一本书盘腿坐在床上，其他和他关押在一起的被监管人员都聚在一起边谈笑边看电视，他在他们之中显得格外安静。我不由自主地停住了脚步，凝视着他，他似乎察觉到了我在看他，便起身，下床，慢慢地朝铁门这边走来，我顿时内心一阵恐惧，怕他会不会突然过来伤害我，于是我慌张地往后退了几步。他明显发现了我的恐惧之感，很快地他也停了下来，远远地看着我，只见他缓缓地举起手中的书向我挥了挥并微笑着示意，我紧张的心瞬间松了下来，我相信他对我没有恶意。我鼓起勇气朝前迈了两步，靠近他一些，我想说点什么，但又不知道该说些什么好，为了打开话匣子，我试探地轻声问道："你在看什么书呀？"他指着书的封面，依然微笑着回答我："《局中局》。"我想了想又问："你喜欢读书吗？你在这里读了多少书了？"他似乎也放开了许多，自然地双手摊开，摇摇头和我攀谈起来：

“呵呵，我在这里改造，所以读一些书，我们这里有图书馆可以借书的。”我冲他笑笑，点点头，前面的队伍走远了，我得马上追上去，我转身打算走，他声音提高了一点，喊道：“欢迎你们来看我们，要好好学习，为人民服务，我已经犯了错误了，没有办法了。”一边说着一边无奈地对我挥挥手，我向他深鞠一躬，也挥挥手说了声再见。他的那抹微笑和那简短的几句话深深地印在了我的脑海里，久久难以散去。俗话说，人之将死，其言也善，这大概就是了吧。我当时揪心地难受，为什么法律不愿给这些悔过的人再一次生存的机会，每个人的生命都只有一次，他还正值他一生中最灿烂的青年时代，就马上要和这个世界说再见了，为什么世间如此残酷，如此冷漠？但我又不停地责怪他，既然知道会有今天，当初又何必犯错呢？你不珍惜自己，法律又怎会珍惜你？

一路上，我们且走且看且感，不知不觉便到了尽头。监所的尽头是一面墙，墙上贴着很多象征阳光、快乐、自由、责任的照片，监管警员告诉我，这面照片的名字叫作“窗”——生命之窗、自由之窗，希望他们能好好改造，主动打开心灵的另一扇窗，重新回归社会，重新做人。我伫立在“窗”前，想起那个愿做一棵树的少年，想起那个爱读书的被监管人员，想起那一双双孤独的眼睛……

“生命是一朵鲜花，有艳丽也有凋零；生命是一杯美酒，有香甜也有苦涩；生命是百米赛跑，有成功也有挫折；生命是一种品味，有欢乐也有痛苦。”生命来之不易，身体发肤受之父母，我们应当珍惜它，对它负责任；生命又是如此脆弱，天灾人祸不经意就来到你面前。一个人生命的真正价值到底是什么，值得我们每一个人去认真反思。回想过去在我们大学生中一起起轻生的案例，我为之不甚惋惜、痛心。近年来，越来越多的教育机构对当代青少年进行“三生教育”，引导我们珍视生命，珍惜生存的机会，珍重我们现在的幸福生活，这不但是对自己个人的人生负责，也是对养育我们的父母亲人负责，更是对祖国、对社会负责。生命只有一次，一旦失去就不再，我们应该好好把握现在的这份自由，努力汲取科学文化知识，乐于帮助他人、奉献社会，寻找那源于内心深处的快乐。打开心灵的另一扇窗，让有限的人生散发出无限的光彩吧！

【终于又自由了，真好】①

4 月上旬的课堂上听说了有前往上海市某监所探访的活动，源于对监所生活的好奇，我也报名参加了这项活动。5 月 8 日下午 13：30 左右，我们乘校车由学校出发，十多分钟后便到达了此行的目的地。

下车后第一眼望见的便是警员们的办公楼。如果没有厚重的铁门以及围墙上的电网，这儿与其他行政单位的办公楼几乎没有差别。在监所监管警员的带领下，我

① 本文根据《心理访谈与健康成长》课程班 11－12 春 No. 024 卢子葳观后感改编。

们前往接待室观看了监所的概况介绍短片以及一部宣传片。宣传片中的一个故事令我印象深刻：一名年轻的被监管人员由监所看管，行刑前的采访中他说道，在监所的十个月中他感悟到了许多，谈到"下辈子"时，他说："下辈子不想做人了，做人好累……做一棵树也挺好的……"与母亲诀别时，隔着一层玻璃，坐在对面的妈妈眼泪止不住地流，一直指责自己。在即将行刑的时候，他将监所监管警员送给自己的象征着祝福的红色中国结——也是他现在拥有的唯一一件物品，给了妈妈。我也不由自主地落泪了。短片结束后，范老师略带哽咽地跟我们交流了感受。或许因为同样是妈妈，老师从母亲的语言和行为上看出了母亲对即将离去的儿子的深深的爱。而作为孩子，我对儿子对母亲的感情更为敏感，这个略显沉默的小伙子面对着自己的死亡，叮咛母亲注意身体，将自己唯一的象征着祝福与庇佑的中国结交给妈妈，他一定深爱着自己的母亲，一定舍不得离开妈妈。这场生死离别没有撕心裂肺的哭喊，却激起了我心中的层层涟漪，我久久不能平静。

当我面对那些生命将逝的人们时，看到他们有人乐观，对我们微笑，向我们挥手致意；有人悲观，默默地坐着发呆，对周围不闻不问；也有人看不出悲喜，盯着电视，瞟几眼铁栏杆外面的我们，似乎依然麻木。我无法想象他们的心情，知道自己就要失去生命的心情是怎样的呢？惋惜还是释然？不舍还是无所谓？我不得而知。虽然监管警员方面已经尽可能地给他们最大的平等，但是，换作是我的话，生命的最后想要做的事情绝不是在如此封闭并与外界隔绝的地方能完成的。同去的当过兵的同学和监管警员姐姐说"他们比我们都舒服"，但是这样的舒服我不想要。在监舍中我的四肢是自由的，心却像是套上了枷锁。监舍中的他们是不是徒有未完成的梦想却无法实现？是不是想要好好赡养自己的父母、疼爱自己的妻儿却无能为力？这些未了的遗憾，他们或许再也无法弥补了……我就这样看到了生命的短暂与自由的可贵。还好我没有被镣铐锁住身体，我还能为梦想努力；还好我没被牢笼锁住身体，我还能随时关心父母亲友；还好我没有失去自由，我还能做我想做的事情……我要着手去做每一件事情，再也不要把一切都推到明天。记得那天回到学校后，下了车，同行的女生说："终于又自由了，真好。"

【监所目睹生离死别后所思】①

第一次看到视频中的生离死别在监所，给我触动最大的就是那段视频。

一个被监管人员被执行死刑的一个流程，他是在经复核后被执行注射死刑。

他的年纪和我们一样才20岁，人帅帅的，看起来也是很阳光的那种，让人很难相信他是一个犯抢劫故意杀人罪的人。视频上的他从头到尾都是很平静，很淡定的那种，在开头我甚至还看到他笑了，发自内心地笑。他并没有像某些将被执行死刑

① 本文根据《心理访谈与健康成长》课程班11－12春No.059范锋波观后感改编。

之人一样目光呆滞、面如死灰，整个人垮掉等那些表现，他很淡然。我相信他在这一年等待死刑复核的期间真的明白了很多，想通了很多，用他自己的一句话："我觉得在监所的一年里比在外面20年都活得充实，明白得多。"

被执行死刑的前夜，按照惯例监所里为他提供（就我在视频上看到的）鸡腿、鸭腿、猪肉……很丰盛的最后的晚餐，他吃了，吃得很香，很安心。然后是最后的沐浴——干干净净地来，干干净净地走。再后面就是写临终遗言，虽然我不知道他写了什么内容，也很想知道他在人世间最后的时刻究竟想说什么话。但我相信那一定很真挚、很感人，不会有抱怨，更多的应该是感恩与不舍。监所的监管警员在他沐浴后写好遗书送给他一条黄丝带并戴在他的脖子上——以表达生者对死者的哀悼并说让他下辈子好好做人（我觉得这是监所人性的一面）。

第二天在被执行注射死刑前是与家人的诀别时刻。时间不长，他主要是和他妈妈通话，他基本没说话，都是他妈妈在说话，可是话也很少，根本不知道要说什么。他把那条监管警员送他的黄丝带转赠给他的妈妈，可能是他最后的遗物吧，给妈妈一个安慰、寄托思念的凭物吧！我记得他妈妈说："儿子，我对不起你，不该让你出来做的。"当他被押解要走的时候，他妈妈激动地站起来说："妈妈陪你一起。"我不知道他妈妈当时是怎样的撕心裂肺，怎样的不舍，再多的话也无法表达他妈妈的内心了，只有一句"妈妈陪你一起"。被带走后，给他照了他在人世间的最后一张照片——遗照，就被执行注射死刑了，一个生命就此陨落。

在生前的最后时刻记者采访他时问："如果有来生，你要做什么？"他说："不要做人了，做人太累了，做一棵树也挺好。"

对他来说做一棵树真的挺好，就不会有这一世中这一次的失足，这一次的生离死别，这一世的劳累与不舍。

看过之后，总觉得有什么东西堵在心口、卡在喉咙说不出来。但我觉得还是做一个人一个好人比较好。虽有痛苦磨难，但能经历一切纷繁，享受人世间的美好，找三生石，签来生契约。

我在乎的人希望你们都要好好的，即使过常人平凡普通的生活也好，好好活着，不要太在乎金钱，不要太过于争强好胜，不要因一时的冲动铸成大错。隐忍一时终归可以风平浪静的，监所里的生活让人看着心酸。

生离死别之苦更是难以承受。生命是很宝贵，贵在它只有一次，贵在它不允许你随随便便地对待它。要珍爱生命，好好对待自己这仅有一次的宝贵生命。

活在世上必须承担一定的责任，关于家庭的，关于他人的，关于社会的。怎样的因便会有怎样的果，好好承担责任，好好珍爱生命，生命也会给予你应得的回报。

对于家庭，龙应台在目送中说过："所谓父女母子一场，只不过是意味着，你和他的缘分就是今生今世不断地在目送他的背影渐行渐远。"父母不必教会子女每一件事，教给他们如何做人即可，父母走不到我们的心里，余下的路由我们这些做子女的自己选择，至于对错，无关父母，都是自己的选择，自己来承担。作为子女，我们也走不到父母的心里，但我们要常常再视父母，学会从父母的角度想想问题，理解他们的需求，不能只顾着自己的想法而忘记一直目送着我们的父母。我认为这样才能不辜负了上天安排我们今生成为父母子女的缘分。

附录2 历经课程 感悟成长

【内心与思想早已脱胎换骨】①

学习，这个伴随了我13年的东西，我不喜欢它，但是也不排斥，至少在我考过了司法考试之后，我就不会再去考研。我本就不是个爱学习的孩子。但是范老师的心理课，我可以说是次次不落，原因不外乎讲课很精辟，话都说得很在理，人很有吸引力，会禁不住地希望听到更多的讲解。

以前的我很自卑，凡事都冲不出去，畏首畏尾就是我最大的羁绊，但是范老师专门讲过直面嫉妒、情绪管理、应对挫折、化解压力，在我看来这些对于改善我的性格都十分有用。

以前的我走路一直低着头，现在的我目光可以直视前方，这对于我来说已经是跨出了一大步了，凡事都应该换一个角度去思考，塞翁失马、焉知非福，这是我上范老师课一个很大的体会，换个角度去思考，世界可以很美丽。

虽然我长得不帅，但是我有一颗热忱的心灵；我成绩不好，但是我没挂过科；我唱歌是不好听，但我可以就唱给自己听，自己抒发内心的情绪。我还是我，但是内心与思想早已脱胎换骨。有些事情远在天边近在眼前，珍惜当下很重要。

【一课惊醒梦中人】②

上了心理访谈与健康成长这门课，可谓“一课惊醒梦中人”！从去年的沙盘游戏到今年的心灵访谈，我感觉自己完全可以更顺利地走下去。

面对生活中的各种问题，我想我可以从亲情、爱情、友情三个方面去总结自己。

亲情：这学期的课程中，告别依赖和再视父母这两节，让我感触挺深。首先，告别依赖，还记得从小学二年级就离开父母，在学校住宿。所以，我感觉自己是比较早地从父母的溺爱中“逃脱”出来，也或许出自农村的孩子不知道什么是溺爱。不过我感觉与其他同龄人相比，我只不过是离父母远一点，其他方面父母倒是从来

① 本文根据《心理访谈与健康成长》课程班10－11秋No.017计佳杰课程心得改编。
② 本文根据《心理访谈与健康成长》课程班12－13秋No.009郝凡森课程心得改编。

没有让我为难过。从小没干过重活，没吃过大苦，这已经比较幸运了。这么多年一人在外面的摸爬滚打，依赖似乎对我而言挺陌生的。除了按月给的生活费，其他我没依赖父母什么。从上学开始，好像没让妈妈洗过衣服，她好像也没给我买过衣服，从来都是自己拿着钱去挑。包括高中选文理科、大学报专业，都是一个人。虽然小时候对父母有想法，但是到现在为止，我认为这样其实正好锻炼了自己。在一个陌生的环境下，自己可以独立去生存，适应环境也比较快。其次，再视父母。回想这么多年，感觉与父母的“亲昵”程度真的太差劲了。这可能也是这么多年在外面所导致的。看到老师一家人的照片，真是很受启发。今年过年回家，要跟妈妈去照相。从小到大，我俩还没有一张单独的合影。其实回想一下，这么多年，父母真是付出很多，他们不能陪在我身边，是为了让我有更好的生活条件，不为学费、生活费而发愁；现在，父母慢慢年老了，需要我成为中坚的支柱。我也应该做到这点。在家庭关系中，父母总是在默默付出而不求回报，我们总是在索取而没有付出。或许，这就是一种病态的家庭关系，从现在开始，我要力所能及地去回报父母。哪怕是一个温暖的问候，一句轻声的称呼，我想他们内心也会一暖。

爱情：从不知道什么是爱，到现在，我俩也走过了好些个年头。在我最狼狈的时候，是她把我骂醒；在我需要关怀的时候，是她给了我温暖。我早已经把她当作自己的家人。所以，自己所要承担的责任就又重了一些，但是动力也就又多了一份。责任，这是个让人又期待又有些退却的东西。虽然心里知道她的好，但是，有些时候也难免发生争吵。上了心理访谈，我认为，爱情的经营很需要策略。男人的胸襟不一定能包容一切，但是将策略运用好了以后，女人的理解也是非常重要的。交流与沟通看似简单，但是运用到爱情的经营中就不那么容易了，有些事只可意会不可言传。我们需要更多的就是细心、耐心与宽心，做到这三心，我相信，争吵的次数会大大减少。或许对于异地恋来说，这原本就是一个考验，但是我们坚持过来了。心灵访谈的沟通策略让我很好地尝到了甜头，有些她不愿意说的东西也都挖掘出来了，我感觉我们的隔阂少了，包容多了；争吵少了，交流多了。这是最大的收获，我有信心将这份感情一直经营下去。

友情：从结交朋友到珍视室友这两节课的讨论中，让我也很受启发。或许有些事情我真的是在逃避，虽然可能短时间内解决了矛盾，但是，这并不适合我的长久发展。有些时候自己也实在没注意到别人的感受。朋友之间应该是双向发展，有来有往，不可能让别人一味地付出或者自己无休止的付出。要学会结交益友，那些对自己并没有好影响的人，就该避而远之；有时候，所谓的面子并不“值钱”。我感觉自己有时候过于在乎别人的评价，也做了一些强出头的事儿。

总而言之，心理访谈与健康成长真的使我变化挺大，最起码我开始尝试着去微笑生活！这一辈子追求的，不就是可以微笑地面对人生吗？

【那只助我心灵飞翔的鹰】①

生活在这个每时每刻都在变得更加错综复杂的世界里，没有什么比形成强大的自我显得更重要的了。“国家栋梁，健康成长”——确实，对于当代大学生来说，只有现在健康地成长，才能在将来成为国家的栋梁。而她正如同一只导航的鹰，引我飞向心灵的高空，俯视人类内心的世界，从而教化我的心灵，改变我的人生——“心理访谈与健康成长”。

之前，我不懂得珍惜室友，只知道一味抱怨他人。“他们为什么老是这么晚睡觉，吵得我不能入睡；他们为什么老是乱扔垃圾还不搞卫生；他们为什么对我如此不热情；他们为什么……”我只知道找他们的错，却不懂得改变自己。后来，我在变。我应该热情对待他们，我应该积极主动地搞卫生，我应该适当调整我的作息时间……俗话说“相逢便是缘”，何况我们不仅相逢相识，而且还住在一室，大家不远千里来相会，这是何等缘分呢？我应该好好珍惜。

之前，我懈怠学业、不思进取、得过且过、放纵无羁，更没有计划将来。来到大学校园，我如脱缰的野马，肆意妄为；我如断线的风筝，无拘无束；我如无头的苍蝇，瞎飞乱撞。学业荒废，未来迷茫。后来，我在变。我开始意识到，岁月如刀，时光易逝，青春难再，人生苦短。大学时期是学习的黄金时期，是塑造自我的关键时期，是创造未来的准备时期，是体现人生价值的过渡时期。不好好珍惜，实在不该。于是我开始有计划地学习，不再上课打瞌睡，下课打游戏。尽管我一次次地尝试，一次次不如意，但我仍然坚信“在校园里，失败远远比成功更有效果，成功只会教我们重复相同的举动，而失败会强化我们的意志，激发我们的思维”。我重拾了学习的激情。

之前，我忽视父母，不问父母艰辛，不知父母恩情。我只知向父母索取，认为这是天经地义。我只知父母啰唆厌烦，认为他们无理取闹。后来，我在变。小孩，老人，狗……这是中央电视台呼吁人们关注留守儿童公益广告的一张图片上的情景。直到现在我才明白，之前喜欢走南闯北的父亲为何从我识字开始就一直没离开过家乡，原来他是为了给我一个安稳的家，于是当年我没有像很多和我同龄的孩子一样成为留守儿童。“乌鸟私情，愿乞终养”、“谁言寸草心，报得三春晖”、“鸦有反哺之义，羊知跪乳之恩”、“白头老母遮门啼，挽断衫袖留不止”……这些句子浮于脑海，不经意间让我黯然神伤，潸然泪下。司马迁曰“父母者，人之始也”。对于他们的恩情，我愿意用终生的行动来回报。

每一堂课上，我的心灵都在俯视，好像被那只飞翔的鹰带到了更高更广阔的境地。我心灵在改变，似乎变得比山还高、比海还辽阔。

① 本文根据《心理访谈与健康成长》课程班 10－11 春 No. 027 蒋林兵课程心得改编。

【"再视父母"触发我对父母的爱】[①]

在人的一生中，每个人有许多种角色。我是父母的女儿，是朋友的知己，是一个在校大学生，未来我会成为某个人的妻子、某个孩子的母亲……随着角色的增加，我们的责任变得越来越重，我们要懂得认识自我，扮好人生的每种角色，而人生的第一个也是最重要的角色便是父母的女儿。

我是个很自我的人，从小父母就在外做生意，我的童年是和祖父母一起过的。虽然祖父母很疼我，但和父母的聚少离多使我对父母的感情多了一份生疏，情感的表现多少显得不自然。我开始被迫长大，从小学开始就自己乘车上下学，自己处理问题，有时下雨天看到别人的父母都打着伞在校门口等着自己的孩子，而我只能自己一个人打着伞，湿着裤脚等车回家，鼻子酸酸的，心里多了份对父母的埋怨；有时在上课看到有家长送来孩子落在家里的课本，我会羡慕好久，我只能隔夜检查好书包，争取不忘记每一样东西。初中后和父母住在了一起，可我不像其他孩子爱对父母撒娇，不习惯父母的拥抱，电话也打得少之又少。

学了"再视父母"让我感触颇深，我才发现自己原来这么糟糕，特别是在写生命尽头最想做的十件事时一大半的事都是留给父母的，那一刻幡然醒悟我是有多么爱自己的父母，那天下课我就给妈妈打了电话，告诉她我很好，我周五一定快快回家想吃妈妈做的葱爆虾，妈妈在电话那头说我贪吃，可语气满是宠溺。

那晚脑海中涌入许多回忆，想起小时候父母回来总是大包小包带来衣服，吃的、玩的和母亲离家时含着泪水不舍的眼神，记得那时我的零花钱比谁都多，做错事父母都会很快原谅我……点点滴滴就如昨日发生的一样，作为父母她们有着对女儿的亏欠，所以对我加倍疼惜，反之，作为女儿的我呢？

记忆里我没有对父母说过一句"我爱你"，这么多年我感受到了父母对我的爱真真切切地渗透在我生活的方方面面，我却开不了口对他们说一句"谢谢，我也爱你们"。我们现在开始感恩父母，做一个陪在父母身边的好儿女还为时不晚，鸟有反哺情，羊有跪乳恩，人身为万物之灵长，亦有感恩之心感激之情，是父母给予我生命，带我来到这个多彩的世界，体验生命的潮起潮落。感恩虽说是一个行为动词，更重要的是需要做到真心实意，在那堂课上听着别人写的临终前的十件事和对父母的话，字里行间流露出对父母深深的眷恋，情绪哽在喉间让人不禁落泪。当生命消逝，竟发现我们能留给父母的如此微不足道，相比父母给予的更是无法相提并论。

中国有句广为人知的古语"百善，孝为先"，人生于世，长于世，源于父母，《古殇》写父子之爱，《游子吟》写母子之爱，古人在几千年前就已经懂得感恩父母，我们更应传承下去。父母的期望其实并不高，只希望我们能平平安安的，快快

---

① 本文根据《心理访谈与健康成长》课程班 10－11 春 No. 028 苏晓霜课程心得改编。

乐乐的，过得比他们好。我们生命的伊始有着父母的陪伴，当父母老去你能保证你会陪伴父母走完他们人生的最后一段旅程吗？简单的一句“我爱你”就能让父母感动好久，看着他们上扬的嘴角，你也会快乐的。

作为女儿，我已经长大，可以承担家庭责任，地脏了我可以扫，父母工作累了为他们烧一顿饭，陪着父母看电视唠家常，那样的画面不温暖吗？上完那堂课的周末回家，陪父母在小区里散步，三个人或并肩或一前一后，陪在彼此的左右，父亲那天的话有点多，母亲一直挽着我的手，那一刻真正感受到我们是一家人。周日返校的时候我特意吃完晚饭再走，虽然母亲嘴上赶着我走，可手上却忙着帮我准备晚饭，脸上带着笑。心里那儿时对父母的怨恨其实早已消失，取而代之的是感动、愧疚和感激。

幼时心灵的空缺早已被父母无私的爱填得满满的，从今以后我会勇敢地表达对父母的爱和关心，对父母撒娇，好好对待父母。回过头来想想，感谢那几年的时光，让我学会独立，在成长的途中更勇敢，坦然地面对困境，让我的心变得强大丰盛。“我是谁？”我是父母的女儿，“想到哪里去？”想做一个好女儿，“怎么做？”用真心去感恩父母。左手牵着母亲，右手挽着父亲，我便感激和幸福。

【我从课程四个部分慢慢剖析了自己】①

我们成长的过程中就像是走在道路上一般，而在成长过程中所遇到的挫折就像是道路上的石子，这是无法避免的，至于这些石子究竟是会成为我们的绊脚石还是铺路石，便是由我们决定的了。

我把这学期课程所涉及的主题分成了四部分：一、珍爱生命、再视父母；二、结交朋友、珍惜室友、初尝爱情；三、认识自我、思考学业、择业准备、走向未来；四、告别依赖、管理情绪、直面嫉妒、化解压力、应对挫折。从这四部分，我便能好好地了解自己了。

首先是第一部分，把珍爱生命和再视父母放在一组是因为我认为我们的生命是和父母相关的。首先说说关于生命的话题，或许对于许多人来说珍爱生命只是嘴上说说的，对于没有经历过灾难的他们来说，是很难想象在死亡面前，人究竟多么渴望活着。小的时候在乡下玩，房子边上有一个池塘，不大，但是并不小，池塘上面有一艘废弃的船，我和伙伴们常常在那上面玩耍，一直以来也都没有事，但是常在河边走，哪有不湿鞋的。有一次，我正要下船上岸的时候我老妈突然叫了我一下，结果我脚一滑，掉进了池塘，我不知道池塘有多深，但是对于当时的我和我母亲来说都是踩不到底的，我拼命挣扎，可是我只能看见周围全是绿色的，我的手没有地方能抓，多亏当时我老妈当机立断，赶紧抓住我的辫子，可是由于我的挣扎，我便

① 本文根据《心理访谈与健康成长》课程班15－16秋No.090厉交良自我成长分析改编。

又掉入水中了，之后我老妈又废了好大的劲儿才把我捞起来了。试想，在经历这些之后的我能不珍惜生命吗？即使那时候的我还很小，但是我从此也就知道活着多么不容易。而我老妈在这过程中也是让我无比感激，在我掉下去之后立即抓住了我，即使第一次失败，却仍旧不肯放手。

当然，这并不足以让我从此就再视父母，在那件小事之前，我对父母的印象一直是觉得他们顶天立地，是我可以休息的港湾。先说一个前提，我父母由于在这里打工，所以我家在这里也有住的地方，我还有个弟弟，明年高考。由于老弟要高考，所以我老妈就回家带我老弟了，给他做做饭，加强一些营养。这边就剩下我和我老爸两人了，自从老妈回去之后我就很少回家了，那天是星期六，我老爸由于上班，一般只有晚上下班之后才会和我待在一起，本来我一般是星期六晚上在家睡一晚，然后星期天上午走，结果那天晚上有事，我星期六的晚上吃完饭就要走了。走之前我在客厅收拾东西，老爸就在里屋，我跟他说我要走了，还有一些嘱咐老爸照顾身体的话，老爸就只是回我：嗯。一直在里屋也没出来过。可是在我出门要走的时候老爸又跑出来了，看着我坐上车，什么话都没说就这样又转身回去了，我看着老爸的背影，突然觉得他好孤独，瞬间我的眼泪就抑制不住了。从那一刻开始我意识到了自己父母开始慢慢变老了，而此时作为子女的我应该慢慢地给他们一个支撑了，现在的我做不到经济上的支撑，但是我可以做到精神上的，还可以好好孝顺父母。现在我只要有空都会回家，趁老爸还没下班，在家做好饭菜就等老爸回来之后吃了，而在老妈那里，现在的我就充当了一个垃圾桶，让老妈有烦心事可以有人给予精神上的分担。

第二部分是关于朋友的。关于朋友，由于自己本身性格的关系，所以和朋友相处还是蛮不错的。对我来说让我印象最深的应该是住校这件事，在上大学之前，我从未住过校，所以大一一开学我还是蛮期待宿舍生活的。但是毕竟从未住过校，我不可能和室友毫无冲突。在我的寝室中有一个室友至今我也不是很喜欢，我们曾经算是吵过小架，由于我和她处事风格不同，所以难免有矛盾。一直以来我都很郁闷，不知道该怎么来处理，因为以前若是不喜欢的人我可以选择不接触、远离，可是现在不同了，我们在一个屋檐下，抬头不见低头见，如果无法改变对方，那么我就只有自我改变了。我有仔细思考过自己为什么不喜欢她，想了想似乎就只是觉得她偶尔有点作，但总体来说并没有对我造成任何伤害，也没有妨碍我做任何事情，唯一让我心绪不宁的不过是自己一天到晚在难为自己罢了。所以我开始尝试不去想这些事情，既然不喜欢何必每天都想着这些事情，还不如自己想些开心的，就这样每天给自己心理暗示，慢慢地我开始淡忘那些莫名不开心、不喜欢她的感觉，到了现在我觉得似乎也没什么，我还是不喜欢她，但是却不会再影响我自己的心情了。人嘛，总是要学会自我调节的，自己生的闷气只不过是对自己的惩罚罢了。

第三部分是关于认识自己的。我其实在对于认识自己这件事情上还是不错的，我清楚地知道自己是个什么样的人，知道自己不好的地方在哪里，但是唯一的问题就是我即使知道也无力改变，因为我深藏惰性，这个惰性深入骨髓，以前的冲劲被高中三年彻底磨灭。我并不是没有优点的，我也有兴趣爱好，我喜欢做手工 DIY，喜欢做饭，但是同时我也知道这些对我未来的生计是没有帮助的，我只是喜爱，并不擅长。我还喜欢演戏，所以我加入了学校的话剧社，上学期开始到这学期，演了两部话剧，从配角到主角，还帮同学演了一部微电影，似乎我做的事情并不少，但是也不多。我也知道自己演技仍旧不够好，自己未来也不可能通过演戏来生活，并不是我不愿意，而是我的家庭因素让我无法抛却一切去追寻自己的梦。

可是我也没想过放弃，我也想变好，虽然我的性格很开朗，但是我害怕陌生人，有些社交恐惧症，但是我愿意改，我会在一些陌生的场合强迫自己和他人交流，会在上课的时候强迫自己坐得醒目，并且起来回答问题，我会在遇到不是很熟悉但认识的人的时候鼓起勇气打个招呼。还有很多，我知道自己不够优秀，我也知道自己有惰性，但是我没放弃自己，我仍旧在拯救自己的道路上将那些石子变成自己的铺路石。

第四部分，这是关于情绪的，我个人觉得这部分内容在之前的文章中都有涉及，而我认为自己对自己的情绪掌控还可以，所以就不多赘述。

我从这四个部分慢慢剖析了自己，觉得对自己的认识似乎又多了一点。而最终那些石子究竟是变成了绊脚石还是铺路石都要看我自己如何决定。

【谢谢您，让我发现我自己】①

老师，其实我有很多话想说，而为了字数，不得不把标题改了三遍，它只写出了我想说的四分之一，但是这一刻我要先谢谢您，因为是您给了我整理自己对爸爸感情的机会，平时虽然内心有这样的想法，但我绝不会写出来的。

当初，看到这门选修课，我就很开心，因为我觉得自己心理是有点问题的，而且从一定角度来说我喜欢心理学。当时我并不知道老师是谁，只是希望上这门课能让我找到解决自己问题的方法，或者只是启发，但上课后的受益大大超出我的期待。正如老师您知道的，您也跟我讲过的，您的这门课的每节课都对我很重要。“认识自我，告别依赖，思考学业，择业准备，情绪管理，再视父母，珍爱生命……”刚开始上老师课的时候我没有怎么用心对待，因为以前见识过一些纯理论的心理老师，他们用书本上学来的硬邦邦的例子妄想教育我们这样或那样改变，这是“90后”很厌恶也很反感的教学方法。所以一开始，我是以那种旁观者的心态上您的课的。但是慢慢地，我发现您并不是我想象的那样。您的教学方法，总是让我们回答问题，而在那么多人的积极参与下，我意识到原来不认识的人也可以如此敞开心扉，不用

---

① 本文根据《心理访谈与健康成长》课程班 10－11 春 No. 089 殷美玲同学课程心得改编。

顾虑什么，慢慢地，我学会卸下自己的伪装，用真实的自己与人交流。以前，我总觉得只有自己才是一个很单纯的孩子，但是我发现有很多和我一样的孩子，殷娇娇，沈青……而且他们敢于在他人面前展示自己的真实想法，为人真诚深深地打动了我，而只有老师的课堂我才能看到这样的场景。

第二，老师您总是用自己的亲身经历来告诉我们那些容易看到却不容易做到的道理，这很让我信服。而且，一学期下来，我相信一定有人跟我一样深深地为您的生活态度、经历、状况所折服。您的原生家庭，您现在的家庭，您刻苦求学的经历以及奋勇地追求自己梦想的精神，您生活的率性和乐观的态度，深深地感染了我们每一个人。我们经常在私底下说："范老师好帅！""我以后也要像老师那样，以她为目标！""随时随地能找到表扬自己的理由"，这已经成为我对抗自己消极情绪一个很重要很管用的方法，当然还有您上课教我们的一些东西，我相信对我以后将会有很大帮助，而且我保证，我一定会好好珍惜这一笔财富。老师，我也对您讲过，我是一个坚强的女孩，虽然很多熟悉我的人知道我只是外表上坚强，但是，这种坚强您知道让我多久没有掉过眼泪吗？一年多了，有时候我故意把一些不怎么伤心的事情放大，想让自己哭一场，但是，都没有用。而您又知道吗？上您的课，我在底下掉过多少次泪水，特别是"珍爱生命"和"再视父母"两节。我以前一直有这样傻的想法：好好读书，将来赚很多很多钱，然后还给爸爸妈妈，保障他们有足够多的钱过下半辈子，最后我就自杀死去。这中间很明显有很多个误区。而现在我知道，我要好好地为自己活着，为实现自己的价值，让他人幸福的目的活着。多读几本我喜欢的书，读完我喜欢的书，看完我想看的风景，用一颗真诚的心对待自己和他人。我也知道父母其实不求我们多少物质上的报答，等到我们能报答的时候他们已经老了，他们真正要的是儿女真正的幸福，要一个美满幸福的家。

最后，是人际交往的一些改变，虽然后来一直没有机会去您那儿，但是私底下我已经开始做一些调整和改变，我发现事情并不像自己想的那么糟，而且，我以前对他人有很多偏见，致使我一直不敢与男生交往，但是我已经开始改变了，最近参加了一个易思读书会，能够与一些男生进行讨论交流等活动，在平时则尽量抓住机会主动与人交流。希望明天会更美好吧，我又拾起了很多对生活的信心。

所以真的很感谢您，很感谢这门课程，让我认识到了很多东西，也只有对于您我才会说出这些话。另外，我希望老师能够把这种活跃的教学模式继续下去，去锻炼更多的人，开启更多人的思维！

【在审视自己内心的过程中得到了成长】①

开始看到课名"心理访谈与健康成长"，就感觉类似于思想教育课，给我们讲

---

① 本文根据《心理访谈与健康成长》课程班 13 – 14 春 No. 025 左文昭同学课程心得改编。

一些人生哲理，教我们怎样做人之类的。当真正上了课之后，才发现开始是自己太主观臆断了。作为一名大一新生，不得不说在第一年里上了这节课对我是非常有帮助的。

一直以来，我都是一个没什么自信又很在意别人看法的人。因为个子不高，又不善交际，每每有各种机会出现时，除非自己准备好了，否则总是自然地等在后面，不会主动地去争取。在您的课上也总是担心回答不好而不敢发言。课堂上，很多同学分享了自己的经历，多听听别人的故事，会发现有时自己在意的真不算什么。印象最深的，还是您分享的自己的故事：脸大是“天庭饱满，地阁方圆”，表示道路越走越宽广；个头不高却打篮球，利用自己灵活的优势；小时候被妈妈说不准唱歌，现在成为合唱团的女中音；肩膀宽不适合跳舞，却能找到每种舞蹈的精髓；出去玩总是不怕辛苦替大家背包；年纪很大去考司考，却是唯一考过了的；不习惯没有午睡的作息时间，就自己创造机会休息；克制自己给先生和儿子表现的空间；从医生到律师到心理医生，一直在不断学习与尝试……您毫不在意将自己的“缺点”讲给我们听，因为您已经将它们转化成了优点并悦纳了，然后通过现身说法来引导我们。您教会我如何坦然面对自身不足，如何去和他人相处，如何去坚守自己，如何去成长。

个子不高不要紧，浓缩才是精华；不善交际也不要紧，如果我不能变得非常善于交际，至少我可以静下心来专心读书充实自己，今后从事研究类职业。很多课程都有发言的机会，慢慢地我也开始尝试去抓住这些机会锻炼自己而不是等着机会砸中我，即使一开始会紧张会词不达意。太在意别人的评价其实也是不自信的一种表现吧，真正的自信并不是源于外在而是基于对自己实力的了解，多读书、多尝试、多思考，强大自己的内心才是正确的提升方法。自身的不足应该是努力奋斗的理由而不是逃避的借口。

我的室友选了您的犯罪心理，我们经常会聊您课上讲的内容。或许大部分人都会觉得犯罪心理更有意思，但我觉得在心理访谈课上我们能更真诚地交谈，更能走近真实的您，能听到更多您生活中的故事。

“心理访谈与健康成长”，我确实在审视自己内心的过程中得到了成长。谢谢您这一学期的陪伴与教导，下学期我还选了您的课，到时候咱们再见啦！

【解剖你的心思，唤起你的本性】①

都说世上最难猜的是人心。而心理学这门课就敢于大胆地剖析人类心理的瞬息变化，将人们内心深处的情感赤裸裸地一层一层挖掘出来。范老师的心理访谈与健康成长就敢于成为这样一个执手术刀的角色，解剖你的心思，唤起你的本性。

① 本文根据《心理访谈与健康成长》课程班10－11春No.021方圆同学课程心得改编。

当初选这样一门课，只是知道心理学是门有趣的课程，但有趣到什么程度，就不得而知了，估计也就是说说案例，做做心理测试，分析分析人们的心理，从未想过它会带给我如此大的收获和震撼。

十五个主题，内容充实的 PPT，看得出老师的精心准备，没有一丝懈怠。每个主题都直击人心，一封遗书让你无从招架，再视父母使你潸然泪下。这是一次唤起你二十年所有记忆的心灵洗礼，一碗心灵鸡汤温暖人心。

学会管理情绪是十五个主题中印象较为深刻的，其实跟直面嫉妒、化解压力也有所关联。当初还记得许多同学讲解了他们的情绪管理和嫉妒之心，无外乎班委选举，人际交往等事例。其实这样的事情，每个人身上或多或少都会发生，只是自己的情绪拿捏不准，非常伤脑筋。于我而言，学会情绪管理是人生中非常重要的一步，无论是遇到挫折或是心情起伏的时候，一个控制不当就会产生不好的结果。关于情绪管理方面的能力，我非常欠缺。

进了大学，见识了各种性格各种品性的人，由于我们这一代都是被父母疼宠、娇生惯养的一代，多多少少有些自私自利，家庭条件好的自负自傲，条件差的低调自卑。于是当大学里没有人再顺着你的心意与你交往之时，你会发现出现了一系列问题。寝室问题也好，人际交往也好，再有班委选举，老师不重用你，都是困扰我们的典型事例。遇到问题先别说别人的不是，就算别人有不是，但矛盾的激起一个巴掌拍不响，如果能试着将心胸放宽大点，将一时而起的怒火尽力压制于心中，想想别人的好，想想这样做的后果，总能寻找到纾解的出路。

还有压力问题，面试失败，考试挂科，选课被踢等也足以困扰这群初出茅庐还来不及适应社会的大学新生。人际交往已成问题，再有压力，整个人就涣散了。当我高考失败时，当初的情绪虽然也一度低落，但是自信有着乐观精神的自己一定能从阴影中走出来，重拾自我。然而，到了大学才发现，高考落榜什么的都是浮云，在这里有着更严峻的挑战，让我无法招架。出于习惯性，心情不好就不爱开口说话，面对别人的玩笑也只是一笑敷衍了事，一张扑克脸不仅冷了自己的脸，也寒了别人的心。这便是典型的不会管理情绪。

一堂课下来，发现同学们都有着这样或那样类似的问题，老师一总结，就发现，多点体谅、多点理解，学会控制自己的情绪，其实没有那么难，反之，许多不必要的矛盾与麻烦也会离你远去。寝室中有一位室友便是管理情绪的能手，当她还在跟你谈笑风生的时候，你绝对不会想象到她前一秒的心情还留在谷底，她跟我说："我心情不好，在别人面前不会表现出来，你一定没有发现，对不对?"确实，我被她征服了，被她的淡定沉着与那股由内而外散发出来的强大气场所征服。

每年上海高校总有那么多的人从楼上一跃而下，事实证明无法控制情绪的人都去见上帝了。其实正如课上所教授的以及老师所说，当你学着换位思考，体谅他人的时候，你就不会流露出内心的冲动。当你考试失败、高考落榜的时候，想想人生机会无限，总有你抓住的几次。

一学期的心理访谈，感悟颇丰，感谢老师的辛勤教诲。心理指导是受用一生的无法估量的收获。

【十五个主题，不一样的教诲，萦绕心间】①

选上心理学这门课程对我来说，是纯属偶然的，因为那么多公共任选课，在基于对哪一门课都没有了解的情况下，我偏偏选了这门课程。但是上了一个学期之后，感觉这门课确是人生中必修的一门课程。感触颇多，十五个主题，不一样的教诲，萦绕心间。

记得上第一节课的时候，我就感觉自己回到了初中时候思想政治课的场景，"认识你自己"，又想起斯芬克斯的故事。上到管理情绪的时候，我有很多自身的感受，我自己是个脾气很不好的人，易怒，生气了谁都要让个三分的，也因此得罪了不少人，关系好的人知道我脾气，会一时不和我计较，之后一样是好朋友；关系不好的人就紧张了。上了"管理情绪"这节课后，我知道了管理情绪的重要性，也在一定程度上改善了自己的人际关系。在上"直面嫉妒"这节课的时候，似乎是给了我当头一棒。我不知道是自己的自尊心太强，还是看不惯别人比自己好，我想在各个方面超过别人，于是，我把自己的什么都和别人相比，我甚至看别人在玩网游，津津乐道，谈论地很开心，我也开始玩，我要比他们更厉害，当听到"李要，你真牛"的时候，我是很开心的，当听到"李要好菜的"，我就有说不出的不开心，甚至说郁闷。那节课下课后，我跟着您到您办公室，您说的这句话，我一直记着"当你真的做到什么都比别人强的时候，那时候你自己却累趴下了。"但是我不愿意承认，我现在仍然想着什么都比别人强。别人要是说"李要，这个什么什么的我不会了，你可不可以帮帮我?"我帮他做好了，我会心里很开心，我要是做不来，我会很愧疚。再后来若是他找了别人，并且那人帮他做好了，我就会更不开心，我知道这是明显的嫉妒心理，但是我不愿意承认，我不承认我比别人差。我一直相信自己是最棒的，虽然说这话像个小孩子，但是我就是这么认为，所以，我还在努力。

前面是我印象比较深的一些专题，我今天要说的是"冰释"。冰释的不是别人，是我的室友小潘。是珍惜室友这一课，让我知道了怎么才能正确做到和室友开开心心相处。

这里我先说说我和小潘的故事。我们都是外地生（对上海来说）。从外地考到上海这个学校都是不容易的，至少在当地我们都是尖子生，所以都有一点自大的心理。我和小潘是一个宿舍的，床也是连在一起的，每次写作业看书上网，他就在我的右边不到 2 米的地方。不到 2 米的地方却让我对他生了厌恶之情。原因有三:

---

① 本文根据《心理访谈与健康成长》课程班 10 – 11 春 No. 144 李子屹同学课程心得改编。

①他是一个很自私的人，他每天早上起来听英语不戴耳机，宿舍 4 个人还有 3 个人在睡觉，他这样，我很气愤。晚上熄灯之前，大家都在上网，只要他在宿舍，他就要下载东西，占用了大部分网速，弄得大家很纠结。晚上熄灯之后喜欢打电话，熄灯之后已经很晚了，他会打一个多小时，但这个不是很经常，一个星期两到三次吧。②他很自以为是，我前面说过，我是个自尊心很强的人，我在和我其他室友聊天的时候，他总是喜欢插几句，说出几句反驳我们的话，弄得他很博学，我们很幼稚似的，因为他会这么说“我认为你们的观点是很幼稚的，我认为应该是这样的……”其实，要是他说的都是对的，我倒是可以接受，事实为鉴，到底谁的观点幼稚，我不作评价，而且他多次反驳我，让我感觉自尊心受损，就很讨厌他。③他对钱，似乎看得重了点，我个人脾气就是看不起那种把钱看得很重的人。若是生活所迫，他的日子过得不比我清苦。我随便买瓶水给他的时候，没什么，若是我让他给带份早餐，就会和我说“食堂的饭真贵呀，我们那里多么便宜……”我很尴尬。最尴尬是这么一件事，我 3 月份兼职的工资到了，也不多就 300 块钱，我想请宿舍朋友出去吃一顿，就和我们宿舍几个哥儿们说了一声。我就和他说了我们几个一起出去吃饭，还没说我出钱，他就来了句“要是 AA 制的话，我就不去了，我现在真的缺钱了”。这句话让我郁闷了半天。

我讨厌他，我现在写这些东西我都满肚子是火，生气呀。但是，抬头不见低头见，毕竟只有 2 米不到的距离。于是，我开始审视我和他之间的关系。①他只是一个小孩子，很多东西都不懂，可能在家一直受宠吧，再说他也是“90 后”，习惯了以自我为中心，何必和他计较？②每个人都有自己的性格脾气，他就是喜欢和别人针锋相对，喜欢反驳别人观点，倒是和沃尔夫冈·泡利有点像，想起泡利的那句话“我发现爱因斯坦不完全是愚笨的”我不禁笑了。③至于他对钱看得太重，可能他家里的条件确实不好，虽然比我家要好那么点儿，但是毕竟都是农村出来的，有几家有万贯家产的呢？他节约也是有道理的。他说的那些话是挺气人的，可是这最多只能说明他这个人说话不注意方法，不太注意听者的感受。写到这里，我的心情也好多了。我以前是学过哲学的，哲学讲究的是世界观和方法论的统一。因此，我不能只在这里空谈，要有实际行动。①既然他只是个小孩子，有那么几分不懂事，所以就宽容他了，没有什么过不去的坎。②他喜欢针锋相对，我就有意避让，他自己心里开心，我少了几分争斗也开心。③我和他都是家境不好的人，所以我很理解他的一些感受，将心比心，尽量少让他对我们集体有一些支出，能帮他的时候就帮帮他。这样时间久了，我们之间的冲突少了很多。虽然有些时候还会生生闷气，但是前面学过控制情绪，不理会，也就过去了。对于他说话直，不注意方法，我也习惯了，所以不计较了。这样，我和他就是冰释了，整天在不到 2 米的距离，算不上推心置腹，但至少是开开心心的。

珍惜室友，将心比心，冰释了我们之前的怨言，开开心心在一起。

【在最后一堂课之前我就想过要写关于课堂感受】[①]

在最后一堂课之前我就想过要写关于课堂感受，正巧就知道了这个也是考试内容，有点激动。

老师，您的强悍经历着实令人折服，很羡慕您的天资过人，更佩服您的勇气与毅力！每一次上课时都会期待您的惊喜，果不其然，毫无例外地总会收获些正能量。您的每次重大转折对于大多数人来说都是复杂的抉择，您的勇气很令人折服。心理访谈与健康成长——在这节课的学习过程中，获得的是更加坚强与勇敢，敢说敢做，而不再唯唯诺诺或是总会有各种理由将自己本来要做的事儿搁置一旁。这学期我不断尝试新的事物，一次又一次接受自己从来都没有想过会去做的事情，自己的极限一次又一次被突破，才发现自己的潜力真的是无限！

每次老师您讲述自己与家人之间的点点滴滴时我总会感受到许许多多的温情——舞台表演有人为您不顾一切地拍照，饭桌上给足面子给您捧场，拍家庭写真时全家人默契十足、亲密无间。您的“彪悍人生”令人羡慕，您的坚强乐观很是令人欣赏，而当您朗读到情深时的落泪更表现出您柔情的一面。我总说我喜欢一门课是因为这个老师有独特的人格魅力，您让我更加坚定这一点。用自己的真情实感来打开学生的心灵之窗，所以每次上您的课，总舍不得结束。互动的课堂，充满欢乐、感动、沟通与交流，即时的收获。

课堂上，我一次又一次地学习、感受，从您身上学到的最多就是坚强、乐观、向前看。《肖申克的救赎》中有这样几句话：“有的鸟毕竟是关不住的，他们的羽翼太光辉了，当他飞走，你会由衷庆贺他获得自由。”“恐惧让你沦为囚犯，希望让你重获自由。”“Hope is a good thing，and maybe the best thing of all.”即使是进了监狱，犯人也可以重获心灵上的光明，只要他的心里还有希望。没有了自由，心还可以向着远方；可若没有了希望，一切便都是灰暗的。《特别狠心特别爱》中的母亲莎拉给了孩子们不寻常的成长环境，让本可以含着金钥匙无忧无虑度过一生的孩子们在战火纷飞中生活、学习、历练，坚强的孩子们因为有个坚强的母亲而茁壮成长，现在都有了自己的自由，做自己想做的事情，不做自己不想做的事情。

“家有一老如有一宝”——每当和父母视频聊天的时候总会越来越感恩上天让我还可以看到我父母很久；友谊是世界上最纯粹可爱的关系——朋友的陪伴总让我觉得自己会永远年轻。心中有光明，心中有信念，心中有希望，坚强乐观，淡定勇敢，人生总会是精彩的！

---

① 本文根据《心理访谈与健康成长》课程班 13 – 14 春 No. 036 徐笑同学课程心得改编。

【十五周益我一生】①

在路上前行，总需要那么几盏明灯的指引。我想说，在我大学成长的路上，《心理访谈与健康成长》这门课已然成了助我前行的明灯。虽然只有短短的15周，短短的15个主题，但是每堂课都真的深深触动了我。无论是老师讲授的内容还是自己参与的课堂互动都让我获益匪浅。

不知从什么时候开始，自己特别关注心理方面的知识。当时选课的时候，看到《心理访谈与健康成长》这门课，于是毫不犹豫地选了。我想在学习心理知识的过程中发现并解决自己的心理问题，同时也可以帮周围的人解除他们的困惑。于是从第一堂课起我就坐在前面并且一直坚持到期末，为的就是能够认真听每堂课，每堂课都能够有所收获，而一学期下来我也真的收获颇多。

刚开始的时候，老师让积极参与课堂互动，我十分害羞。老师一个问题抛出来，我要纠结很久才会决定到底要不要回答，可是有几次当我终于把手举起来的时候老师已开始进行下一个环节。渐渐地，我知道我不能再错过机会了，有想法就该有勇气表达。在那之后，每次老师提问的时候，如果我有想法，我总会立马举手，不再让机会错过，正如老师所说每一次发言都该成为表现自己的机会，是老师的鼓励给了我一次又一次的勇气。还记得那天在"应对挫折"主题课堂上，老师要求谈《乱世佳人》的观后感，我又勇敢地举起了手，一番发言经老师录制上传到了课程网站上，课下我从课程网站上看到了自己的表现，一方面看到了自己的不足，有了改进的策略；另一方面也为自己当时的勇气感到骄傲，所以我很欣赏老师这样的方式，真的是给了我们不少展示的平台。

当然从老师身上我也学到了很多，无论是老师丰富的人生阅历，还是积极向上的人生态度，以及不怕困难的"海燕加老鹰"精神都着实让我从心底佩服。记得老师常和我们分享自己的人生经历，有好几次说到作为发言人怎样在开场做一番精彩的论述引起观众兴趣的例子。就在第13周，就在与我们上心理访谈课的同一间教室，我上《社会学导论》课，轮到我做PPT报告，已近中午大家情绪早已不在课堂，想想老师做报告的经历，我也给大家来了一段自认为较精彩的开场白，一段话后引得大家哈哈大笑，大部分同学专心地听完了我的报告。那堂课共四组人做报告，而我们组最成功，我在心里不禁想范老师的方法就是厉害！

一直以来不知什么原因我有种自卑感，以前走在路上我都会低着头走，因为怕与别人目光相对。15周的心理学习后，我明白了许多，我知道了每个人都有自己该骄傲的理由，相信每个人都是最亮丽的风景线，都有属于自己的天。15周的课上完后，我觉得我真的拥有了不少自信。现在走路我会自觉地挺起胸膛，目视前方，因

① 本文根据《心理访谈与健康成长》课程班10－11春No.025吴娟同学课程心得改编。

为我知道了我是我，而我也只是我！

每次上完心理课晚上我都吃不下饭，前12周是因为上完课后我有很多感悟，我需要时间消化、沉淀；最后几周干脆哭得难过，没有吃饭的胃口。尽管这样，但是我觉得心理课给我的精神食粮足以让我充实许久。

15周的课结束了，但是我相信我会受益一生！

【心灵旅程在我生命中留下深刻的印记】①

最后一晚，最后一堂课，我知道这场心灵对话即将结束。回想这一个学期的学习，我收获了这个季节最美丽的心灵果实。

在这15次课程中，我和老师同学们共同进行了一场心灵旅程。那一课“再视父母”给予我许多心灵震撼，在上完这一课后我很想对父母说一声我爱他们。下课后我就立即给父母打了电话，但我不知道如何说出来。话到嘴边，却怎么都说不出来，爸妈还是会唠叨那些我已经听了无数遍的话，可是此时的心情是不一样的，我听着听着眼泪就流了下来，最后我终于说出了我爱他们的话。爸妈明显一愣，之后他们说：“你在外面不比家里，一个人要照顾好自己，不要任性，别让我们担心。”听到他们的话，我一下子觉得好内疚，我从未像他们关心我一样关心过他们。人们总说“父母的心在孩子上，孩子的心在石头上”。这句话可能说的比较绝对，但是我们依然可以看出它所反映的问题。现在的我们到底能给予父母什么呢？我们总是从爸妈那里索取，爸妈也会无私地给予，可是我们的父母却从未向我们要过什么。我们可能记得同学的生日，我们可能会给朋友送精美的礼物，我们可能陪朋友出去吃饭，但是我们却记不清父母的生日，甚至不愿抽出时间来多陪陪父母。想想每当我回到家，爸妈总是希望我和他们多待一会儿、多陪陪他们，可是我总是因为其他的事情不能抽出足够多的时间来听他们唠叨。今年回家过年，我一定会尽我所能多陪陪父母，告诉他们我真的很爱他们。

这场心灵的对话让我真正地直面自己，让我考虑了许多我以前从未认真考虑过的问题。在大学的学习过程中，我遇到很多难题和疑惑，种种迷茫甚至压得我喘不过气来。老师的经验分享让我找到许多解决问题的方法，这些方法给予了我心灵的力量，激励我寻找前进的方向。我们总是因为种种原因不能很好地审视自己，现实的残酷也让我们没有足够的勇气直面自己。我还依然记得“认识你自己”这个专题，我从未认真思考过自己到底想要什么，也不知道自己到底需要什么。我对未来的想法还很模糊，我只是知道自己要不断前进，不能停下来。人生需要不断地认识自己，这个过程是漫长的，也是极需要耐心的。老师是通过30年的磨炼才找到自己所爱的领域。我也应该向老师学习，通过自己的不懈努力找到自己的最爱。为自己

---

① 本文根据《心理访谈与健康成长》课程班10－11秋No. 074胡文晶课程心得改编。

的所爱拼搏应该是世界上最幸福的一件事了，即使遇到磨难我们也要学会享受其中的乐趣，这种享受的快乐只有热爱生活的人才会真切地感受到。

这门课程虽然已经结束了，但是我的心灵旅程才刚刚开始，这场旅程将在我生命中留下深刻的印记。因为有了它的陪伴，我相信自己会更加热爱生活、热爱生命。

后　记

历经四十年学业职业生涯路，跨越医学、商贸、法律、心理学、犯罪学等多个专业领域，历任医师、大学教师、CEO、律师、心理咨询师等职，相继在医学临床、企业管理、商事法律事务、心理健康辅导、犯罪心理测试（微表情识别）等方面潜心研修、扎实积累，目前，集多专业学科知识背景之优势，将犯罪心理学、咨询心理学作为主要专业方向，以危机识别与干预技术为切入点，在教学、科研、实务等方面努力耕耘。

研究领域：心理学技术（心理测试、微表情识别、犯罪心理分析、心理矫正、危机谈判、沙盘游戏、心理咨询等）。

开设课程：《犯罪心理测试技术》、《微表情识别应用》、《心理矫治技术》、《危机谈判技术》、《犯罪心理评析》、《沙盘游戏与心灵的对话》、《心理访谈与健康成长》等危机识别与干预之心理学应用技术实训课程。涵盖学科基础课、专业选修课、公共选修课、跨校选修课。

专业影响：

创设“三四五式”实训教学模式（三块教学内容：理论要点、典型案例、操作训练；四个教学环节：概要讲授、观摩评析、模拟操作、社会实践；五种教学手段：教师讲授、视频观摩、应用评析、角色扮演、课网自修）。

建成多媒体资源汇聚的课程网站，点击量过百万，居上海政法学院课程中心榜首，平均每天都有数百人至上千人点击浏览。

课程网站里，汇聚了所授系列课程的相关多媒体教学资源：电子教案栏目里，按每门课程的讲次，将PPT知识点、案例视频、互动课堂纪实等宝贵教学资源依次呈现，学生点击即可在线课前预习和课后浏览；课程互动栏目，学生们可以在论坛上发表对知识点、应用案例的理解和评析观点；实训课堂栏目，学生可以点播和回放同学们在互动课堂上的评析和角色扮演视频；课程资料栏里，汇聚了所授课程相关的丰富的多媒体教学资源，可直接下载或在线观看。

建成危机识别与干预技能实训中心，具有多道仪测试、微表情识别、

危机谈判、犯罪心理分析、沙盘游戏、心理咨询等多项心理学技术的实训教学功能。被学生誉为“最具震撼力”的“国内首创、国际接轨”的“高大上”教室。

为校内七千余名学生提供实训教学机会。为全国公安、检察、安全、司法、口岸反恐怖机构提供四千余人次专业培训和服务。

2013 年 3 月 4 日《解放日报》以“透过微表情，她的目光直指人心——犯罪心理学专家范海鹰向学生和公检法一线人员传授‘读脸术’”为题，作长篇专访报道。

《犯罪心理测试技术：理论与实践》课程获得：2013 年上海政法学院教学竞赛优秀实验实训课程一等奖，2015 年上海市重点课程建设项目立项，2016 年上海高校优质在线课程建设项目立项。

出版专著：《解析测谎的奥秘——心理测试技术导读》、《上海市社区服刑人员心理矫正的理论与实践》、《科学识别谎言——心理测试技术广角》。

传道、授业、解惑，人民教师的职责！

追寻梦想，培养学生，服务社会，个人发展的坐标！

在自己十分热爱、社会又切实需要的专业领域中劳作，虽经万般辛苦，但乐在其中！

感谢所有帮助过我、支持过我的领导、老师、同仁、学生、朋友和至爱的亲人！

谨以此为后记。

范海鹰

2016 年 12 月 18 日于康桥